고린도전서와 고린도후서의 이해

1 Corinthians · 2 Corinthians

고린도전서와 고린도후서의 이해

2020년 5월 25일 초 판 1쇄 인쇄
2020년 5월 30일 초 판 1쇄 발행

저 자 • 양 창 삼
발행인 • 조 경 혜
발행처 • 도서출판 그리심
07030 서울시 동작구 사당로2길 72 인정 인정 B동 (B01)

등록번호 • 제 7-258호(1998. 4. 23)
출 판 사 • 전화 523-7589 팩스 523-7590
홈페이지 • http://grisim.biz
전자우편 • grisimcho@hanmail.net

값: 표지 뒷면에

ISBN 978-89-5799-438-2 93230

양 창 삼

양창삼(梁創三)은 현재 한양대학교 경상대학 경영학부 명예교수이고 목사이자 시인이다.
서울대학교에서 정치학과 경영학을 공부했다. 미국 웨스턴일리노이 대학교에서 MBA를, 연세대학교에서 경영학 박사 학위를 받았다. 총신대학교에서 목회학 석사와 신학 석사 학위를 받았다.
한양대에서 경상대학 학장과 산업경영대학원 원장을 역임했으며 중국 연변과기대에서 상경대학장, 부총상, 챈슬러를 역임했다.
저서 '기독교와 현대사회'로 한양대에서 우수저술상을 받았고, '헨리 나우웬의 실천하는 영성'은 문화관광부 우수교양도서로 선정되었다. 함께 쓴 '뒤르케임을 다시 생각한다'는 대한민국 학술원 우수학술도서로 선정되었다.

저서

'기독교 관계 주요 저서로 '기독교사회학의 인식세계,' '뒤틀린 삶의 문제와 기독교적 해답,' '자아의식과 예수의식,' '조선을 섬긴 행복: 서서평의 사랑과 인생' 등이 있다.
바른 성경읽기에 관심을 가져 '창세기,' '출애굽기,' '레위기의 이해,' '민수기,' '신명기,' '열왕기 상하 읽기,' '시편 읽기,' '잠언의 이해,' '다니엘서,' '마태복음의 이해,' '누가복음의 이해,' '요한복음,' '바울의 핵심메시지,' '빌립보서,' '히브리서의 이해,' '베드로전서와 베드로후서의 이해,' '요한1 · 2 · 3서와 요한계시록' 등을 내놓았다.

머리말

이 책은 바른 성경 이해에 길잡이 역할을 하기 위해 고린도전서(1 Corinthians)와 고린도후서(2 Corinthians)를 하나로 엮은 것이다. 필자는 바른 성경 읽기에 관심을 가져 성경 각권에 도전했다. 장을 분석하고, 절마다 그 뜻이 무엇이며, 그것으로부터 우리가 배워야 할 것이 무엇인가에 집중하였다. 성경을 읽을 때마다 느끼는 것은 생각보다 결코 쉽게 이해할 수 있는 책이 아니라는 사실이다. 그래서 각 절, 각 장이 의미하는 바가 무엇인지 더 깊이 알고자했다. 지금도 성경의 광맥을 파는 광부로 살아가고 있다. 주님이 힘주시지 않는 한 불가능한 일이다.

고린도전서와 고린도후서는 바울이 고린도교회에 보내는 두 편지이다. 전서는 바울이 에베소에 있을 때 썼고, 후서는 마케도니아에 있을 때 썼다. 고린도교회는 바울이 제1차 선교 여행 때 세운 교회이다. 바울 당시 고린도는 헬라 본토와 지금의 펠로폰네소스를 잇는 교통의 요충지이자 상업이 크게 번창한 도시였다. 서쪽과 동쪽에 항구를 가지고 있을 만큼 무역의 중심지 역할을 했다. 각 곳에서 몰려든 여행자와 상인들이 많아 복음을 전함에 있어서 전략적으로 중요한 곳이었다.

하지만 고린도는 부패한 도시였다. 사람들이 성적으로 부도덕한 자를 가리켜 "고린도인처럼 산다." 말할 정도였다. 이 도시가 음란하고 방탕하게 된 것은 아프로디테 신전과 그곳의 음란한 예배방식과도 연관이 있다. 신전의 여사제들이 매춘부 역할을 했기 때문이다. 이 신전은 여러 도시에 있었고, 이방신전의 규모가 클수록 방탕의 규모도 컸다.

고린도교회는 음란하고 악한 사회 환경으로 인해 많은 문제점을 가지고 있었다. 바울이 오래 그곳에 머물며 가르쳤음에도 불구하고 사회, 문화적 영향을 금방 떨쳐버릴 수 없었던 것이다. 교인들은 거룩한 성도로서의 사명을 가지고 투철하게 살기보다 파당을 짓고, 심하게 음행을 저지르기도 하고, 교인 사이에 소송을 제기하는 일도 일어났다. 그뿐 아니다. 이것은 그리스도인이 된 이후에도 왜 옛 습성을 버리지 못하는가에 대해 깊이 성찰하게 만든다.

고린도전서는 흔히 교회가 안고 있는 여러 문제점들을 다루고 있다는 특징이 있다. 바울은 이 서신을 통해 앞서 제시된 것들은 물론 우상에게 드렸던 제물에 관한 문제, 결혼 문제, 영적 은사에 대한 남용, 성만찬, 부활에 대한 의심, 바울의 사도적 권위에 대한 의심 등 당시 교인들이 안고 있던 문제점에 대해 논리적으로, 바르게 지침을 제시했다. 이것은 고린도교인들이 바울에게 물었던 중요한 질문이기도 하다. 바울은 그들이 가지고 있는 문제점과 악행들을 고려하여 어떻게 하면 그들을 신앙적으로 바로 이끌 수 있을지를 먼저 생각하며 답했다. 고린도전서는 이런 배경을 안고 나왔다.

고린도후서는 죄를 범한 자에 대한 사랑과 용서, 예루살렘 성도들을 위한 구제헌금을 미리 준비할 필요성, 자신의 사도적 권위에 대한 문제들을 다루었다. 당시 고린도교회에는 거짓교사들이 침투해 교인들의 영적 질서를 흩어놓았다. 그들은 웅변술과 수사학으로 무장해 유창한 언변으로 바울을 대적하고 폄하했다. 그들의 가르침은 복음에 입각한 것이 아니었다. 그러면서도 자신들을 큰 사도라 하였다. 바울은 그런 자들에 대해 엄히 경고하며 고린도교인들이 그들의 거짓됨에 물들지 않도록 호소했다. 그리고 진정한 사도, 진정한 교인은 무엇인가를 숙고하도록 만들었다.

고린도전서와 고린도후서는 단순한 편지가 아니다. 바울은 당시 고린도교회를 통해 현재를 살아가는 우리가 당면한 교회의 문제, 신앙상의 문제에 대해 어떻게 접근하고 해결해야 하는 지를 아주 구체적으로, 진솔하게 가르쳐 주고 있다. 이런 의미에서 고린도전 · 후서는 문제해결 지향의 신앙교육 지침서이다. 이 책을 통해 바울과 고린도교회를 만나고, 여러분의 신앙향상에 도움이 되기를 기도한다.

양 창 삼

고린도전 · 후서 목차

고린도전서

고린도후서

고린도전서

고린도전서 1장

인사의 말, 감사, 교회 내 분쟁과 바울의 생각, 능력과 지혜이신 그리스도

1. 너희에게 은혜와 평강이 있기를 원하노라(1-3절)

1) 발신자, 바울과 소스테네(1절)

바울은 고린도교회에 문안하는 인사로 시작한다. 서신에서의 인사는 바울만 하는 것이 아니라 소스테네(Sosthenes)도 함께 한다고 말하고 있다. 소스테네는 원래 고린도의 회당장이었는데, 고린도에서 바울의 설교나 아볼로의 전도를 통해 예수 그리스도를 영접하고(행 18:11-18) 바울과 함께 전도 사역을 도운 것으로 보인다. 바울은 그를 "형제"라 불렀다. 그는 바울의 편지를 대서하여 고린도교회에 이 편지를 보낸 것으로 보인다.

고린도(Corinth)는 그리스 본토와 펠로폰네소스를 연결하며 에게 해와 아드리아 해 사이에 위치한 항구도시이다. 고린도는 아프로디테를 열심히 섬길 만큼 종교적 열성도 있었고, 수사학 학교가 있었을 만큼 지식의 도시였다. 헬라 시대부터 상업중심지이자 로마제국에서는 주요상업통로가 되었다. 당시 로마, 알렉산드리아, 안디옥, 고린도는 주요 상업도시였다. 그곳은 상업만 유명한 것이 아니라 동방과 서방의 죄악이 만나는 음탕한 도시였다.

고린도교회 지도자들이 그 교회의 문제와 무질서 때문에 바울과 상의하러 에베소에 왔을 때 이 편지를 쓴 것으로 보기도 하고, 마케도니아 성읍인 빌립보에서 이 글을 쓴 것으로 보기도 한다.

바울은 이 서신을 쓰면서 자신과 소스테네를 가리켜 "하나님의 뜻을 따라 그리스도 예수의 사도로 부르심을 입은" 자라 하였다. 두 사람 모두 예수 그리스도의 사도(*apostolos*, apostle)라는 것이다. 이 때 사도는 "복음의 전달자"라는 뜻을 가지고 있다. 자신들은 예수 그리스도의 복음을 전하는 자로서의 권위를 가지고 있다는 말이다.

그 권위는 "하나님의 뜻(*thelematos*, will)을 따라"와 "그리스도 예수의 사도로서 부르심을 입은(*kletos*, called)" 것에 있다. "하나님의 뜻을 따라"는 자신들이 사도가 된 것은 자신들의 노력이나 다른 사람들의 추천에 따른 것이 아니라 하나님의 뜻을 따라 이루어진 것으로, 그 직위는 매우 신성하다는 것을 말해주고 있다. "부르심을 입은"은 자신들이 하나님으로부터 직접 부르심을 받았다는 말이다. 부르심, 곧 소명에 따른 것임을 확실히 한 것이다. 그러므로 자신들은 하나님의 뜻에 따른 자요 소명을 받은 사도들임을 밝히고 있다.

2) 수신자, 고린도에 있는 하나님의 교회(2절)

2절은 이 서신의 수신자가 고린도교회임을 밝히고 있다.

그는 고린도교회라 하지 않고, "고린도에 있는 하나님의 교회"(Church of God)라 했다. 교회는 바로 하나님의 교회라는 말이다. "하나님의 교회"란 하나님의 부르심을 받은 백성을 뜻한다. 교회는 인간 어느 누구의 교회가 아니라 오로지 하나님께 속한 것이며, 하나님의 자녀들로 부르심을 받은 거룩한 공동체라는 것이다. 이것은 매우 의미 있는 정의가 아닐 수 없다.

바울은 이어 "하나님의 교회," 곧 교회 공동체는 어떤 사람들로 구성되어 있는가를 두 가지로 말하고 있다.

첫째, 그리스도 예수 안에서 거룩하여지고 성도라 부르심을 받은 자들이다. 그리스도 안에서 거룩해진 사람들로, 성도라 불림을 받는 자들이다. "거룩하여지고"(sanctified)의 원문은 "깨끗하게 되고"이다. 그리스도 안에서 의롭게 된 자, 곧 그리스도의 구속에 대한 믿음을 통해 거룩해진 자, 그래서 주를 위해 온전히 구별된 자라는 말이다. 이들을 성도(saints)라 부른다. 성도는 하나님의 부르심을 받아 이 세상으로부터 구별된 하나님의 자녀를 가리키는 말이다.

둘째, 각처에서 우리의 주, 곧 그들과 우리의 주 되신 예수 그리스도의 이름을 부르는 모든 자들이다. 다시 말해 예수님을 "주님"이라 부르는 자들이다. 우리가 예수님을 "주님"이라 부르는 것은 그의 주 되심(Lordship), 곧 그분의 통치권을 인정하고, 그분의 말씀에 절대 복종하는 것을 말한다. 성도는 바로 그런 사람들이다.

바울은 이 두 가지 특성을 교회가 가지고 있다고 말함으로써 고린도교회가 하나님께 속한 거룩한 공동체임을 천명하였다.

3) 은혜와 평강이 있기를 원하노라(3절)

바울은 인사말을 통해 고린도교회에 "하나님 우리 아버지와 주 예수 그리스도로부터 은혜와 평강이 있기를 원하노라" 하였다. 이것은 은혜와 평강을 기원하는 것으로, 그 모두 하나님과 예수 그리스도로부터 오는 것임을 확고히 했다.

은혜(*charis*, grace)는 그리스도로 말미암은 구원을 가리킨다. 은혜 중의 은혜는 우리를 죄 가운데서 구원하신 것이다. 이 구원이 없다면 우리는 성도라 불릴 수 없다. 하나님이 죄인들에게 베푸신 이 완전한 사랑으로 인해 우리는 하나님을 향해 "아바 아버지"라 부르며 그 앞에 나갈 수 있게 되었다.

평강(*eirene*, peace)은 은혜를 받은 사람들이 누리는 평안을 말한다. 유대인들이 "샬롬"이라 인사하는 것과 같다. 그는 이 같은 기원의 말로 인사를 대신했다.

2. 내가 너희에게 감사하는 것이 있다(4-9절)

이어 바울은 본론에 들어가기 전에 고린도교인들에게 감사를 표하는 말로 시작하였다. 책망할 것이 많은 교인들에게 먼저 칭찬을 하고 감사하는 것은 이 글을 받는 교인들의 마음을 크게 배려한 것이다.

(감사) 바울은 "그리스도 예수 안에서 너희에게 주신 하나님의 은혜로 말미암아 내가 너희를 위하여 항상 하나님께 감사하노니"(4절)라 하였다.

이 감사는 하나님께 감사하는 것으로 되어 있다. 이것은 어떤 일이든 교회에 관계되어 감사를 하게 될 때 그 감사가 하나님께 향해 있어야 한다는 것을 가르쳐 준다.

감사의 내용은 "그리스도 예수 안에서 너희에게 주신 하나님의 은혜"이다. 고린도교회에 부어주신 하나님의 은혜에 감사한다는 것이다. 그것은 과연 무엇일까? 5-7절은 그것을 보다 구체적으로 보여주고 있다. 그것은 크게 세 가지다.

첫째는, "이는 너희가 그 안에서 모든 일, 곧 모든 언변과 모든 지식에 풍족하므로"(5절)이다. 고린도 교인들이 그리스도와 함께 살면서 모든 것을 넉넉히 갖추게 되었고, 특히 언변과 지식에 뛰어나게 되었다(공동번역)는 것이다. 고린도는 웅변과 철학이 성행한 곳이었다. 바울은 그들이 가진 모든 언변

(all your speaking, 웅변 능력)과 모든 지식(all your knowledge, 진리에 대한 통찰력)이 그리스도 안에서 복음을 이해하고 전파하는 데 도움이 되었음을 감사했다.

둘째는, "그리스도의 증거가 너희 중에 견고하게 되어"(6절)이다. 그리스도에 대한 우리의 증거(our testimony about Christ)가 너희들 안에 있음을 확신하고 있고(confirmed), 그런 것에 대해 깊이 감사한다는 말이다.

끝으로, "너희가 모든 은사에 부족함이 없이 우리 주 예수 그리스도의 나타나심을 기다림이라"(7절)이다. 여기서 은사(*charismati*, spiritual gifts)는 그리스도인에게 합당한 성령의 은사를 가리킨다. 모든 은총의 선물을 각자 조금도 부족함이 없이 받았을 뿐 아니라 예수 그리스도께서 다시 오실 날을 고대하고 있는 것을 볼 때 감사하다는 것이다.

(끝까지 견고하게 하시리라) 바울은 감사와 함께 하나님께서 그들을 그리스도의 날, 곧 심판의 날에 책망할 것이 없는 자로 끝까지 붙들어주실 것이라 했다. "주께서 너희를 우리 주 예수 그리스도의 날에 책망할 것이 없는 자로 끝까지 견고하게 하시리라"(8절). 바울은 주님께서 그들을 끝까지 붙들어주실 것을 확신한다.

(미쁘신 하나님) 그 이유는 확고하다. 하나님은 "너희를 불러 그의 아들 예수 그리스도 우리 주와 더불어 교제하게 하시는" 이이시고, 그 하나님은 신실하시기(9절) 때문이다. 신실하신 하나님이시기에 가능하다는 말이다.

3. 교회 안의 분쟁과 바울의 생각(10-17절)

1) 교회 내 분쟁(10-12절)

(온전히 합하라) 바울은 예수 그리스도의 이름으로 권한다. "예수 그리스

도의 이름으로"란 예수님의 전 인격과 그분의 직무 전체를 걸고 하는 말이라는 것이다. 자신의 권면이 예수님의 권면과 다름이 없다는 말이다.

바울이 교인들에게 당부하고자 하는 것은 바로 "모두가 같은 말을 하고 너희 가운데 분쟁이 없이 같은 마음과 같은 뜻으로 온전히 합하라."(10절)는 것이다.

이것은 자신 교회 내 분쟁을 거론하기 전에 교인들이 해야 할 일이 무엇인가를 말해준다. 분쟁(*erides*, quarrels)은 찢어지고 갈라지는 것을 말한다. 교회는 거룩한 공동체로서 그 안에서 해야 할 일이 있음을 말한다.

첫째, 모두가 같은 말을 해야 한다. 이것은 의견을 통일시켜야 한다는 것이다.

둘째, 분쟁이 없어야 한다. 갈라지지 말라는 말이다.

끝으로, 같은 마음과 같은 뜻을 가지고 온전히 합해야 한다. 같은 생각과 같은 뜻으로 굳게 단합해야 한다는 것이다. "온전히 합하라"(*katertismenoi*, knit together)는 말은 원래 "관절을 치료하다"는 뜻을 가지고 있다. 분파로 갈라진 고린도교회가 완전히 치료되기를 바라는 바울의 마음이 담겨있다.

(교회 내 파벌) 그 다음, 바울 자신이 분쟁에 관한 소식을 접했음을 말해주었다. 글로에의 집편을 통해, 고린도교회 안에 분쟁이 있다는 소식을 들었다는 것이다. 글로에(Chloe)는 이 교회의 여자 집사인 것으로 추측된다. "글로에의 집편으로"(those of Chloe, some from Chloe's household)는 글로에의 집 사람들(식구나 종)로부터 들었음을 보여준다.

듣자 하니 교인들이 서로 "나는 바울에게, 나는 아볼로에게, 나는 게바에게, 나는 그리스도에게 속한 자라 한다."(12절)는 것이다. 이것은 교인들이 바울파, 아볼로파, 게바파, 그리스도파 등 파당으로 갈라져있음을 의미한다. 이것은 하나님이 기뻐하시는 일이 아니다.

바울 파는 고린도교회의 설립자인 바울을 통해 예수를 믿게 된 교인들을 가리킨다. 이들은 특별히 바울을 비판하는 자들에 대항하여 바울을 옹호했다.

아볼로(Apollos) 파는 헬라철학의 대가로 구약에 능통하고 학문과 열정, 그리고 아름다운 웅변으로 유명한 아볼로를 따르는 신자를 가리킨다. 아볼로는 지성적인 고린도교인들에게 크게 환영을 받았다. 그는 바울과는 개인적으로 바울과는 아무런 경쟁이나 반감이 없었다. 하지만 그를 추종하는 사람들이 따로 분파를 만들었다.

게바(Cephas) 파는 예수의 수제자이자 사도의 대표라는 베드로의 권위를 배경으로 그를 섬기려는 신자들이다. 베드로는 어부출신으로 비록 학문은 없었지만 솔직하고 정직하며 직선적인 말로 사람의 마음을 휘어잡았다. 특히 그는 주님과 함께 산 인물로 가슴이 뜨거운 인물이었다. 그는 보아너게, 곧 천둥의 아들이라는 별명처럼 천둥 같은 메시지를 전했다. 그가 말씀을 전할 때마다 경고의 음성을 듣는 듯 했다.

그리스도 파는 부활하신 그리스도를 직접 목격한 자들의 증언을 중시하는 신자들을 가리킨다. 이들은 다른 사도들의 가르침을 무시하거나 자신들과 그리스도 사이의 중재자를 인정하지 않는 영적 독립주의자들일 것으로 추측된다.

하나님은 자신의 사역을 위해 다양한 종을 사용하신다. 고린도 교인들은 이들에 대한 선호가 뚜렷해지면서 급기야 그들을 숭배하기에 이르렀고, 파당이 지어진 것이다. 이것이 문제다. 사람을 존경하는 것과 숭배하는 것은 다르기 때문이다. 바울은 자신의 이름을 딴 당파가 있었지만 당파 전체를 부인했다. 여기서 우리는 오직 복음만을 전하고자 하는 바울의 마음을 읽을 수 있다.

2) 바울의 태도(13-17절)

(그리스도께서 어찌 나뉘었느냐) 바울은 먼저 성도들이 여러 파로 분리된 것의 불합리성을 세 가지로 설명함으로써 이에 대한 자신의 태도를 분명히 했다.

"그리스도께서 어찌 나뉘었느냐 바울이 너희를 위하여 십자가에 못 박혔으며 바울의 이름으로 너희가 세례를 받았느냐"(13절).

"그리스도께서 어찌 나뉘었느냐." 이 말씀은 그리스도의 몸인 교회는 분열될 수 없다는 것이다.

"바울이 너희를 위하여 십자가에 못 박혔느냐." 이 말씀은 예수 외에 어떤 사람도 성도의 구주로서 그리스도의 자리에 설 수 없다는 것이다.

"바울의 이름으로 너희가 세례를 받았느냐." 성도는 예수의 이름으로 세례를 받아 예수와 주종관계를 맺는 것이지 인간과 주종관계를 맺는 것이 아니라는 것이다.

그리고 자신이 세례를 베푼 자들이 매우 한정되어 있음을 밝혔다. 그리스보와 가이오, 그리고 스데바나 집 사람 정도라는 것이다(14, 16절). 그리스보(Cripus)는 고린도교회의 당회장이었고, 가이오(Gaius)는 바울이 머물렀던 집의 주인이었다(롬 16:23). 스데바나(Stephanas)는 아가야 지방에서 처음으로 예수를 믿고 교회를 위해 봉사하던 사람이었다.

그는 이렇게 한정된 몇 사람 외에 세례를 베풀지 아니한 것을 감사했다. 그리고 그 외에 다른 누구에게 세례를 베풀었는지 알지 못한다 했다. 그리고 "이는 아무도 나의 이름으로 세례를 받았다 말하지 못하게 하려 함이라"(15절) 했다.

그는 왜 이런 말을 했을까? 이 구절로 미루어 보아 당시 고린도교회에서는 자기파의 수를 늘리기 위해 다투어 세례를 베푼 것이 아니었을까 추측된다. 자기는 자기 세력을 늘리기 위한 짓을 하는 사람이 아니란 말이다.

(그리스도께서 나를 보내신 이유) 그는 단언한다. "그리스도께서 나를 보내심은 세례를 베풀게 하려 하심이 아니요 오직 복음을 전하게 하려 하심이로되 말의 지혜로 하지 아니함은 그리스도의 십자가가 헛되지 않게 하려 함이

라" (17절).

주님께서 자신을 보내신 목적은 세례를 베풀어 자기파를 확장하는 데 목적을 둔 것이 아니라 오직 복음을 전하는데 있다는 것이다. 자신의 정체성은 전도자라는 말이다.

또한 전도를 할 때 "말의 지혜로 하지 아니함은 그리스도의 십자가가 헛되지 않게 하려 함이라." 했다. 복음의 힘은 십자가에 있는 것이지 말의 표현이 어떤가에 달려있지 않다는 것이다. 따라서 그는 십자가의 도를 담대히, 그리고 확실히 전도하는 것을 사명으로 하고 있음을 확고히 했다. 그래야 그리스도의 십자가가 헛되지 않는다는 것이다. "헛되다" (*kenothe*, be emptied of power)는 것은 십자가의 능력이 이름과 모양만 남고 내용은 없어져 버리고만 상태를 가리킨다. 그리스도의 피 묻은 십자가의 능력이 강하게 나타나야지 죽어서는 안 된다는 말이다.

4. 십자가의 도는 미련한 것인가 하나님의 능력인가(18-25)

1) 십자가의 도는 하나님의 능력(18-20절)

바울은 십자가의 도가 하나님의 능력임을 선포한다. "십자가의 도가 멸망하는 자들에게는 미련한 것이요 구원을 받는 우리에게는 하나님의 능력이라." (18절).

"십자가의 도" (*ho logos*, the message)란 그리스도와 사도들이 전한 복음, 곧 기독교의 본질인 복음을 가리킨다. 이 도는 예수 그리스도께서 십자가에서 흘리신 피의 복음을 믿을 때 얻게 된다.

이것을 믿지 않는 자들에게 있어서 그리스도의 십자가 사건은 어리석게 보인다. 전능하신 하나님의 아들이 죄인의 모습으로 무력하게 죽었기 때문이다.

그러나 믿지 않는 사람들에게 미련한 것처럼 보이는 그것이 믿는 자들에게는 오히려 하나님의 능력으로 나타난다. 여기서 "하나님의 능력" (*dynamis*, power)은 인간의 판단을 넘어서는 구원의 능력을 말한다. 인간의 지혜가 아무리 크다 할지라도 그것이 구원을 가져다주지 못한다. 오직 십자가의 진리만이 구원을 준다. 예수 그리스도의 피가 나의 죄를 씻어주기 때문이다. 그리스도인들은 십자가의 도에 기초한 신앙을 가지고 있다. 십자가가 없으면 구원도 없다. 그만큼 십자가는 자랑스러운 것이 되었다.

하나님은 이성을 뛰어넘는 십자가의 도를 통해 멸망을 향해 가는 인류를 구원하셨다. 우리는 합리적인 생각만 내세워 십자가를 이해하기를 거부했지만 하나님은 인간의 이성으로는 이해할 수 없는 십자가의 사랑으로 우리를 포용하셨다. 하나님의 사랑은 인간의 생각, 인간의 틀을 뛰어넘는다. 하나님은 이 사랑을 가지고 우리를 구원하셨다.

그리스도를 믿는 사람에게 있어서 십자가는 하나님의 능력이다. 그리스도인은 비합리적인 것으로 보이는 이것도 기쁨으로 수용하고, 십자가 위에서 약해 보이는 예수님의 모습을 하나님의 크신 사랑으로 받아드리는 사람이다.

십자가는 나 자신을 겸손히 못 박아야 신앙이 출발한다는 것을 보여준다. 믿음은 "내가 죄인입니다"라는 고백에서 출발한다. 그 때 이해할 수 없는 것을 받아들이게 된다. 인간의 상식, 인간의 논리로는 하나님을 이해할 수 없다. 내 지식, 내 경험, 내 자존심 모두를 십자가에 못 박아야 믿음의 길, 구원의 길로 들어설 수 있다.

바울은 여기서 이사야 29:14을 인용하였다. "기록된바 내가 지혜 있는 자들의 지혜를 멸하고 총명한 자들의 총명을 폐하리라 하였으니" (19절). 이 말씀은 유다가 아시리아의 산헤립에게 위협을 당하고 있을 때 이집트에 도움을 구하자고 주장했던 지혜 있는 자들의 정책을 책망하신 것이다. 이것은 하나님의 지혜와 인간의 지혜가 전혀 다르다는 것을 보여준다. 인간의 지혜인 이성만으로는 구원을 받을 수 없다는 것이다. 구약의 선지자들은 여러 곳에서 이 사실을 일깨워주었다. 바울은 그 가운데 이사야에 있는 말씀을 대표적으로 택한 것이다.

바울은 외친다. "지혜 있는 자가 어디 있느냐 선비가 어디 있느냐 이 세대에 변론가가 어디 있느냐 하나님께서 이 세상의 지혜를 미련하게 하신 것이 아니냐." (20절).

그러니 하나님의 지혜 앞에서 세상에 지혜로운 자, 학자, 이 세상의 이론가들이 설 자리는 없다는 것이다. 그들이 아무리 제 지식을 자랑해도 하나님께서는 이 세상의 지혜가 어리석다는 것을 보여줄 뿐이다. 여기서 지혜로운 자(*sophos*, the wise)는 세상 철학에 박식한 자를, 선비(*grammateus*, scribe)는 율법을 가르치는 유대 선생이나 서기관을, 이 세대의 변론가(*syzetetes*, debater)는 헬라 철학의 변론가를 가리킨다.

2) 세상의 지혜로는 하나님을 알지 못한다(21절)

세상적인 눈으로 볼 때 십자가의 도뿐 아니라 전도도 미련하게 보인다. 그러나 세상 사람들은 미련하게 보이는 그것을 통해 하나님의 능력이 나타난다는 사실을 알지 못한다.

"하나님의 지혜(*sophia*, wisdom)에 있어서는 이 세상이 자기 지혜로 하나님을 알지 못하므로 하나님께서 전도의 미련한 것으로 믿는 자들을 구원하시기를 기뻐하셨도다." (21절).

세상의 지혜가 아무리 크다 해도 그것으로 하나님의 뜻을 알 수 없다. 그것이 하나님을 알 수 있는 도구가 아니기 때문이다. 하나님은 사람들이 볼 때 미련한 것(foolishness)으로 생각되는 전도(*kerygmatos*, proclamation)를 통해 구원하시기를 기뻐하신다. 전도가 미련한 것은 결코 아니다. 십자가에 못 박히신 예수 그리스도를 구주로 믿음으로써 구원을 얻는다는 것이 세상 사람의 눈에 어리석게 보일뿐이다. 그러나 하나님은 세상 사람들이 어리석게 보이는 십자가의 복음을 통해 구원을 주심으로 지혜 있는 자를 부끄럽게 하셨다.

노아가 방주를 지을 때 사람들은 미련한 짓으로 생각했다. 그러나 40일 동안 비가 억수로 퍼붓자 아무도 그의 행동을 미련한 짓이라 말한 사람은 없다. 순종함으로 구원을 받았기 때문이다. 하나님의 능력은 순종할 때 나타난다. 이스라엘 사람들이 문설주에 양의 피를 바를 때 이십브 사람들은 미련한 짓으로 생각했을 것이다. 그러나 순종했을 때 모두 구원을 받았다.

전도도 마찬가지다. 사람들은 십자가의 도를 미련한 것으로 생각하고 받아들이지 않으려 한다. 그러나 받아들이기를 거부하는 사람들이 오히려 미련한 사람들이다. 멸망 받을 자가 될 뿐이기 때문이다. 멸망 받을 자들은 주님을 고집스럽게 거부하고 순종하지 않는다(요 6:33, 37, 43).

3) 그리스도는 하나님의 능력이요 하나님의 지혜(22-24절)

그리스도인은 유대인이나 헬라인과 다르다. 유대인은 표적(*semeia*, signs)을 구하고 헬라인은 지혜(*sophian*, wisdom)를 찾는다(22절).

유대인들은 표적신앙을 가지고 있었다. 눈에 보이는 기적만을 하나님의 능력이라 생각했다. 모세가 홍해를 가르듯 다윗이 골리앗을 쓰러뜨리듯 그 같은 기적이 있어야 메시야로 인정하겠다고 말한다. 그들은 실제 그 같은 메시야를 고대했다. 힘을 가진 메시야가 나타나 독립과 같은 가시적인 기적이 발생하기를 기대했다.

헬라인은 지혜를 구한다. 헬라인들은 이성에 바탕을 둔 철학을 발전시켰으며 합리적 사고를 최고의 가치로 삼았다. 그들은 영적인 것도 의인화해 이성을 가지고 이해할 수 있도록 만들었다. 그것이 바로 신화이다.

그러나 그리스도인은 다르다. 히브리인은 표적을 구하고, 희랍인은 지식을 구하지만 그리스도인은 예수의 인격과 우리를 구원으로 이끈 십자가를 깊이 알고, 전해야 한다.

"우리는 십자가에 못 박힌 그리스도를 전하니 유대인에게는 거리끼는 것이요 이방인에게는 미련한 것이로되" (23절).

그리스도인은 십자가에 못 박히신 예수, 우리의 구원자 예수를 전한다. 십자가 외에 다른 것이 없다(고전 2:2)고 말한다. 우리 생각대로 하나님을 믿는 것이 아니라 하나님의 생각대로 믿어야 하는 것이 기독교다.

하지만 예수의 복음은 유대인에게는 거리끼는 것이었다. 예수님이 병자를 고치고, 죽은 자를 살리며, 5천명을 먹이는 것을 보자 유대인은 정치적 메시야로서의 기대가 충족될 것을 기대했다. 그들은 그 예수를 왕으로 삼고자 했다. 하지만 유대인들의 기대와는 달리 예수님은 자신이 십자가에서 죽을 것과 3일 만에 부활할 것을 예언하기 시작했다. 유대인은 나무에 달린 자는 저주받은 자라 여겼다. 따라서 그 같은 말은 그들에게 있어서 "거리끼는 것" (*skandalon*, stumbling block), 곧 걸려 넘어지게 하는 것에 속한다.

예수에 대한 그들의 기대가 무너지자 사람들은 점차 그에 대해 분노하고 적대적이 되었다. 오히려 그를 십자가에 처형시키라고 외쳤다. 십자가 처형은 당시 가장 끔직한 사형에 속한다. 그러한 형에 처하는 것은 수치로 간주되었다. 그런데 그 십자가 처형을 주님이 받게 된 것이다. 주님이 십자가를 질 때 제자들도 다 도망쳤다. 엉뚱한 시몬이 십자가를 대신 졌다. 유대인들은 십자가를 수치요 망신이며 십자가의 도는 미련한 것으로 간주했다.

이방인, 곧 헬라인들도 마찬가지다. 그들의 이성으로는 신이 십자가에 못

박혀 죽었고 인간이 그것으로 인해 구원을 받았다는 것을 이해할 수 없었다. 헬라인에게 있어서 십자가는 미련한 것이었다. 그것은 논리에도 맞지 않고 비합리적인 것이며 바보 같은 이야기로 간주될 수밖에 없었다. 따라서 그들은 십자가의 도를 "미련한 것"(*morian*, foolishness)으로 간주하고 거부했다.

현대에 있어서 기독교를 고차원적인 윤리나 도덕으로 간주하고 신앙을 교양정도로 간주하는 사람들이 있다. 이것은 현대판 헬라인들이다. 그들은 십자가의 도를 비이성적인 것으로 간주한다.

그러나 유대인이든 헬라인이든 그리스도를 믿게 되면 달라진다.

"오직 부르심을 받은 자들에게는 유대인이나 헬라인이나 그리스도는 하나님의 능력이요 하나님의 지혜니라."(24절).

"부르심을 받은 자"는 하나님의 부르심을 받아 구원을 받은 성도를 가리킨다. 유대인이든 헬라인이든 그의 출신배경과는 상관없이 신앙의 눈이 열린 성도에게 있어서 우리 죄를 위해 십자가를 지신 예수 그리스도는 하나님의 능력이요 하나님의 지혜이다.

"그리스도는 하나님의 능력이요." 십자가는 우리를 구원할 수 있는 유일한 길이므로 하나님의 능력이다. 바울은 십자가를 자랑했다. 우리끼리의 리그가 아니기 때문이다. 우리의 인생을 뒤엎을 수 있는 분은 오직 하나님, 하나님의 능력, 성령이기 때문이다.

예수님은 사람과 대화하기 위해 인간의 몸을 입고 오셨다. 죄 없으신 분이 죄인이 되셨다. 예수님은 십자가 위에서 "엘리 엘리 라마사박다니," 곧 "나의 하나님 나의 하나님 어찌하여 나를 버리시나이까" 외치셨다. 그 외침의 순간이 바로 우리 주님이 우리를 대신하여 죄인이 되는 순간이다. 주님은 우리 없이 천국에 가기보다 십자가의 고통을 겪으며 우리와 함께 하기를 택하셨다. 우리를 버리지 않으신 것이다. 유대인들은 능력(기적)을 구한다. 우리를 죄에서 구원하신 하나님의 능력, 이보다 더 큰 기적이 어디 있겠는가.

"그리스도는 하나님의 지혜이다." 헬라인들은 자기들의 지혜(이성)로 신을 만든 사람들이다. 이것을 지혜라 생각했다. 그들은 인간을 위해 죽은 십자가를 미련한 것이라 생각했다. 그러나 예수를 믿는 우리에게는 지혜다. 이 지혜는 하나님의 방법으로 최상의 방법이기 때문이다.

주님은 고통, 고난, 심지어 십자가의 죽음 등 우리의 모든 것을 체휼하신 자, 곧 경험하여 아시는 분이다. 그가 상함으로 우리가 나음을 입었다. 주님이 달리신 그 십자가가 우리에게 삶의 기쁨을 가져다 주었고, 하늘의 소망을 갖게 되었다.

예수를 믿기 전에 우리는 약한 자요 미련한 자였다. 그러나 예수를 믿은 후로는 당당하게 되었다. 십자가가 나의 능력이요 나의 지혜가 되었기 때문이다. 십자가는 우리에게 새로운 힘과 용기를 준다. 하나님이 나를 위해 죽으심으로, 나를 구원하심으로, 새로운 삶의 의미를 주셨다. 그래서 우리에게는 예수보다 더 귀한 분은 없다.

4) 사람보다 지혜롭고 강하신 하나님(25절)

그러므로 우리는 고백하지 않을 수 없다.

"하나님의 어리석음이 사람보다 지혜롭고 하나님의 약하심이 사람보다 강하니라"(25절).

인간은 결코 하나님의 지혜를 넘어설 수 없다.

5) 하나님 앞에서 자랑하지 말라(26-29절)

바울은 고린도교인들 스스로 과거의 자신을 돌아보도록 한다.

"형제들아 너희를 부르심을 보라 육체를 따라 지혜로운 자가 많지 아니하며 능한 자가 많지 아니하며 문벌 좋은 자가 많지 아니하도다.(26절).

여러분들 하나님의 부르심을 받았을 때의 일을 생각해 보면 알 것이다. "육체를 따라," 즉 세속적인 관점에서 볼 때에 여러분 중에 지혜로운 사람, 유력한 사람, 또는 가문이 좋은 사람이 과연 몇이나 있었는가. 따지고 보면 평범하고, 별 볼 일 없는 사람들이었다는 것이다. 여기서 "능한 자" (*dynatoi*, the powerful)는 정치적 권력자들을 가리키고, "문벌 좋은 사람" (*eugeneis*, noble birth)은 출신 성분이 상류층에 속한 사람을 가리킨다.

그러나 하나님은 세상의 미련한 것들(미련한 사람들)을 택하여 지혜 있는 자들을 부끄럽게 하려 하시었고 세상의 약한 것들(연약한 사람들)을 택하여 강한 것들을 부끄럽게 하려 하시었다(27절). 학식도 많지 않고, 정치적으로 권력을 가지지 않았으며, 가문도 좋지 않은 자들을 하나님의 자녀들로 삼으심으로 지혜가 높고 가문이 좋은 사람들을 부끄럽게 만드셨다. 세상의 눈으로 볼 때 미약하기 그지없는 우리를 택하심으로 강한 자들을 부끄럽게 만드셨다.

하나님은 세상의 천한 자들, 멸시 받는 자들, 없는 자들을 자기 백성으로 삼으심으로 있는 것들을 폐하려 하시었다(28절). "있는 것들을 폐하려 하시었다" (nullify)는 말은 유력한 자를 무력하게 하셨다(공동번역), 대단한 인물로 여기는 사람들을 형편없이 낮추셨다(현대인의성경)는 말씀이다.

하나님께서 이렇게 하신 목적이 있다. "이는 아무 육체도 하나님 앞에서 자랑하지 못하게 하려 하심이라." (29절). 세상적인 눈으로 볼 때 미련하다고 생각되는 방법을 사용하여 하나님이 인간을 구원하신 것은 하나님의 지혜에 따른 것이지 인간의 지혜나 능력으로 된 것이 아니다. 따라서 이 구원사역에 있어서 인간은 자랑할 것이 아무것도 없다.

6) 너희는 주 안에서 자랑하라(30, 31절)

바울은 말한다. "너희는 하나님으로부터 나서 그리스도 예수 안에 있고 예수는 하나님으로부터 나와서 우리에게 지혜와 의로움과 거룩함과 구원함이 되셨으니"(30절). 결론적으로 우리는 하나님 때문에 그리스도 예수님 안에 있게 되었다. 예수님은 하나님께로부터 와서 우리의 지혜가 되셨고 또 우리를 의롭게 하고 거룩하게 하며 우리 죄 값을 지불하여 우리를 구원해 주신 분이시다.

의로움(*dikaiosyne*, righteousness)은 그리스도를 통해서 구체적으로 나타난 하나님의 구원의지를 말하고, 거룩함(*hagiasmos*, sanctification)은 그리스도와의 영적 교제를 통해서 그리스도 안에 거하게 된 것을 말하며, 구원함(*apolytrosis*, redemption)은 그리스도의 보혈로 인해 우리가 죄의 사슬에서 자유하게 되었음을 말한다.

이 모든 것은 주님으로부터 왔다. 따라서 인간이 내세울 것은 아무 것도 없다. "기록된바 자랑하는 자는 주 안에서 자랑하라 함과 같게 하려 함이라."(31절). 성경의 말씀(시 34:2, 렘 9:23, 24)처럼 "누구든지 자랑하려거든 주님을 자랑하라." 성도에게 있어서 자랑할 것은 주님밖에 없다.

고린도전서 2장

전도와 성령의 능력, 하나님의 지혜

1. 전도는 인간의 지혜로 하지 않는다(1-5절)

1) 나는 그리스도와 그 십자가만을 증거하고 알고자 한다(1, 2절)

바울은 자신이 교인들에게 하나님을 증거 할 때 말과 지혜의 아름다운 것으로 하지 않는다고 했다(1절).

"말과 지혜의 아름다운 것"은 무엇일까? "아름다운 것"(*hyperochen*, excellency)은 탁월하거나 뛰어난 것을 의미한다. 바울은 고린도에서 전도할 때 인간적으로 유식하게 보이는 말(*logos*, speech, eloquence)이나 인간적으로 뛰어난 지혜(wisdom), 곧 논리로 하지 않았다고 말한다. 사람을 바꾸는 것은 인간의 유식한 말이 아니라 예수 그리스도의 순전한 복음이기 때문이다.

바울이 이렇게 되기까지는 아테네에서의 경험이 작용했을 것으로 보인다. 그는 아테네에서 인간적인 논리와 철학으로 전도를 했다. 그 결과 몇 사람만 얻었을 뿐이었다. 이러한 실패경험을 통해 "말과 지혜의 아름다운 것"을 이용한 전도방법이 좋지 않다는 것을 확신하게 되었다.

그는 말한다. "내가 너희 중에서 예수 그리스도와 그가 십자가에 못 박히신 것 외에는 아무 것도 알지 아니하기로 작정하였음이라"(2절).

바울은 전도할 때 말과 지혜의 아름다운 것이 아니라 "예수 그리스도와 그의 십자가"만을 전하기로 작정했다. 이것은 그의 확고한 결심이다. 오직 예수, 그의 십자가, 부활, 구원의 은혜만을 전할 때 능력이 나타나기 때문이다. 복음만이 사람을 바꾼다.

고린도교회는 부도덕과 파당의 문제가 있었다. 바울은 그 문제를 지적하기보다 우회적으로 예수와 그 십자가에 집중해 이 문제에 접근했다. 예수와 그 십자가를 믿으면 변화된다고 생각했기 때문이다. 모든 변화의 동기는 예수와 그 십자가에 있다. 예수와 그 십자가는 몇 백 편의 설교보다 강하다.

예수와 그 십자가는 기독교의 중심이다. 믿지 않는 사람에게 예수와 그 십자가는 미련한 것으로 보이지만 그리스도인은 여기에 집중해야 한다.

예수와 그 십자가는 내 영혼을 거룩하게 만든다. 구원도, 성결도, 성령체험도 예수와 그 십자가에서 나온다. 예수와 그 십자가에 모든 지혜와 지식이 감춰있다. 성령 충만한 베드로도 예수와 그 십자가만 전했다. 성령도 예수와 그 십자가를 높이시기를 원한다. 예수님을 영화롭게 하면 성령이 역사하신다. 우리는 사도와 선지자들이 세운 믿음의 터 위에 우리의 믿음을 세워야 한다.

2) 성령의 나타나심과 능력으로 전도한다(3-5절)

바울은 "내가 너희 가운데 거할 때에 약하고 두려워하고 심히 떨었노라"(3절) 고백한다. 고린도에서 전도할 때 약함, 두려워함, 떨림이 있었다는 것이다.

바울이 전도에 자신감이 없고 비굴해서가 아니다. 고린도는 항구이자 중심 상업지이지만 도덕적으로나 영적으로 문제가 많은 지역이었다. 전도하기에 너무 큰 어려움이 예상되었다. 바울은 자신의 부족함을 느끼고 자기 자신보다 하나님이 능력을 주시지 않으시면 불가능하다고 생각했다. 그의 약함, 두려워함, 떨림은 자기 자신을 완전히 포기함을 의미한다. 그 때 하나님은 그에게 능력을 주시고 그를 통해 일하신다.

그는 두려움과 떨림, 약한 가운데서 십자가만 전했고, 그로 인해 자신은 "약한 데서 온전하여지고 약한 때에 내가 강함이라"이라 고백할 수 있었다. 그는 예수가 십자가에 달리신 것만 증거 했다. 사람들은 때로 전도를 자신감으로 하는 것으로 착각한다. 그러나 전도는 인간의 자신감을 가지고 하는 것이 아니라는 사실을 이 말씀이 보여준다. 우리의 구원이 나의 나됨에 있지 않다.

나아가 그는 "내 말과 내 전도함이 설득력 있는 지혜의 말로 하지 아니하고 다만 성령의 나타나심과 능력으로 하여"(4절)라 하였다.

바울은 그의 전도가 인간의 말이 아니라 오직 성령의 나타남과 능력으로 이뤄지기를 바랬다. "하나님의 나라는 말에 있지 아니하고 오직 능력에 있음이라"(고전 4:20). 스펄전에 따르면 복음의 능력은 사람의 탁월한 웅변이나 학식에 있지 아니하고 성령의 능력에 있다. 달변이나 학식으로 구원을 받는 것이 아니다. 성령의 능력이 아니면 어느 누구도 구원받을 수 없다. 전도할 때 인간적으로 설득하는 것이 아니라 복음의 능력을 확신하며 복음의 진수만을 열심히 전해야 한다. "너희 믿음이 사람의 지혜에 있지 아니하고 다만 하나님의 능력에 있게 하려 하였노라"(5절). 바울은 결론적으로 전도를 받은 너희 믿음도 사람의 말과 지혜가 아니라 항상 하나님의 능력 안에서 힘 있게 살아 움직일 것을 강조하고 있다.

2. 하나님의 지혜(6-16절)

1) 우리는 이 세상의 지혜가 아니라 하나님의 지혜를 말한다(6-9절)

바울은 자신들이 전한 복음은 세상의 지혜, 곧 인간의 이성으로 깨달을 수 없으며, 하나님의 지혜, 곧 위로부터 부어주시는 은혜를 통해 깨달을 수 있음을 밝히고 있다.

"우리가 온전한 자들 중에서는 지혜를 말하노니." 여기서 "온전한 자들"(*tois teleiois*, the mature)은 고전 3:1의 "어린 아이들"과는 대조되고, 중생하지 못한 자와 반대되는 성숙한 그리스도인을 가리킨다. 그들은 성령의 가르침을 받아 진리를 이해는 자들이다. 그들은 지혜를 말한다. 그들이 말하는 지혜는 이 세상의 지혜가 아니고 또 이 세상에서 없어질 통치자들의 지혜도 아니다(6절).

그들이 말하는 지혜는 오직 은밀한 가운데 있는 하나님의 지혜, 신비(*mysterio*, mystery)로 감추어져 있는 하나님의 지혜이다. 이 지혜는 인간의 지혜가 아니다. 이 지혜는 하나님의 의도가 나타나지 않고 감추어져 있었다. 이 지혜는 하나님이 우리의 영광을 위하여 만세 전, 곧 영원 전에 미리 정하신 것이다(7절). 이것은 옛적에 숨겨져 있던 비밀 또는 신비로 현재에는 하나님이 그의 백성들에게 드러내 보이신 것, 곧 그리스도의 구속을 말한다.

"우리의 영광을 위하여"에서 우리의 영광(*doxan*, glory)은 종말론적인 영원한 영광, 곧 완전한 구원을 가리킨다. 감추어진 이 지혜가 성령을 통해 믿는 자, 곧 우리에게 보이신 것이다(10절). 하지만 믿지 않는 자들에게는 아직도 숨겨져 있다. 그래서 그들은 아직도 이 비밀을 알 수 없고, 이 비밀에 대한 지식이 없어 멸망하게 된다.

이 세대의 통치자들 가운데는 이 하나님의 지혜를 아는 사람이 하나도 없었다. "이 세대의 통치자들(rulers)"은 대제사장, 빌라도, 헤롯 등 그리스도를 못 박은 사람들을 가리킨다. 만일 그들이 이 사실을 알았다면 영광의 주, 곧 예수 그리스도를 십자가에 못 박지 않았을 것이다(8절).

바울은 성경 말씀을 인용하여 말한다. "기록된바 하나님이 자기를 사랑하는 자들을 위하여 예비하신 모든 것은 눈으로 보지 못하고 귀로 듣지 못하고 사람의 마음으로 생각하지도 못하였다 함과 같으니라."(9절). 이 구절은 한 절을 인용한 것이 아니다. 야고보서 1:12(자기를 사랑하는 자들에게), 마태복음 25:34(창세로부터 예비 된 나라를), 이사야 64:4(이런 일을 행하신 신을 예로부터 들은 자도 없고 귀로 깨달은 자도 없고 눈으로 본 자도 없었나이다) 등 여러 곳에 나타나 있다.

"하나님이 자기를 사랑하는 자들을 위하여 예비하신 모든 것"은 자기를 사랑하는 자, 곧 성도들을 위해 마련하신(*hetoimasen*, has prepared) 것으로 현재의 복뿐 아니라 미래의 복 모두를 가리킨다.

2) 영적 분별, 영적인 일은 영적으로 분별한다(10-15절)

이 단락에서 바울은 성도들이 성령을 통해서만 하나님의 진리를 깨달을 수 있음을 밝히고 있다. 진리는 인간의 이성으로 깨달을 수 없고 성령을 통해서만 가능하다는 것이다.

"오직 하나님이 성령(Pneumatos, the Spirit)으로 이것을 우리에게 보이셨으니 성령은 모든 것 곧 하나님의 깊은 것까지도 통달하시느니라."(10절). 하나님은 이 신비한 비밀을 성령을 통해 우리에게 보이셨다. 인간은 하나님에 대한 진리와 그 목적을 알아낼 수 없다. 하나님의 영이신 성령만이 하나님의 깊은 것(*bathe*, depths)까지 다 아신다.

사람의 일을 사람의 속에 있는 영 외에는 알 사람이 없다. 마찬가지로 하나님의 일도 하나님의 영 외에는 아무도 알지 못한다(11절). 사람의 생각을 그 사람의 영 외에는 아무도 알 수 없다. 하나님의 일도 하나님의 영만이 아신다. 성령은 하나님의 모든 것을 아신다. 그러나 사람의 영이 그 자신을 다 안다 할 수 있을까. 사람의 영은 사실 하나님의 영과 비교가 안 된다. 그러므로 세상적인 지식과 인간적인 노력만으로 하나님을 추구하면 실패할 수밖에 없다.

바울은 우리 성도는 세상의 영을 받지 아니하고 오직 하나님으로부터 온 영을 받았다고 말하고, 이것은 우리로 하여금 하나님께서 우리에게 은혜로 주신 것들을 알게 하려 하심이라 하였다(12절). 여기서 "세상의 영"(the spirit of the world)을 악한 영으로 보기도 하고, 하나님과 분리되어 있는 인간적인 지혜의 영, 곧 인간의 죄악 된 본성으로 보기도 한다. "하나님으로부터 온 영"(the Spirit who is from God)은 하나님께서 보내신 보혜사 성령을 가리킨다. 이 성령이 하나님이 성도들로 하여금 하나님께서 우리에게 은혜로 주신 것들이 무엇인지 알게 하신다.

"우리가 이것을 말하거니와 사람의 지혜가 가르친 말로 아니하고 오직 성령께서 가르치신 것으로 하니 영적인 일은 영적인 것으로 분별하느니라."(13절). 우리가 하나님이 우리에게 은혜로 주신 것들을 전하는 데 있어서도 인간이 가르쳐주는 지혜로운 말로 하지 않고 성령께서 가르쳐주시는 말씀으로 한다. 사람의 지혜에서 배운 말로 하지 않고, 성령께서 가르쳐 주시는 말로 한다. 성령은 우리로 하여금 하나님의 깊은 진리, 곧 하나님의 말씀과 진리의 도를 깨닫게 하시고, 우리는 그 깨달은 진리를 다른 사람들에게 전하도록 도와주신다.

"영적인 일은 영적으로 분별하느니라."는 말씀은 난해한 문장이다. 문자적으로는 "영적인 것들은 영적인 수단을 통해 소통한다."이다. 이것은 앞부분(우리가 이것을 말하거니와 사람의 지혜가 가르친 말로 아니하고 오직 성령께서 가르치신 것으로 하니)을 다시 설명한 것으로 "신령한 것을 가지고 신령한 것을 설명한다(새번역)," "영적인 것을 영적인 표현으로 설명한다(공동번역)," "신령한 사실은 신령한 말로 해석한다," "신령한 사실을 신령한 사람들에게 설명한다" 등 여러 가지로 번역하고 있다.

육에 속한 사람은 하나님의 성령의 일들을 받지 아니한다. 이는 그것들이 그에게는 어리석게 보이기 때문이다. 또한 그는 그것들을 알 수도 없다. 그러한 일은 영적으로 분별되기 때문이다(14절). 육에 속한 자(*psychikos anthropos*, natural man)는 하나님을 믿지 않는 자연인을 가리킨다. 그는 성령을 소유하지 못했기 때문에 하나님의 진리를 깨달을 수 없다. 성령을 통해 전해진 신령한 지식을 아무리 설명을 한다 해도 그들이 보기에 그것은 어리석게 보일뿐이다. 또한 그것의 진수를 알 수도 없다. 그것은 영적으로만 깨달을 수 있기 때문이다. 영적으로 분별한다는 것은 영적으로 판단을 내린다는 뜻이다.

그래서 바울은 말한다. "신령한 자는 모든 것을 판단하나 자기는 아무에게도 판단을 받지 아니하느니라."(15절). 영적인 사람은 무엇이나 판단할 수 있지만 그 사람 자신은 아무에게서도 판단 받지 않는다. 다시 말해 영적인 사람은 모든 것을 제대로 평가하지만 세상 사람은 그를 제대로 평가하지 못한다.

"신령한 자"는 문자적으로 "그 안에 성령을 모시고 있는 사람"을 말한다. 성령께서 그 중심을 지배하시는 성령 충만한 자로, 성령의 충만한 지배를 받아 주의 뜻을 따라 살아가고자 하는 성숙한 성도를 가리킨다. 이런 사람은 성령의 가르침을 받기 때문에 영적인 것을 제대로 깨달으며 살아간다.

3) 우리는 그리스도의 마음을 가졌다(16절)

"누가 주의 마음을 알아서 주를 가르치겠느냐 그러나 우리가 그리스도의 마음을 가졌느니라."(16절). 성경에 "누가 여호와의 영을 지도하였으며 그의 모사가 되어 그를 가르쳤으랴"(사 40:13), "누가 주의 마음을 알았느냐 누가 그의 모사가 되었느냐"(롬 11:34)라는 말씀이 있다. 누가 주님의 생각을 알아서 그분의 의논 상대가 되겠느냐는 말이다. 하지만 우리는 그리스도의 생각을 알고 있다. 성령께서 우리로 하여금 깨닫게 하시기 때문이다.

고린도전서 3장

자라게 하시는 하나님, 그리스도의 터, 하나님의 성전인 성도

1. 육의 생각은 영적 성장을 방해한다(1-4절)

이어 바울은 고린도교회의 분쟁에 대해 더 깊게 들어간다.

바울은 교인들을 "형제들"(*adelphoi*, brothers)이라 부른 다음, 자신이 그들을 신령한 자들을 대하듯 말할 수 없어 육신에 속한 자, 곧 그리스도 안에서 어린 아이들을 대함과 같이 한다(1절)고 했다.

그는 먼저 "신령한 자"와 "육신에 속한 자"를 구분했다. 신령한 자는 영에 속한 사람, 곧 성령을 그 안에 모시고 거룩하게 사는 그리스도인을 가리킨다. 그러나 "육신에 속한 자"는 예수를 믿기는 하지만 아직도 영적으로 높은 경지에 들어가지 못하고 육신의 뜻을 따라 사는 자를 가리킨다.

분쟁을 하고 있는 고린도교인들은 신령한 자들로 대하기보다 육신에 속한 자, 곧 아직도 젖을 먹어야 하는 어린 아이들(*nepiois*, infants, 유아)를 대하듯 할 수밖에 없음을 피력하였다. 그들이 영적으로 성장하지 못했기 때문이다.

바울은 자신이 교인들에게 밥을 먹이기보다 젖을 먹였다고 했다. 아직 밥을 먹을 수 있을 만큼 자라지 못했기 때문이다. 여기서 젖(*gala*, milk)은 구원의 기본적인 진리인 십자가의 도를 말한다. 그리고 밥(*broma*, solid food)은 하나님의 깊은 지혜, 보다 심오한 복음(진리)의 내용을 가리킨다. 그가 볼 때 고린도교회는 아직 영적으로 어린 상태여서 밥을 소화하지 못한다. 따라서 지금까지 그리 해왔고, 지금도 그렇게 할 수 밖에 없다는 것이다(2절)

바울은 고린도교인들을 향해 아직도 "육신에 속한 자"라 하였다. 그들 가운데 시기와 분쟁이 있음을 볼 때 육신에 속한(*sarkikoi*, fleshly) 자요 사람을 따라 행하는 것이라 아니할 수 없다는 것이다(3절). "사람을 따라 행함"은 인간의 판단과 방법으로 행동한다는 말이다. 성령에 따라 행동하는 것과 다르다. 이것은 고린도교회가 성숙한 단계로 나아가지 못하고 아직도 육적인 생각을 버리지 못하고 있다는 말이다.

그 예가 바로 교회 안에 있는 파벌적 행위이다. 어떤 교인은 자신은 바울파라 하고, 어떤 교인은 아볼로파라 한다. 이것이 바로 육의 사람인 것을 입증한다는 것이다(4절). 영적으로 도약하지 못하고 육적인 생각에 빠져있는 교인들이 참으로 안타깝다는 말이다.

2. 자라게 하시는 이는 하나님(5-9절)

5-7절에서 바울은, 교인들이 믿음을 갖게 된 것은 복음을 전하는 자들의 활동결과라기보다 전적으로 하나님의 은혜임을 가르치고 있다.

그렇다면 아볼로나 바울은 무엇인가? 그들은 주님께서 각각 주신대로 너희로 믿게 한 사역자들이다(5절). 그들은 복음 사역자들(*diakonoi*, servants), 곧 주님의 종들이다. 그들은 하나님과 교회를 섬기는 자들이다. 사역의 목적은 사람들에게 구원의 복음을 전하여 전적으로 주님을 믿고 순종하게 하려는 데 있다.

"나는 심었고 아볼로는 물을 주었으되 오직 하나님께서 자라나게 하셨나니."(6절). 각자의 역할이 다르다. 바울은 심었다(planted). 고린도에서 최초로 복음을 전하고 교회를 설립했다. 아볼로는 물을 주었다(watered). 바울의 전도로 그리스도를 영접한 교인들을 양육시켰다. 심는 것은 전도이고, 물을 주는 것은 양육이다. 그러나 계속 자라게 하시는(kept it growing) 이는 오직 하나님이시다. 자라나게 하시는 것은 건강하게 성숙한 모습으로 자라는 것을 의미한다. 이것은 성장의 주체가 하나님이심을 보여준다. 바울과 아볼로가 심고 물을 주었지만 하나님이 자라게 하지 않으시면 소용이 없다. 하나님은 교회가 건강하게 자라기를 원하신다.

"그런즉 심는 이나 물주는 이는 아무 것도 아니로되 오직 자라게 하시는 이는 하나님뿐이니라."(7절). 바울은 심는 역할을 한 자기나 물을 준 아볼로는 아무 것도 아니라고 말한다. 단지 하나님의 도구일 뿐이라는 것이다. 도구가 내세울 것은 아무 것도 없다. 사역자는 자라게 하시는 하나님 앞에서 겸손해야 한다.

"심는 이와 물주는 이는 한가지이나 각각 자기가 일한 대로 자기의 상을 받으리라."(8절). 바울의 역할과 아볼로의 역할 모두 "한가지"(*hen*, one)라는 것은 그 목표나 중요성에 있어서 모두 같다는 말이다. 그들의 역할에 있어서 경중을 따질 필요도 없다. 바울과 아볼로가 서로 대립될 수도 없다. 각 사역자는 개별적으로 부여된 일에 대해 수행할 책임이 있고, 하나님은 그 책임을 잘 수행했는지 그 여부에 따라 상을 주실 것이다.

"우리는 하나님의 동역자들이요 너희는 하나님의 밭이요 하나님의 집이니라"(9절). 바울과 아볼로는 동역자(*synergoi*, fellow workers), 곧 하나님의 계획에 함께 참여한 자들로 시너지를 발휘해야 하는 사람들이다. 동역자는 문자적으로 “시너지를 발휘하는 자”라는 뜻을 가지고 있다.

나아가 바울은 교회를 가리켜 하나님의 밭(*georgion*, field)이자 하나님의 집(*oikodome*, building)이라 하였다. 교회는 하나님의 경작지 또는 농장으로, 또한 하나님의 전으로 비유된다. 그곳에서 사역자는 주인이신 하나님의 일꾼으로 그 역할을 담당한다.

3. 그리스도의 터(10-15절)

10-15절에서 바울은, 마지막으로 나타날 그리스도의 심판 때 각 사역자들은 자신의 사역에 대해 심판을 받게 될 것을 말하고 있다.

“내게 주신 하나님의 은혜를 따라 내가 지혜로운 건축자와 같이 터를 닦아 두매 다른 이가 그 위에 세우나 그러나 각각 어떻게 그 위에 세울까를 조심할지니라.”(10절).

“내게 주신 하나님의 은혜(*charin*, grace)를 따라.” 바울은 복음 전하는 것을 자신의 공적으로 내세우지 않고, 하나님의 전적인 은혜로 보았다. 바울은 복음을 전하는 각 사역자들에게 주신 능력을 하나님이 주신 은혜로 간주한 것이다. 사역자는 주신 은혜를 힘입어 사명을 감당한다. 이것은 하나님의 은혜가 아니고는 전도가 불가능하다는 것을 보여준다.

“내가 지혜로운 건축자와 같이 터를 닦아 두매.” 바울은 자신의 전도, 곧 복음 전하는 것을 터(*themelion*, foundation)를 닦는 것으로 보았다. 예수 그리스도와 그의 십자가를 바르게 전하는 것은 지혜로운 건축자(wise master builder)가 터를 아름답게 닦는 것과 같다. 이 터는 바로 그리스도를 가리킨다. 그리스도는 교회의 기초이다.

“다른 이가 그 위에 세우나 그러나 각각 어떻게 그 위에 세울까를 조심할지니라." 바울은 고린도에 복음의 씨를 뿌림으로써 그 터를 닦았다. 그 뒤를 이어 아볼로가 복음 사역을 계속 진행했다. 그러나 그 터 위에 어떻게(*pos*, how) 교회를 세울 것인가 하는 점에 대해서는 각별한 조심이 요구된다는 것을 강조하고 있다. 사역자는 종종 집을 짓는 자로 비유 된다(엡 2:20-22, 벧전 2:5).

"이 닦아 둔 것 외에 능히 다른 터를 닦아 둘 자가 없으니 이 터는 곧 예수 그리스도라."(11절). 예수 그리스도만이 교회의 진정한 터이자 교회의 주인이시다. 따라서 이 터에 세상의 어떤 철학이나 이념, 인물, 조직 등을 수단으로 자기를 세우는 것은 허용되지 않는다.

만일 누구든지 이 터 위에 금이나 은이나 보석이나 나무나 풀이나 짚으로 세우면(12절) 그 결과는 하나님이 심판 날에 확연히 드러나게 된다. 여기서 금, 은, 보석은 태워지지 않는 것으로, 하나님의 심판을 통과할 만큼 값어치 있는 일들, 곧 복음에 입각한 순수하고 강한 믿음과 생활을 상징한다. 나무, 풀, 짚 등은 금방 태워질 만큼 값어치 없는 것들, 곧 보잘 것 없는 믿음과 생활을 상징한다.

그 날, 곧 그리스도께서 재림하여 심판하시는 날, 각 사람의 공적(*ergon*, work)이 그대로 나타난다. 그 때 심판의 불이 각 사람의 공적이 어떠한 지를 시험하게 된다(13절). 심판 때 신실한 성도의 공적은 심판을 통과하게 되지만 그렇지 못한 성도의 위선된 공적은 불타 없어지게 된다.

만일 누구든지 그 위에 세운 공적이 그대로 있으면 상(*misthon*, reward)을 받게 될 것이다(14절). 불 심판을 통과했다는 것은 그 공적이 하나님으로부터 인정받았음을 나타낸다. 상급이 따를 것이다.

그러나 누구든지 그 공적이 불타면 해를 받게(suffer loss) 된다. 하나님으로부터 그 공을 인정받지 못하게 된다. 그 사람은 구원을 받았지만 불(*pyros*, fire) 가운데서 받은 것 같으리라(15절). "불 가운데서 구원 받은 것 같다"는 것은 소돔 성이 멸망을 당할 때 롯과 그의 세 딸만이 살아난 것과 같은 구원을 가리킨다. 구원을 받기는 했어도 겨우 목숨만 건진 부끄러운 구원이 될 것이라는 말이다.

4. 너희는 하나님의 성전이다(16-20절)

"너희는 너희가 하나님의 성전인 것과 하나님의 성령이 너희 안에 계시는 것을 알지 못하느냐"(16절).

"너희는 너희가 하나님의 성전인 것을 알지 못하느냐." 바울은 성도를 가리켜 하나님의 성전(*naos*, temple)이라 불렀다. 성전은 오직 예루살렘에만 있다고 생각하는 구약의 성도와 생각과는 아주 다르다. 이 말씀은 여러 의미를 주고 있다.

첫째, 성도의 아이덴티티가 무엇인가를 확실히 해주는 말씀이다. 공사장에는 건물이 어떤 모양으로 들어서게 될 것인가를 알려주는 청사진이 공개되어 있다. 성도의 청사진은 아름다운 하나님의 성전이다. 공사 중에는 어지럽게 보이지만 공사가 끝나면 그 아름다움을 보고 감탄하게 된다. 성도는 세상에 속한 사람이 아니라 하나님께 속했기 때문이다. 성도는 올바른 아이덴티티를 가지고 있어야 한다.

둘째, 우리 자신을 하나님의 성전답게 건설하라는 뜻이다. 지을 때 아주 조심스럽게 지어야 한다. 모래 위에 지어서도 안 되고, 너무 물 가까이에 지어서도 안 된다. 예수 그리스도라는 가장 완벽하고, 확실한 터(foundation) 위에 지어야 한다. 그 터 위에 짓지 않을 경우 인생의 지진이 올 때 심하게 무너진다. 그리스도는 흔들리지 않는(unshakable) 우리의 터이다.

끝으로, 거룩하게 지어야 한다. 하나님의 성전은 겉으로만 아름답게 보이는 단순한 건물이 아니다. 그 안에 하나님이 계시는 거룩한 성전(sanctuary)이 되어야 한다. 겉보다는 안이 중요하다.

"하나님의 성령이 너희 안에 거하시는 것을 알지 못하느냐." "하나님이 네 안에 계신다."고 말하면 구약의 성도는 매우 놀랄 것이다. 그러나 신약의 성도는 다르다. 오히려 당연하게 생각한다. 하나님의 성령이 우리 안에 거하시는 것은 우리가 하나님의 성전이기 때문이다. 하나님의 성전인 우리 안에는 항상 하나님의 영이 함께 계신다. 이것은 하나님이 임마누엘이심을 보여준다.

"누구든지 하나님의 성전을 더럽히면 하나님이 그 사람을 멸하시리라 하나님의 성전은 거룩하니 너희도 그러하니라."(17절).

"누구든지 하나님의 성전을 더럽히면." "더럽히다"(*phtheirei*, destroy)는 문자적으로 "파괴하다"이다. 하나님의 성전은 거룩하고 구별된 곳이다. 바울은 이 성전을 더럽히는 행위, 곧 거룩함을 손상시키는 행위를 경고하고 있다. 하나님은 그런 사람을 그냥 두지 않으시고 멸망시키신다.

"하나님의 성전은 거룩하니 너희도 그러하니라." 하나님의 성전이 거룩한 것처럼 하나님의 전인 우리도 거룩해야 한다는 뜻이다.

"아무도 자신을 속이지 말라 너희 중에 누구든지 이 세상에서 지혜 있는 줄로 생각하거든 어리석은 자가 되라 그리하여야 지혜로운 자가 되리라."(18절).

"속이지 말라"는 것은 속이고 있는 행위를 멈추라는 말이다. 교인은 아무도 자기를 속여서는 안 된다. 여러분 가운데 이 세상에서 지혜롭다고 생각하는 사람이 있으면 정말 지혜로운 사람이 되기 위해서는 어리석은 사람이 되라.

교인들 가운데는 세상 지혜로 하나님의 지혜를 판단하려는 어리석은 자들이 있다. 그 지혜가 과연 하나님의 비교될 수 있을까. 오히려 복음을 받아들이는 데 방해가 될 뿐이다. 그러므로 인간의 이성으로 볼 때 미련하게 보이는 십자가의 도를 받아들이기 위해서는 오히려 그 같은 지혜를 과감히 버리라는 것이다. 그래야 하나님의 지혜를 받아들일 수 있기 때문이다.

"이 세상 지혜는 하나님께 어리석은 것이니 기록된바 하나님은 지혜 있는 자들로 하여금 자기 꾀에 빠지게 하시는 이라 하였고"(19절).

하나님 보시기에 이 세상 지혜는 어리석은 것이다. 성경에도 "하나님이 약삭빠른 자를 자기 꾀에 빠지게 하신다." 하였다. 이것은 욥기 5:13(지혜로운 자가 자기의 계략에 빠지게 하시며 간교한 자의 계략을 무너뜨리시므로)을 인용한 것이다.

"또 주께서 지혜 있는 자들의 생각을 헛것으로 아신다 하셨느니라."(20절).

성경에 "주님은 지혜로운 자들의 생각이 헛된 것(*mataioi*, futile)을 아신다." 고 하였다. 이 말씀은 시편 94:11(여호와께서는 사람의 생각이 허무함을 아시느니라)을 인용한 것이다. 인용된 말씀 모두 이 세상 지혜의 어리석음을 지적하신 것이다.

5. 누구든지 사람을 자랑하지 말라(21-23절)

21-23절에서 바울은, 사역자들은 당을 짓는 사람들에게 속한 것이 아니라 교회에 속했고, 교회는 그리스도의 속했음을 밝히고 있다.

"그런즉 누구든지 사람을 자랑하지 말라 만물이 다 너희 것임이라"(21절).

"그런즉 누구든지 사람을 자랑하지 말라." 고린도교인들은 특정 인물들만을 보고 바울 파, 아볼로 파, 게바 파 등으로 당파를 지음으로써 시야가 매우 좁은 신앙생활을 했다. 파당을 지었다는 것은 특정 인물에 대한 존경의 차원을 떠나 숭배의 차원으로 바뀌어져 있음을 보여준다. "누구든지 사람을 자랑하지 말라"는 것은 사람을 숭배의 대상으로 삼아서는 안 된다는 말씀이다.

"만물이 다 너희 것임이라." 바울은 고린도 교인들의 좁은 시야를 보다 넓히기 위해 만물이 다 너희 것임이라 했다. 파당을 지어 숭배하는 그 인물들 속에 자신의 정체를 찾으려 하는 좁음에서 벗어나 특정 인물들을 포함해서 만물이 다 너희 것임이라고 말하고 있다.

만물은 주님의 것이다. 만물은 주님께 속해 있고 주 안에서 통일되어 있다. 우리가 그 주님을 주인으로 잘 모시고 살면 만물이 그리스도 안에서 다 우리의 것이 된다. 그러나 우리가 주님을 주인으로 모시고 살지 않으면 우리가 만물의 노예로 전락하고 만다. 그러므로 "만물이 다 너희 것임이라"는 말씀은 만물의 노예로 살지 말고 주님께 속하여 살라는 말씀이기도 하다.

만물이 너희 것임이라는 말씀은 "다 너희의 것"이니 마음대로 쓰라는 것은 아니다. 하나님의 것은 하나님의 뜻에 맞게 사용해야 한다. 하나님의 것을 육체의 소욕대로 사용하는 것은 하나님의 것을 도적질하는 것과 같다.

"바울이나 아볼로나 게바나 세계나 생명이나 사망이나 지금 것이나 장래 것이나 다 너희의 것이요"(22절). 바울은 이 구절에서 "--은 다 너희의 것이요"이라고 말함으로써 믿음의 시야를 좁은데서 보다 넓게 확대할 것을 가르치고 있다.

"바울이나 아볼로나 게바나 다 너희의 것이요." 하나님은 교회를 위해 다양한 지도자를 세우신다. 사람은 그들 가운데 특정인을 좋아하고 존경을 표할 수도 있지만 그 선호가 숭배나 당파로 가면 안 된다.

그 지도자 모두 하나님의 종들이자 하나님의 것이다. 우리도 하나님의 종이자 하나님의 것이라는 점에서 그들과 동등하다. 바울이든 아볼로든 그 지도자가 "다 너희 것임이라"는 말은 그들 모두가 하나님을 위해 존재하고, 우리를 통해 그 사역을 감당하기 위해 존재하므로 "다 우리"를 위해 있고, 우리의 것임 보여준다. 어느 한 사람만 하나님에 속한 것이 아니라 우리 모두 하나님께 속한 것이므로 우리가 주안에 있는 한 그들 모두도 우리의 것이 된다. 따라서 자기가 어느 한 사람에게 속했다고 말하는 것은 하나님의 뜻에 어긋난다. 우리는 하나님께 속한 사람들이지 어떤 인물에 속한 사람이 아니다.

우리가 신앙생활을 한다 하면서 인물, 지방, 성에 따라 사람을 차별하는 것은 아직도 우리가 "바울이나 아볼라나 게바"에 속한 삶을 사는 것과 다름이 없다. 그리스도 안에서는 모든 것이 하나이고 통일되어야 한다. 그것은 어느 인물이나 지방이 아니라 주님으로 통일되고 주님으로 하나 되는 것이다.

"세계(*kosmos*, world)가 다 너희의 것이요." 이 세상도 다 너희 것이라고 말한다. 세상은 하나님의 통치를 받기 때문에 하나님의 것이다. 하나님을 아버지로 모시고 사는 성도에게 있어서 세상은 성도들의 것이나 다름이 없다. 이 세상에서 하나님의 자녀를 철수시키면 이 세상은 사막과 같다. 세상이 주안에서 살아 있으려면 그리스도인들이 생명력을 가지고 살아 있어야 한다. 주님과 생명력 있는 관계 속에 있는 성도는 세상에서도 모든 것을 소유하는 풍성한 삶을 살게 된다.

"사망이나 생명이 다 너희의 것이요." 하나님은 사망(*thanatos*, death)도 생명(*zoe*, life)도 다스리신다. 하나님의 생명이 우리 안에 있으면 우리의 삶은 진주 보석처럼 아름답다. 우리가 사망(고난)가운데 있어도 하나님이 함께 하시면 주님이 사망을 이기듯 그것을 넉넉히 이길 수 있고 그 가운데서 더 풍성한 삶을 살 수 있다. 주님은 고난을 통해 우리를 더 성장시키신다. 순풍으로도 하나님 나라를 향해 갈 수 있지만 폭풍의 과정을 통해서도 그 나라에 더 빨리 가게 하신다. 그러므로 우리가 사망에 있든 생명가운데 있든 주 안에 있으면 그 모두가 다 우리의 것이다.

"지금 것이나 장래 것이나 다 너희의 것이요." 우리의 삶은 현재에 한정되어 있지 않다. 바울은 이 세상에 한정시키며 살아가는 우리의 시야를 넓혀 믿음의 시야를 갖도록 하신다. 믿음의 시야를 가지면 지금뿐 아니라 장래도 다 우리의 것이다. 현재의 삶은 앞으로 우리가 가지게 될 영원한 하나님 나라의 그림자와 같은 것이다.

지금까지 모든 것이 "다 너희의 것"(*panta hymon*, all yours)이라고 한 것은 믿음으로 우리가 우주만물을 상속받았기 때문이다. 우리는 주님의 상속자로서 그의 것을 믿음으로 관리하며 사는 사람들이다. 그 지위가 너무 귀해 세상의 어떤 명예를 탐낼 필요가 없으며, 주 안에서의 행복이 너무 커 세상의 쾌락을 탐낼 필요가 없다.

"너희는 그리스도의 것이요 그리스도는 하나님의 것이니라."(23절).

"너희는 그리스도의 것이요." 우리는 주님의 것이다. 우리가 가진 모든 물질은 생명조차 주님의 것이다. "다 너희의 것"이라고 말한 모든 것도 그리스도의 것이다. 주님은 모든 것의 으뜸이자 주인이시다. 그 모든 것이 주님의 것이기 때문에 우리가 그것을 소유해도 그 모든 것이 협력해서 선을 이룰 수 있다.

"그리스도는 하나님의 것이니라." 예수 그리스도는 능력에 있어서나 영광에 있어서 하나님과 동등하시다. 이런 면에서 볼 때 그리스도는 하나님의 것이 아니다. 하지만 직분과 기능면에서는 하나님께 종속되어 있다. 즉, 예수님은 하나님이시지만 성자의 직분과 기능을 가지고 우리의 구원을 위해 일하신 점으로 보아서는 하나님께 종속되었다.

여기서 그리스도의 사역은 우리의 구원자로서 역할을 하시는 것이다. 따라서 그 사역 면에서 볼 때 그리스도는 하나님의 것이다. 하나님은 그 본체이신 주님을 우리에게 보내어 구원하시고 우리를 자신의 자녀로 삼으셨다. 세상만물, 사람들뿐 아니라 세계, 사망이나 생명, 지금 것이나 장래 것 모두 "다 너희 것"으로 만드신 분이 바로 우리 하나님이시다. 그러므로 우리가 숭배하고 경배해야 할 분, 우리가 자랑해야 할 분은 우리의 주인이신 하나님 한 분뿐이시다. 특정인물들이 아니다. 나의 것도 아니다. 오직 주님이다.

고린도전서 4장

그리스도의 일꾼과 참된 판단

1. 그리스도의 일꾼과 충성(1, 2절)

그렇다면 사람들은 마땅히 우리를 그리스도의 일꾼이요 하나님의 비밀을 맡은 자로 여겨야 한다(1절). 그리스도의 일꾼은 하나님의 교회를 진리로 가르치는 사람을 가리킨다. 일꾼(*hyperetas*, servants)은 문자적으로 배의 밑창에서 노를 젓는 자를 가리킨다. 그리스도의 일꾼은 전도자로서, 교회의 모든 가르침을 힘써 전하는 자다. 하나님의 비밀을 맡은 자(*oikonomous*, stewards)는 하나님의 비밀을 맡은 청지기(관리인)를 말한다. 이 비밀(mysteries)은 사람에 의해 발견될 수 없고 오직 하나님에 의해서만 계시되어지는 하나님의 진리를 말한다. 한 마디로 성도들은 이들을 성직자로 여겨 존경을 해야 한다는 말이다.

"그리고 맡은 자들에게 구할 것은 충성(*pistos*, faithful)이니라." (2절). 이런 것을 맡은 사람에게 요구되는 것은 신실성, 곧 충성된 자로 인정을 받는 것이다. 하나님의 진리를 취급하는 자는 신실하고 충성된 자여야 한다. 어떻게 충성해야할까? 주님의 마음에 들게 충성하라. 작은 일에도 충성하라. 모든 일에 충성하라. 그리고 죽기까지 충성하라.

2. 판단하실 이는 오직 주님(3-5절)

"너희에게나 다른 사람에게나 판단 받는 것이 내게는 매우 작은 일이라 나도 나를 판단하지 아니하노니."(3절).

바울은 하나님께 충성하기로 작정했기 때문에 사람들로부터 판단 받는(*krito*, be examined) 것쯤은 매우 작은 일로 간주한다. 여러분에게서 심판을 받든지, 세상 법정에서 심판을 받든지, 나에게는 조금도 문제가 되지 않는다는 말이다. 이것은 바울 자신은 청지기로서 하나님께 충성하고 있음을 말하고 있다.

"나도 나를 판단하지 아니하노니." 나도 나 자신을 판단하지 않는다는 말이다. 판단하실 이는 오직 하나님이시기 때문이다.

"내가 자책할 아무 것도 깨닫지 못하나 이로 말미암아 의롭다 함을 얻지 못하노라 다만 나를 심판하실 이는 주시니라."(4절).

내가 양심에 가책을 받을 일은 없다. 그렇다고 이런 일로 내가 의롭게 된 것은 아니다. 죄가 없는 것은 아니란 말이다. 나를 판단하고 심판하시는(*anakrinon*, judging) 분은 오직 주님이시다.

"그러므로 때가 이르기 전 곧 주께서 오시기까지 아무 것도 판단하지 말라 그가 어둠에 감추인 것들을 드러내고 마음의 뜻을 나타내시리니 그 때에 각 사람에게 하나님으로부터 칭찬이 있으리라."(5절).

심판하시는 이는 오직 주님이시므로 주님이 오셔서 심판하실 때까지 아무 것도 미리 판단하지 말라. 주님이 오시면 어두움 속에 감추어진 것(지금까지 알려지지 않은 숨겨진 행위들)을 환히 나타내시며, 마음속의 생각(감추어진

동기)까지도 드러내실 것이다. 그 때에는 각 사람이 그 행한 대로 하나님으로부터 칭찬을 받게 될 것이다.

3. 기록한 말씀 밖에 넘어가지 말라(6절)

"형제들아 내가 너희를 위하여 이 일에 나와 아볼로를 들어서 본을 보였으니 이는 너희로 하여금 기록된 말씀 밖으로 넘어가지 말라 한 것을 우리에게서 배워 서로 대적하여 교만한 마음을 가지지 말게 하려 함이라." (6절).

바울은 교인들을 위해 자기 자신과 아볼로를 들어 설명했다고 말한다. 이것은 "기록된 말씀의 범위를 벗어나지 말라"는 격언의 뜻을 우리에게서 배워서 어떤 사람은 자랑하고 어떤 사람은 멸시하는 일이 없도록 하기 위한 것이다. 어느 한 편을 편들어 다른 편을 얕보면서 뽐내지 않도록 하려는 것이란 말이다. "기록한 말씀밖에 넘어가지 말라"는 것은 성경이 말하는 것만 말하라는 것이다. 성경이 말하는 것 이상을 말하려는 것은 교만하기 때문이다.

4. 부요한 너희, 만물의 찌꺼기 같이 된 우리(7-13절)

"누가 너를 남달리 구별하였느냐 네게 있는 것 중에 받지 아니한 것이 무엇이냐 네가 받았은즉 어찌하여 받지 아니한 것 같이 자랑하느냐." (7절).

누가 여러분을 남달리 뛰어나게 하였는가? 여러분이 가진 것 중에 하나님에게 받지 않은 것이 무엇인가? 바울은 고린도교인들이 받은 모든 것이 하나님으로부터 왔음을 밝히고 있다. 그리고 묻는다. 여러분이 가진 것 모두 하나님으로부터 받은 것이라면 어째서 받지 않은 것처럼 자랑하는가? 그 모두를 하나님으로부터 받았기 때문에 스스로 자랑할 권리가 없다는 말이다. 자기를 자랑하는 것이 아니라 하나님으로부터 받은 은혜를 진솔하게 간증하며 하나님께 감사해야 한다.

바울은 8-13절에서 사도들의 형편과 고린도 교인들의 상태를 비교하며 말하고 있다. 이것은 교인들로 하여금 뉘우치도록 하기 위함이다.

"너희가 이미 배부르며 이미 풍성하며 우리 없이도 왕이 되었도다 우리가 너희와 함께 왕 노릇 하기 위하여 참으로 너희가 왕이 되기를 원하노라."(8절).

교인 여러분은 원하는 것을 이미 다 얻었고 부자가 되었다. 우리를 제쳐놓고 왕이나 된 듯이 행세하고 있다(you reigned). 여러분이 정말 왕이 되었으면 좋겠다. 그러면 우리도 여러분과 함께 왕 노릇할 수 있지 않겠는가.

바울은 반어법을 사용하며 교인들의 상태를 풍자하고 있다. 고린도교인들이 이미 배부르고 부자가 되었다는 것은, 그리스도 재림 후에 이루어질 최상의 상태에 이미 다 들어간 듯 자족하고 있음을 지적하는 말이다. 우리 없이 왕이 되었다는 것은, 사도들은 복음을 전하기 위해 고난가운데서도 최선을 다하고 있는데 고린도 교인들은 재림 후 성도들이 차지할 왕적 지위를 이미 차지하고 자족해 있다는 말이다. 이것은 그들을 위해 헌신한 사도들에 비해 고린도 교인들이 얼마나 미성숙한가를 드러내는 반어적 표현이다.

"내가 생각하건대 하나님이 사도인 우리를 죽이기로 작정된 자 같이 끄트머리에 두셨으매 우리는 세계 곧 천사와 사람에게 구경거리가 되었노라."(9절).

내가 생각하기에는 하나님이 사도들인 우리를 마치 사형장의 죄수들처럼 제일 천한 자리에 세우셨고, 우리는 결국 온 세상 사람들과 천사들에게 구경거리가 되었다.

여기서 바울은 로마 원형극장의 이미지를 도입하였다. 로마에서 죄인을 사형에 처할 때 죽을 때까지 싸우게 했는데, 바울은 바울을 비롯한 사도들의 처지가 이와 같이 되었다는 것이다. 원형극장에서 죽을 때까지 싸워야 하는 죄인은 수많은 사람들 앞에서 조롱거리가 되었다. 이처럼 바울도 전 우주적인 관중(천사와 사람) 앞에서 구경거리가 되었다는 것이다. 이것은 자신의 처지를 한탄하는 말이 아니다. 끊임없이 악의 세력과 대결해야 하는 상황임을 말해준다.

"우리를 마치 사형장의 죄수들처럼 끄트머리에 두셨으매." 끄트머리(*eschatous*, last)는 마지막 상황에 두셨음을 의미한다. 사도들은 주님을 위해 마지막으로 보여주어야 할 자가 되었다는 말이다. 복음을 전하는 자는 항상 이 같은 끄트머리 의식을 가지고 있어야 한다.

"우리는 그리스도 때문에 어리석으나 너희는 그리스도 안에서 지혜롭고 우리는 약하나 너희는 강하고 너희는 존귀하나 우리는 비천하여." (10절).

우리는 그리스도 때문에(*dia,* on account of) 어리석은 사람이 되었다. 그리스도를 위해 자발적으로 어리석은 사람이 되었다는 것이다. 어리석기 때문이 아니라 세상 사람들이 전도하는 사도들을 그렇게 본다는 것이다. 전도자는 주님을 위한 '바보 지수' 가 높아야 한다.

그러나 성도 여러분은 그리스도 안에서(예수님을 구주로 영접함으로) 지혜로운 사람이 되었다. 우리는 약하나 여러분은 강하다. 전도자는 약해 보여도 주의 자녀인 성도 여러분은 강한 존재 아닌가. 여러분은 존경을 받으나 우리는 천대를 받는다. 성도 여러분은 구원을 받음으로 인해 하늘의 영광을 누리고 있지만 전도자인 우리는 복음을 전한다는 이유로 지금 천대를 받고 있다.

"바로 이 시각까지 우리가 주리고 목마르며 헐벗고 매 맞으며 정처가 없고" (11절).

우리는 바로 이 시각까지도 주리고, 목마르고, 헐벗고, 얻어맞고, 집 없이(정처 없이) 떠돌아다닌다. 바울은 자신들이 얼마나 힘들게 생활하고 있는가를 구체적으로 보여준다. 그리스도 때문이다. 복음 전도는 결코 쉽지 않다.

"또 수고하여 친히 손으로 일을 하며 모욕을 당한즉 축복하고 박해를 받은즉 참고"(12절).

"또 수고하여 친히 손으로 일을 하며." 직접 고된 노동을 하며 자신의 경제문제를 해결했다. 이것은 교회로부터 재정의 도움을 받지 않았다는 말이다. 바울은 낮에는 장막을 만드는 일을 했고, 밤이나 안식일 또는 회당을 쉽게 빌릴 수 있는 점심시간에는 전도를 했다.

"모욕을 당한즉 축복하고." 모욕을 당하면 도리어 축복해준다. 조롱과 비난을 받아도 선한 말로 대한다. "박해를 받은즉 참고." 핍박을 당하면 참는다. 박해로 고통을 받아도 저항하는 대신 참아낸다.

"비방을 받은즉 권면하니 우리가 지금까지 세상의 더러운 것과 만물의 찌꺼기 같이 되었도다(13절).

"비방을 받은즉 권면하니." 비방을 받으면 좋은 말로 응답한다.

"우리가 지금까지 세상의 더러운 것과 만물의 찌꺼기 같이 되었도다." 우리는 지금까지 이 세상의 쓰레기처럼 되고, 만물의 찌꺼기처럼 되었다. 세상은 전도자를 바보 취급하고, 천대한다.

그렇다면 바울은 지금 후회하고 있는가? 그렇지 않다. 오히려 그런 가운데서도 복음을 전하고 있는 것을 자랑스럽게 생각한다. 주님을 위해서라면 무엇을 못할까? 자신이 세상의 쓰레기와 만물의 찌꺼기처럼 여기게 된다 해도 기꺼이 감당하리라. 이것은 주님을 향한 바울의 높은 사랑을 보여준다.

5. 자녀같이 권하려고 이 글을 쓴다(14-16절)

"내가 너희를 부끄럽게 하려고 이것을 쓰는 것이 아니라 오직 너희를 내 사랑하는 자녀 같이 권하려 하는 것이라"(14절).

내가 이런 말을 쓰는 것은 여러분을 부끄럽게 하려는 것(*entrepon*, shaming)이 아니라, 나의 사랑하는 자녀들같이 훈계하려는 것(*noutheton*, admonishing)이다.

"그리스도 안에서 일만 스승이 있으되 아버지는 많지 아니하니 그리스도 예수 안에서 내가 복음으로써 너희를 낳았음이라."(15절).

그리스도 안에서 여러분에게는 일만 명의 스승이 있을지 몰라도, 아버지는 여럿이 있을 수 없다. 그리스도 예수 안에서 복음으로 내가 여러분을 낳았다.

바울은 자신과 고린도교인의 관계를 아버지와 자녀의 관계로 설정했다. 그리고 자신은 그들의 아버지라 한다. "너희를 낳았음이라"는 말은 "내가 너희 아버지가 되었다"(I became your father, NIV)는 것이다. 너희는 복음으로 낳은 자식들이요, 나는 너희들의 영적인 아버지가 되었다는 말이다.

그는 무엇보다 "그리스도 안에서 스승은 많지만 아버지는 많지 않다."고 했다. 교회 안에서 가르치고 가르침을 받는 관계는 많이 있지만 진정 아비의 심정으로 자식을 돌보고 가르치고 훈계하는 자는 많지 않다는 말이다.

우선 "스승"(*paidagogous*, guardians)이란 무슨 의미일까? 원문에는 가디언(guardians)이라 했다. 가디언은 관리인, 경호인, 수위, 보호자 등의 의미를 가지고 있다. 관리인은 행동의 경계선을 그어놓고 그 선 밖으로 나가지 못하게 하는 역할을 한다. 우리를 지켜보는 자다.

"일만 스승이 있으되." 이 때 스승은 갈라디아 3:25에 소개되는 초등교사(몽학선생)와 어원이 같다. 몽학선생은 노예 신분으로 주인집 아이를 가르치고 보호하는 역할을 맡는다. 당시 학식이 높은 사람들이 노예로 잡혀와 있었다. 그들은 주인집 아이를 돌보면서 길을 잘못 들면 "주인님. 그리로 가시면 안 됩니다." 말하고, 여러 면에서 과외 지도를 해주었다. 그들은 주인이 시키는 일만 하면 되었기 때문에 책임감은 없다. 그래서 말만 많이 하는 사람으로 친다. KJV에서는 강사(instructers)라 했다. 강사는 가르치고 가면 된다. NASB에서는 튜터(tutors)라 했다. 튜터는 학습 진도가 느린 학생들을 맡아 가르치는 역할을 한다. 약한 부분을 교정시키는데 관심이 있다. 강사나 튜터는 일단 가르치고 나면 현장을 떠난다. 그 이상의 관계를 맺지 않는다.

그러나 아버지는 자식에 대한 관심과 책임이 다르다. 끝까지 양육을 한다. "아비는 많지 아니하니." 그리스도 안에서, 복음 안에서 우리를 낳은 자이므로 아비다. 이 아비는 몽학선생과는 달리 우리와 생명력이 있고, 본보기가 된다. 영적으로 복음을 전할뿐 아니라 그들의 신앙성장을 위해 기도하고 염려하며, 그들이 믿음으로 승리할 때 더 기뻐하고, 영적으로 후퇴하면 자신의 일처럼 아파한다. 사랑의 대상이기 때문이다. 오래 참음으로 격려하며 그들이 하나님 앞에 바로 설 수 있도록 지속적으로 노력한다. 육적인 아버지 이상으로 곁에서 영적으로 성숙하도록 돌본다.

예레미야애가에 들개와 타조가 등장한다. "들개는 오히려 젖을 내어 새끼를 먹이나 처녀 내 백성은 잔인하여 광야의 타조 같도다."(애 4:3). 알을 낳고도 관심이 없는 타조와 같아선 안 된다는 것이다.

사도행전 11장엔 영적인 아비가 된 바나바와 사울의 모습을 보게 된다. "만나매 안디옥에 데리고 와서 둘이 교회에 일 년간 모여 있어 큰 무리를 가르쳤고 제자들이 안디옥에서 비로소 그리스도인이라 일컬음을 받게 되었더라."(행 11:26). 두 사람은 일 년 동안 안디옥 교회에 머물며 교인들을 잘 양육하여 그리스도인이라는 별명까지 얻게 할 만큼 제자화에 성공했다. 이것은 그들이 아비가 되었음을 잘 보여준다.

"그러므로 내가 너희에게 권하노니 너희는 나를 본받는 자(*mimetai*, imitators)가 되라."(16절).

"그러므로 나를 본받고 내가 행한 대로 따르십시오." 영적인 아비의 롤 모델이 바로 바울 자신임을 당당하게 말하며 "아버지가 되라!" 한다.

바울은 그리스도의 영에 사로잡힌 자로서 우리는 그의 헌신과 고난을 본받아야 한다. 매를 들어도 사랑의 마음을 가져야 한다. 그는 우리의 좋은 아비 모델이다. 말과 행동이 일치하기 때문이다. 용납, 순결, 진실, 믿음, 위로, 피난처, 친구, 훈계, 용서, 존경, 하나님 마음에 합한 아버지가 좋은 아비이다. 이제 당신이 아비의 모델이 될 차례다.

6. 디모데를 너희에게 보내었으니(17절)

"이로 말미암아 내가 주 안에서 내 사랑하고 신실한 아들 디모데를 너희에게 보내었으니 그가 너희로 하여금 그리스도 예수 안에서 나의 행사 곧 내가 각처 각 교회에서 가르치는 것을 생각나게 하리라."(17절).

이런 이유 때문에 바울은 주 안에서 아들처럼 생각하는 신실한 사역자 디모데(Timothy)를 고린도교회에 보냈다. 그는 바울을 통해 신앙훈련을 받은 초대교회의 일꾼이자 바울이 신뢰하는 제자였다. 바울이 디모데를 신실한 인물이라 말함으로써 고린도교인들의 불성실함을 간접적으로 지적하고 있다.

디모데는 바울이 각처에 있는 모든 교회에서 가르치는 그대로, 예수님 안에서의 내 행동 원리를 말해줄 것이다. "예수 안에서 나의 행사"(*tas hodous mou*, the ways of me)는 바울이 그리스도를 섬기면서 취하는 삶의 방식을 가리킨다.

7. 하나님 나라는 말에 있지 않고 오직 그 능력에 있다(18-20절)

"어떤 이들은 내가 너희에게 나아가지 아니할 것 같이 스스로 교만하여졌으나" (18절).

고린도교인들 가운데 몇 사람들은 바울이 디모데를 고린도교회에 파견한 것을 보고 바울이 그곳에 올 용기가 없어서 그런 것 아니겠느냐며 이것을 보면 결국 자기들이 이긴 것이라는 등 교만한 자세를 취한 것으로 해석한다. 이런 생각은 주로 바울 파가 아닌 사람들이 했을 것으로 추정되고 있다. 고린도교회는 지금 네 파로 갈라져 시기하고 분쟁하고 있다. 교회는 분쟁이 아니라 천당지점이 되어야 한다. 기쁨과 평화가 넘쳐야 한다. 그런데 현실은 녹록치 못하다.

"주께서 허락하시면 내가 너희에게 속히 나아가서 교만한 자들의 말이 아니라 오직 그 능력을 알아보겠으니" (19절).

"주께서 허락하시면" (*thelese*, will)은 문자적으로 "만일 주님의 뜻이라면"이다. 주님이 원하시면 바울이 속히 고린도교회에 가서 그 교만한 사람들의 말(*logon*, talk)이 아니라 그들의 능력(*dynamin*, power)을 알아보겠다는 것이다. "교만한 자들의 말"로 보아 교만한 자들은 아볼로 파 사람들일 것으로 추정된다. 그들은 웅변과 이론에 강하기 때문이다.

"하나님의 나라는 말에(*en logo*, in word) 있지 아니하고 오직 능력에(*en dynamei*, in power) 있음이라" (20절).

바울은 주님의 뜻이라면 고린도교회를 방문하여 교만한 자들의 말이 아니라 그들의 능력이 어떠한지 알아보겠다고 했다. 20절은 그 이유에 해당한다. 하나님의 나라는 세상 나라와 다르기 때문이다. 하나님의 나라는 하나님의 통치를 받는 영역으로, 구원받은 성도들이 현재 누리고 있는 천국이다. 그 나라에서는 인간의 지혜와 능변과 교만한 말이 아니라 오직 하나님의 능력, 곧 성령의 힘을 통해서만 나타난다. 따라서 바울은 고린도교인들이 과연 성령의 능력을 갖고 있는지 알아보겠다는 것이다. 하나님의 나라는 인간의 말이 아니라 영적인 능력을 통해 실현된다.

8. 매냐 사랑과 온유한 마음이냐(21절)

"너희가 무엇을 원하느냐 내가 매를 가지고 너희에게 나아가랴 사랑과 온유한 마음으로 나아가랴" (21절).

교인 여러분은 어느 것을 더 원하는가? 내가 매(*rhabdo*, rod)를 가지고 가는 것을 원하는가? 아니면 사랑(*agape*, love)과 온유한 마음(*pneumati prautetos*, a spirit of gentleness)을 가지고 가는 것을 원하는가? 매냐 사랑이냐. 둘 중 하나를 택하라는 말이다. 이것은 바울이 그곳에 가기 전에 결단하라는 말이다.

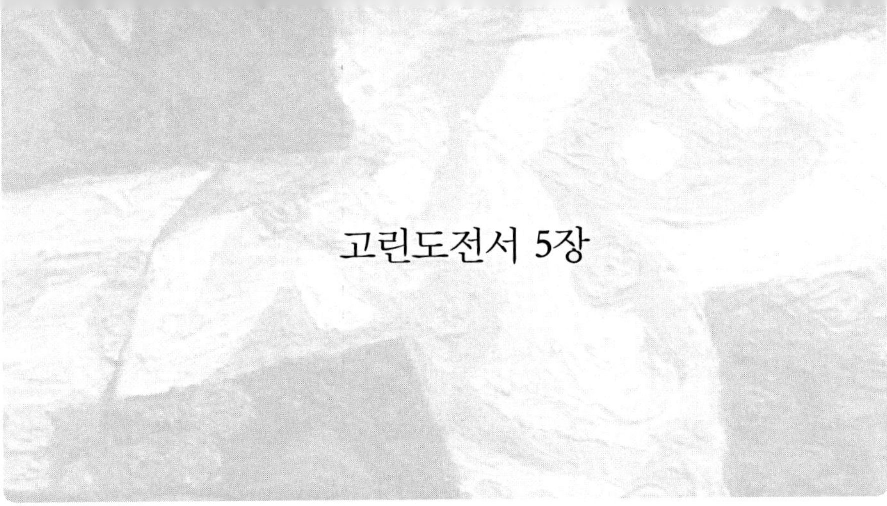

고린도전서 5장

음행하는 교인에 대한 처리 문제

1. 음행한 자를 통한히 여기지 않는 너희(1-5절)

"너희 중에 심지어 음행이 있다 함을 들으니 그런 음행은 이방인 중에서도 없는 것이라 누가 그 아버지의 아내를 취하였다 하는 도다."(1절).

"너희 중에 심지어 음행이 있다함을 들으니." 음행(*porneia*, sexual immorality)은 법적으로도 용납되지 않는 탈선된 성행위를 일컫는다. 음란하고 거짓된 세상의 악이 교회 안에 들어와 자리 잡았음을 의미한다.

"누가 그 아버지의 아내를 취하였다 하는 도다." 등록된 고린도 교인가운데 아버지의 첩 또는 계모와 함께 동거함으로써 근친상간을 하는 사람이 있음을 말한다. 당시 사회에서는 한 남자가 여러 첩을 둘 수 있었다. 이 경우는 아버지가 죽자 아버지의 첩 또는 계모와 살고 있는 것으로 생각된다. 이것은 율법뿐 아니라 세상 관습으로도 용납될 수 없는 일이다. 바울은 교회가 이 사람을 다루는 태도에 대해서 분노하고 있다.

"그리하고도 너희가 오히려 교만하여져서 어찌하여 통한히 여기지 아니하고 그 일 행한 자를 너희 중에서 쫓아내지 아니하였느냐"(2절).

“그리하고도 너희가 오히려 교만하여져서.” 교회가 이런 음행을 보고도 “교회가 사랑으로 포용하지 않으면 누구 포용하겠는가,” “교회가 용서하고 눈감아 줘야 한다.”며 오히려 용납하는 태도로 나오는 것을 말한다. 교회가 이 사람을 치리하지 않고 감싸고 있는 것을 보면 이 남자는 교회에서 실세이든지 교회에 도움을 많이 주는 사람이 아닌가 생각된다.

하나님이 아나니아와 삽비라처럼 잘못에 대해 즉석심판을 할 경우 이런 교만이 생길 수 없다. 그러나 금방 심판을 하지 않자 담대해져 겁을 내지 않고 대담하게 죄를 범하게 된다. “육체를 따라 더러운 정욕 가운데서 행하며 주관하는 이를 멸시하는 자들에게 특별히 형벌하실 줄을 아시느니라 이들은 담대하고 고집하여 떨지 않고 영광 있는 자를 훼방하거니와”(벧후 2:10). 교회가 하나님의 오래 참으심을 왜곡하고 교회의 순결을 보전하지 않으면 크게 책망을 받게 될 것이다.

“어찌하여 통한히 여기지(*epenthesate*, have mourned) 아니하고.” 바울은 이 문제에 대해서 먼저 “통한히 여기라”고 말한다. 통한(痛恨)은 가슴 아프게 한탄하는 것을 말한다. 유족들이 죽은 자 앞에서 가슴을 치며 울듯 교회가 그리스도의 신부로서 순결을 지키지 못한 것을 회개하며 가슴을 치고 울어야 한다는 것이다. 바울은 교회가 탄식을 회복함으로써 죄를 지나치지 않도록 하고 있다. 교회는 항상 하나님 앞에서 어떻게 하면 순결을 유지할 수 있을까 통한하는 심정을 가지고 신앙생활을 해야 한다.

“그 행한 자를 너희 중에서 물리치지 아니하였느냐.” 바울은 이 문제를 해결하는 두 번째 방법으로 그를 교회 밖으로 “내어 쫓으라”고 말한다. 그는 5장에서 이런 뜻을 4번이나 반복하여 강조하고 있다. “그 일 행한 자를 너희 중에서 물리치지 아니하였느냐.”(2절). “이런 자를 사단에게 내어 주라.”(5절). “묵은 누룩을 내어버리라.”(7절). “너희 중에서 내쫓으라.”(13절).

"내가 실로 몸으로는 떠나 있으나 영으로는 함께 있어서 거기 있는 것 같이 이런 일 행한 자를 이미 판단하였노라"(3절).

바울은 지금 몸으로는 고린도교회와 함께 하지 못하지만 영으로는 함께 있음을 밝혔다. 그들을 위해 기도할 뿐 아니라 그들에 대해 관심을 가지고 그들의 모든 일에 동참하고 있다는 말이다. 비록 몸은 떨어져 있을지라도 이런 음행하는 자들이 있다는 소식을 듣고 이미 영적으로 판단을 내렸다.

"주 예수의 이름으로 너희가 내 영과 함께 모여서 우리 주 예수의 능력으로"(4절).

여러분이 우리 주 예수의 이름으로 모이고 내가 영으로 여러분과 함께 있을 때에 우리가 함께 할 일이 있다. 그것은 우리 주 예수님의 능력을 힘입어 단호하게 조치를 취하는 것이다.

"이런 자를 사탄에게 내주었으니 이는 육신은 멸하고 영은 주 예수의 날에 구원을 받게 하려 함이라"(5절).

이런 사람을 사탄에게 넘겨주어 육체(*sarkos*, flesh)는 파멸되더라도 영(*pneuma*, spirit)은 주님이 재림하시는 날에 구원받게 하라는 것이다.

"이런 자를 사탄에게 내주었으니." "사탄에게 내주는 것"(deliver to Satan)은 교회가 이런 사람을 출교시켜 그 사람과의 관계를 끊어버리는 것을 말한다. 그는 예배와 교회활동에서 제외된다. 주의 백성과 교제하지 못하도록 하는 것이다. 교회가 그 사람과의 관계를 끊으면 하나님의 보호에서 끊어지고 사단의 끈질긴 공격 속에서 살게 된다.

"이는 육신은 멸하고 영은 주 예수의 날에 구원을 받게 하려함이라." 이 말씀은 교회에서의 징계가 어떤 목적을 가지고 있는가를 보여주고 있다.

"이는 육신은 멸하고"(*olethron*, destruction)는 해석이 어려운 부분이다. 여러 해석 중 하나는, 육신은 영과 반대되는 것으로 중생하지 못한 사람의 본성을 가리킨다. 육신을 멸한다는 것은 도덕적으로 부패한 인간의 죄악 된 본성을 멸하는 것이 징계의 목적임을 드러낸다는 것이다. 다른 하나는, 사탄이 이 사람의 건강을 공격할 것으로 보는 데서 하는 말이다. 바울은 고린도전서 6:18에서도 "음행하는 자는 자기 몸에게 죄를 범하느니라."고 말한다. 이것은 사단의 공격으로 몸에 병이 생길 것으로 보는 데서 나온 말이다. 병이 들면 그는 더욱 고민하고 회개의 자리로 나아가게 될 것이다.

그가 회개하면 그 영은 구원을 받게 된다. 회개하지 않으면 주님이 재림하시는 날 영조차 구원을 얻지 못하게 된다. 그러니 그에게 회개의 길을 열어 영은 구원을 받게 하라는 말이다. 치리의 목적이 영혼을 살리는 데 있음을 알 수 있다.

2. 묵은 누룩을 내버리라(6-8절)

"너희가 자랑하는 것이 옳지 아니 하도다 적은 누룩이 온 덩어리에 퍼지는 것을 알지 못하느냐"(6절).

여러분이 자랑하는 것은 좋은 일이 아니다. 적은 누룩이 반죽 덩어리 전체를 부풀게 한다는 것을 모르는가?

"적은 누룩이 온 덩어리에 퍼지는 것을 알지 못하느냐." 누룩은 조금만 넣어도 빵을 크게 부풀린다. 죄도 우리 속에 들어오면 우리 모두를 망하게 한다. 남도 그 죄를 범하도록 끌어들이기 때문이다. 죄를 지으면 회개하기보다 그것에 대해 자기합리화를 하고, 모두가 죄를 지으면 집단적으로 자기들의 행위를 정당화하려는 현상이 발생한다. 결국에는 죄를 보고도 웃어넘기며 용인하게 된다. 남도 다 그러는데 그것이 뭐 대수냐고 말한다.

옛날에는 교회가 이혼을 정죄했다. 그러나 지금은 별로 심각하게 생각하지 않고 있는 것도 그 보기이다. 동성애에 대해 관용하는 움직임도 마찬가지다. 교회가 세상에 먹혀들어가고 있는 것이다. 이것은 교회가 그만큼 순결을 잃어 가고 있고, 순결성이 희박해져 가고 있음을 보여준다. 물론 사람을 차별하는 일은 없어야 한다.

"너희는 누룩 없는 자인데 새 덩어리가 되기 위하여 묵은 누룩을 내버리라 우리의 유월절 양 곧 그리스도께서 희생되셨느니라" (7절)

"새 덩어리가 되기 위하여 묵은 누룩을 내어버리라." 유대인들은 누룩 없는 새 반죽 덩어리(new lump)을 만들기 위해 집안을 구석구석 쓸어서라도 혹시 있을지 모를 묵은 누룩(old leaven)을 없앴다. 교회가 순결을 지키기 위해서 구석구석을 깨끗이 쓸지 않으면 안 된다. 교회는 순결을 지키기 위해 죄에 대해 단호해야 한다.

"유월절 양 곧 그리스도께서 희생이 되셨느니라." 유월절에는 누룩 없는 빵을 만들었다. 유월절 양(Passover lamb)은 대속죄의 희생양이다. 주님이 우리의 죄를 속죄하기 위해 희생양이 되셨다. 주님은 우리를 깨끗하게 하기 위해 자신의 몸을 드렸는데 우리가 죄를 짓는다면 이것은 성령을 근심하게 만드는 것이다.

"이러므로 우리가 명절을 지키되 묵은 누룩으로도 말고 악하고 악의에 찬 누룩으로도 말고 누룩이 없이 오직 순전함과 진실함의 떡으로 하자" (8절).

바울은 교인들에게 권면한다. 그러므로 우리 모두 묵은 누룩, 곧 악의(malice)와 악독(wickedness)이라는 누룩을 넣은 빵으로 절기를 지키지 말고, 오직 순전함(sincerity, 순결, 성실)과 진실(truth)을 누룩으로 삼아 누룩 없이 빚은 빵으로 명절 지키자는 것이다. 여기서 명절은 유월절을 말한다. 유대인들은 매년 유월절, 오순절, 초막절을 지켰다.

3. 음행하는 자를 어떻게 대할 것인가(9-13절)

바울은 이 단락에서 교회 밖에 있는 사람들과 교회 안에 있는 사람들을 구분하여 그들의 악행에 대해 어떻게 처신할 것인가에 대해 말했다. 밖에 있는 사람들은 믿지 않는 세상 사람들을 가리킨다. 교회 안에 있는 사람들은 교인들을 가리킨다.

"내가 너희에게 쓴 편지에 음행하는 자들을 사귀지 말라 하였거니와"(9절).

내가 여러분에게 쓴 편지에서 이미 음행하는 사람들과 사귀지 말라고 했음을 밝히고 있다. 이 구절은 바울이 고린도전서를 보내기 이전에 간략하게나마 편지를 써 보낸 적이 있음을 보여준다.

"이 말은 이 세상의 음행하는 자들이나 탐하는 자들(the covetous, 탐욕이 많은 사람)이나 속여 빼앗는 자들(swindlers, 사기꾼, 약탈자)이나 우상 숭배하는 자들을 도무지 사귀지 말라 하는 것이 아니니 만일 그리하려면 너희가 세상 밖으로 나가야 할 것이라"(10절).

바울은 교회와 상관이 없는 외인, 곧 사회인과 교인을 구별시켰다. 믿지 않는 세상 사람들이 악행을 한다고 해서 그런 사람들과 사귀지 않는다면 우리가 세상 밖에서 살 수밖에 없다. 그런 경우 사회생활은 불가능하다. 바울은 이런 세상 사람들에 대해서는 하나님께서 알아서 하실 것이므로 우리가 판단할 일이 아니라고 말한다. 교회는 세상과 구별되어야 하지만 그것으로부터 고립되어서는 안 된다.

"이제 내가 너희에게 쓴 것은 만일 어떤 형제라 일컫는 자가 음행하거나 탐욕을 부리거나 우상 숭배를 하거나 모욕하거나 술 취하거나 속여 빼앗거든 사귀지도 말고 그런 자와는 함께 먹지도 말라 함이라."(11절).

바울이 말하고자 하는 것은, 교인들 가운데 신앙생활을 한다고 하면서도 음란한 짓을 하고 탐욕을 부리고 우상을 숭배하며 욕설을 일삼고 술 취하고 사기 치는 사람들과 사귀지 말고 그런 사람들과는 음식도 같이 먹지 말라는 것이다.

"밖에 있는 사람들을 판단하는 것이야 내게 무슨 상관이 있으리요마는 교회 안에 있는 사람들이야 너희가 판단하지 아니하랴."(12절).

교회 밖에 있는 사람들은 자신이 판단할 일이 아니다. 하지만 교회 안에 있는 사람들에 대해서는 여러분이 판단해서 처리해야 되지 않겠는가. 바울은 그리스도 형제가 악행을 하는 경우 교회가 마땅히 판단하여 교회의 순결을 지키도록 했다.

"밖에 있는 사람들은 하나님이 심판하시려니와 이 악한 사람은 너희 중에서 내쫓으라."(13절).

교회 밖에 있는 사람들은 하나님이 판단하실 것이다. 그러므로 그런 악한 사람은 여러분 가운데서 쫓아내라. 출교시키라는 명령이다. 내쫓는 것은 철저하게 끊는 것을 말한다. 교회 안에서 이런 교인을 용납할 수 없기 때문이다. 하나님의 집에 나쁜 것을 끌어들여서는 안 된다.

고린도전서 6장

교인 간 송사와 성도들의 순결에 관한 교훈

1. 믿는 너희가 왜 믿지 아니하는 자들 앞에서 송사하는가(1-8절)

바울은 교인들끼리 송사를 벌리며 세상 재판관 앞에서 판단을 받는 일은 세상을 판단해야 할 성도로서 부끄러운 일이라 하였다. 그리스도 안에서 형제가 된 사람들이 그것조차 판단할 지혜도 없느냐는 것이다.

"너희 중에 누가 다른 이와 더불어 다툼이 있는데 구태여 불의한 자들 앞에서 고발하고 성도 앞에서 하지 아니하느냐."(1절).

바울은 성도들(*hagion*, saints) 사이에 일어난 분쟁(*pragma*, a matter)을 성도들 앞에서 하지 않고 어떻게 감히(*tolma*, dare) 불신자들이 주관하는 세상 법정에서 해결하고자 하느냐 묻고 있다. 분쟁을 세상 법정으로 끌고 가는 것에 대해 그는 부정적 입장을 취했다. 여기서 다툼은 국가가 해결해야 할 형사상의 문제가 아니라 재산권을 둘러싼 개인 간 분쟁과 같은 것들이다.

"성도가 세상을 판단할 것을 너희가 알지 못하느냐 세상도 너희에게 판단을 받겠거든 지극히 작은 일 판단하기를 감당하지 못하겠느냐."(2절).

바울은, 예수님이 세상을 심판할(judge) 때 그리스도와 연합한 성도들이 세상 심판에 동참하는 거룩한 존재임을 부각시킨다. 온 세상을 심판하게 될 성도들이 지극히 작은 일(the smallest cases)까지도 해결할 능력이 없어 교회 밖으로 문제를 끌고 가는가 묻는다. 성도간의 송사는 신앙적 차원에서 성도에 의해 다루어질 수 있어야 한다는 말이다.

"우리가 천사를 판단할 것을 너희가 알지 못하느냐 그러하거든 하물며 세상일이랴"(3절).

예수님이 타락한 천사들을 심판하실 때 그리스도와 연합한 성도들도 타락한 천사들을 심판하는 일에 동참하게 된다. 이 일은 아주 큰일이다. 일이 그러한 데 이 세상일(*biotika*, the things of this life) 쯤이야 말할 것 있겠는가. 세상 일 판단하는 것은 아주 작은 일이라는 것이다.

"그런즉 너희가 세상 사건이 있을 때에 교회에서 경히 여김을 받는 자들을 세우느냐."(4절).

"세상사건"(*biotika*)은 문자적으로 앞의 "세상일"과 같다. 성도들 사이에 세상사건, 곧 재산권 분쟁과 같은 문제가 생겼을 때 교회에서 별로 대단하게 여기지 않는 세상 사람들을 재판관으로 세워서야 되겠는가. 그것이 교회 생활과 관련이 없는 세상 사건이라 할지라도 불신자로부터 판단을 듣는 것은 부끄러운 일이라는 것이다. 교인들 사이에 일어난 사건은 교회 자체 내에서 하나님의 말씀에 근거하여 거룩한 방향으로 해결해야 하며, 하나님의 말씀을 떠나 교회 밖에 있는 재판관들에게 맡겨서는 안 된다는 말이다.

"내가 너희를 부끄럽게 하려 하여 이 말을 하노니 너희 가운데 그 형제간의 일을 판단할 만한 지혜 있는 자가 이같이 하나도 없느냐"(5절).

여러분 가운데 성도들 사이의 문제를 해결해 줄만한 지혜로운 사람이 그렇게도 없는가? 원문에는 "지혜로운 한 사람(*sophos*, a wise man)도 없는가?"

로 되어 있다. 바울이 이 질문을 하는 것은 그들을 부끄럽게 하려는 데(*entropen*, shame) 있다고 말한다. 이 일은 심히 부끄럽고 안타깝다는 말씀이다.

"형제가 형제와 더불어 고발할 뿐더러 믿지 아니하는 자들 앞에서 하느냐"(6절).

교회 안에 지혜로운 한 사람이 없어 신자가 신자를 맞서 소송할 뿐 아니라 그것도 믿지 않는 사람들 앞에서 꼭 재판을 받아야 하겠는가.

"너희가 피차 고발함으로 너희 가운데 이미 뚜렷한 허물이 있나니 차라리 불의를 당하는 것이 낫지 아니하며 차라리 속는 것이 낫지 아니하냐"(7절).

"뚜렷한 허물"(*hettema*, a defeat)은 완전한 패배, 곧 패소를 가리킨다. 성도 여러분이 서로 세상 법정에 나가 소송하는 것은 성도로서 이미 실패했음을 말해 주는 것이다. 소송(*krimata*, lawsuits)에서 승소를 했다 해도 그것은 신앙인으로서 패소한 것이나 다름없다. 승소는 차라리 손해를 보거나 속는 것보다 못하다. 그러니 불이익을 당하고, 속아주는 것이 차라리 낫지 않겠는가.

"너희는 불의를 행하고 속이는구나 그는 너희 형제로다"(8절).

그런데 여러분 자신이 오히려 여러분의 형제에게 피해를 주고 형제를 속여 빼앗고 있다. 안타까운 일이 아닐 수 없다는 말이다.

2. 하나님 나라를 유업으로 받지 못할 자들(9-11절)

9-10절에서 바울은 하나님의 나라를 유업으로 받지 못할 자들을 소개하고 있다.

"불의한 자가 하나님의 나라를 유업으로 받지 못할 줄을 알지 못하느냐 미혹을 받지 말라 음행하는 자나 우상 숭배하는 자나 간음하는 자나 탐색하는 자나 남색하는 자나"(9절).

의롭지 못한 사람은 하나님의 나라를 상속받지 못한다, 다시 말해 그 나라에 들어가지 못한다는 것을 확인시켜준다. "미혹을 받지 말라"는 것은 "속지 말라," "착각하지 말라"는 말이다.

그 나라에 들어갈 수 없는 자를 열거하고 있다. 음행을 하는 사람들(the sexually immoral), 우상 숭배자, 간음하는 사람들(adulterers), 탐색하는 자(*malakoi*, effeminate, male prostitutes, 남자가 여성 역할을 하며 성 욕구를 채우고자 하는 사람들), 남색 하는 자(*arsenokoitai*, homosexuals, 동성애자)들이다. 여기선 우상숭배자들이라 했지만 이방신전에서 아프로디테 여신에게 드리는 제사가운데 성 행위가 포함되어 있기 때문에 성적 타락과 결부되어 있다. 탐색하는 자나 남색 하는 자 모두 동성애자를 가리킨다. 당시 고린도는 여러 모로 성적 타락이 극심했다.

"도적이나 탐욕을 부리는 자나 술 취하는 자나 모욕하는 자나 속여 빼앗는 자들은 하나님의 나라를 유업으로 받지 못하리라."(10절).

그뿐 아니다. 도둑, 탐욕이 많은 사람, 술 취하는 사람(drunkards, 술주정꾼), 욕설을 일삼는 사람(verbal abusers), 착취자(swindlers)는 하나님의 나라에 들어가지 못한다.

"너희 중에 이와 같은 자들이 있더니 주 예수 그리스도의 이름과 우리 하나님의 성령 안에서 씻음과 거룩함과 의롭다 하심을 받았느니라."(11절).

고린도교인들 가운데도 이런 사람들이 있었다. 그러나 주 예수 그리스도의 이름과 우리 하나님의 성령으로 죄에서 씻음을 받고 거룩하게 되어 의롭다는 인정을 받았다. 바울은 교인들이 구원을 받았을 때 세 가지 일, 곧 죄 씻음(washed, 중생), 거룩함(sanctified, 성별), 그리고 의롭다하심(justified, 義認)이 일어남을 보여주었다. 성도는 그리스도를 구주로 고백함으로 그리스도께 속하고 성령의 세례로서 모든 죄를 씻음 받고, 하나님의 소유로서 거룩하게 구별되며, 나의 의가 아니라 주님으로 말미암아 하나님 앞에서 의로운 자로 인정을 받게 된다.

3. 너희 몸은 그리스도의 지체이니 음행하지 말라(12-20절)

"모든 것이 내게 가하나 다 유익한 것이 아니요 모든 것이 내게 가하나 내가 무엇에든지 얽매이지 아니하리라."(12절).

누구든 무엇이든지 할 수 있는 자유가 있다. 그렇다고 해서 그 모든 것이 다 유익한(*sympherei*, beneficial) 것은 아니다. 나도 무슨 일이든 할 자유가 있다. 그러나 나는 그 어떤 것에도 지배를 받지 않을 것이다. 사람들은 자유를 방종의 기회로 삼는다. 그러나 자신은 그렇게 하지 않겠다는 것이다. 그리스도인의 자유는 방종이 아니다. 욕망을 좇아 행동하다 보면 결국 욕망의 노예가 되기 때문이다.

"음식은 배를 위하여 있고 배는 음식을 위하여 있으나 하나님은 이것저것을 다 폐하시리라 몸은 음란을 위하여 있지 않고 오직 주를 위하여 있으며 주는 몸을 위하여 계시느니라."(13절).

음식은 배를 위해 있고, 배는 음식을 위해 있다. 음식과 배는 짝이 되므로 배를 위해 아무것이나 먹어도 상관이 없다. 육체를 위해 음식을 먹는 것은 문제가 되지 않는다. 하지만 하나님은 이 모든 것을 다 없애버리실 것이다. "폐하시리라"는 쓸모없고 능력 없게 만들 것이란 말씀이다. 먹고 마시는 것은 자기를 위한 것이지 주를 위한 것이거나 영원한 것이 아니기 때문이다.

그러나 우리 몸의 짝은 음란이 아니라 주님이시다. 주님은 우리의 몸을 위해 자신을 내어주셨다. 그러므로 우리의 몸은 음란을 행하라고 존재하는 것이 아니라 주님을 섬기기 위해 존재하는 것이다.

여기서 몸(*soma*, body)은 육(flesh)으로 번역된 '사륵스' (*sarx*)와 다르다. 소마는 하나님이 지으신 사람의 영과 육을 포함한 몸을 가리키지만 사륵스는 죄악의 그릇이 되는 육체만을 가리킨다. 소마는 성령의 전이 될 몸을 가리킨다.

따라서 우리의 몸은 그리스도의 한 지체이자 성령의 거처이기 때문에 음란의 도구가 아니라 주를 섬기기 위한 의의 도구가 되어야 한다. 그리스도인은 주님이 우리 몸을 위해 계신다는 사실, 곧 우리를 위해 자신을 기꺼이 내어주셨고, 지금도 보살피고 계신다는 사실을 잊어서는 안 된다. 우리 또한 우리 몸을 주께 산제사로 드려야 한다.

"하나님이 주를 다시 살리셨고 또한 그의 권능으로 우리를 다시 살리시리라." (14절).

하나님이 주님, 곧 예수님을 다시 살리셨다. 하나님이 그분의 권능을 통해(by the power of Him) 우리를 일으키시라(will raise out). 우리의 몸은 사멸되는 것이 아니라 하나님의 놀라운 능력으로 부활하게 된다. 그토록 귀한 몸이다. 이 거룩한 몸을 음행의 도구로 사용되어서는 안 된다.

"너희 몸이 그리스도의 지체인 줄을 알지 못하느냐 내가 그리스도의 지체를 가지고 창녀의 지체를 만들겠느냐 결코 그럴 수 없느니라." (15절).

여러분의 몸(*somata*, bodies)은 그리스도의 지체들(*mele*, members)이다. 그리스도의 지체인 여러분이 창녀의 지체가 되어서야 되겠는가. 절대로 그럴 수 없다. 그리스도는 교회의 머리가 되시고, 성도는 교회를 이루어 그 지체가 된다. 따라서 그의 지체인 성도들은 머리되신 그리스도께 순종하는 삶을 살아야지 육신의 정욕에 굴복해서는 안 된다.

"창녀와 합하는 자는 그와 한 몸인 줄을 알지 못하느냐 일렀으되 둘이 한 육체가 된다 하셨나니." (16절).

창녀와 결합하는 사람은 그녀와 한 몸이 되는 것이다. 하나님은 "두 사람이 한 몸이 될 것이다." 라고 말씀하셨다. 그리스도인은 그리스도와 신비로운 연합으로 한 지체가 되었다(고전 12:27). 이 거룩한 몸을 주님이 다시 오실 때까지 순결하게 지켜나가는 것이 그리스도인이 할 일이다.

"주와 합하는 자는 한 영이니라"(17절).

주님과 합하는(*kollomenos*, being joined) 사람은 주님과 한 영(*hen pneuma*, one spirit)이다. 주님과 연합하는 자는 주님과 하나가 되었다는 것이다. 우리가 주님과 연합하는 것은 결혼에 의한 남녀 간의 연합보다 더 높은 차원의 연합이다.

"음행을 피하라 사람이 범하는 죄마다 몸 밖에 있거니와 음행하는 자는 자기 몸에 죄를 범하느니라."(18절).

성도 여러분은 음행을 피하라. 사람이 짓는 다른 모든 죄는 몸 밖에서 일어나지만 음행하는 사람은 자기 몸에다가 죄를 짓는(*hamartanei*, sin) 것이기 때문이다. 여기서 음행은 온갖 종류의 성적인 부도덕과 순결치 못한 행위를 가리킨다. 성도의 몸은 성령이 거하시는 전이므로 그 몸을 음행의 도구로 사용하는 것은 성령의 전을 더럽히는 행위이다.

"너희 몸은 너희가 하나님께로부터 받은바 너희 가운데 계신 성령의 전인 줄을 알지 못하느냐 너희는 너희 자신의 것이 아니라."(19절).

여러분의 몸은 여러분 자신의 것이 아니라 하나님으로부터 받은 것이다. 그리고 여러분의 몸은 여러 분 안에 계시는 성령의 전(*naos*, a temple)이다. 왜 이것을 모르는가?

"값으로 산 것이 되었으니 그런즉 너희 몸으로 하나님께 영광을 돌리라" (20절).

하나님은 값(*times*, price)을 치르고 여러분을 사셨다. 주님이 우리를 위해 십자가 위에서 흘리신 보혈로 우리를 속량하셨다. 그것은 이 세상에서 어느 누구도 치를 수 없을 만큼 값지다. 그 귀한 보혈로 우리는 죄로부터 자유 함을 얻었다. 그러므로 성도 여러분은 그 몸으로 하나님께 영광을 돌리라 (*doxasate*, glorify). 더 이상 죄의 종이 되지 말고 의의 병기가 되라.

고린도전서 7장

결혼생활, 독신, 이혼, 처녀들의 결혼문제와 마지막 때, 과부의 재혼에 대한 교훈

1. 결혼생활에 대한 일반적 교훈(1-7절)

"너희가 쓴 문제에 대하여 말하면 남자가 여자를 가까이 아니함이 좋으나."(1절).

여러분이 적어 보낸 문제(*hon*, things)를 두고 말하겠다. 남자는 여자를 가까이하지 않는 것이 좋다.

고린도교인들이 바울에게 편지를 써서 여러 가지 신앙상담을 해왔는데, 이제 그에 대해 말하겠다는 것이다. 이 상담에는 남녀관계에 관한 것도 있었다. 바울은 남자가 여자를 가까이 하지 않는 것이 좋다고 했다. "가까이 하다"(*haptesthai*, touch)의 원문은 "손을 대다"이다.

"음행을 피하기 위하여 남자마다 자기 아내를 두고 여자마다 자기 남편을 두라."(2절).

남녀가 가까이 하지 않는 것이 좋지만 음란에 빠지지 않기 위해 결혼하도록 했다. 혼자 살면 유혹을 받기 쉽다. 바울은 여기서 음행을 피하기 위해 결혼하는 것이 좋다고 했는데, 결혼의 목적이 이것에 있는 것은 물론 아니다. 당시 고린도에는 음행이 성행했기 때문에 이런 상황을 염두에 둔 것으로 보인다.

"남편은 그 아내에 대한 의무를 다하고 아내도 그 남편에게 그렇게 할지라." (3절).

남편은 아내에게 남편으로서의 의무(*opheilen*, duty)를 다하고, 아내도 그와 같이 남편에게 아내로서의 의무를 다하라는 것이다. 의무는 아내에만 있는 것이 아니라 남편과 아내 모두에게 있다. 부부는 결혼서약을 통해 상대에 대해 서로 의무를 갖고, 부부로서의 도리를 다하게 된다.

"아내는 자기 몸을 주장하지 못하고 오직 그 남편이 하나니 남편도 그와 같이 자기 몸을 주장하지 못하고 오직 그 아내가 하나니." (4절).

아내의 몸을 다스릴 권리는 남편에게 있고, 남편의 몸을 다스릴 권리는 아내에게 있다는 말이다. "주장하다" (*exousiazei*, have authority over)의 원문은 "무엇에 대해 권한을 가지다" 는 뜻이다.

부부는 서로 지배하고 지배를 받는다. 이런 의미에서 부부의 권리는 동등하다. 하지만 그 권리는 그리스도의 사랑 안에서 행사되어야 한다.

"서로 분방하지 말라 다만 기도할 틈을 얻기 위하여 합의 상 얼마 동안은 하되 다시 합하라 이는 너희가 절제 못함으로 말미암아 사탄이 너희를 시험하지 못하게 하려 함이라." (5절).

부부가 방을 따로 쓸 경우 결혼 전처럼 사단의 유혹을 받을 수 있음을 염려한 것이다. "기도할 틈을 얻기 위하여" 에서 이 기도는 일상적인 기도라기보다 특별한 문제를 놓고 금식하면서 열심히 기도할 때를 말한다. 간절한 기도 조목을 놓고 기간을 정해 특별히 주님께 매달릴 때만큼은 방을 따로 쓸 수 있다는 말이다. 그것도 서로 합의아래 이루어져야 한다. 부부 사이의 일은 그것이 비록 선한 것이라 할지라도 대화를 통해 합의로 이루어지는 것이 좋다.

"그러나 내가 이 말을 함은 허락이요 명령은 아니니라."(6절).

바울 자신이 이렇게 말하는 것은 일종의 권면(*syngnomen*, concession, permission, 인정)이지 명령(epitagen, command)이 아니라는 말이다.

"나는 모든 사람이 나와 같기를 원하노라 그러나 각각 하나님께 받은 자기의 은사가 있으니 이 사람은 이러하고 저 사람은 저러하니라."(7절).

결혼하지 않고 독신으로 사는 것과 결혼하는 것 가운데 어느 길을 택할 것인가는 결코 쉽지 않다. 바울은 독신으로 살았다. 그렇다고 해서 자신처럼 누구에게나 똑같이 독신생활을 하라고 강요할 수 없다. 하나님께서 각 사람에게 주신 은사(charisma, gift)가 다르기 때문이다. 독신 은사를 받은 사람은 독신으로, 그렇지 않은 사람은 결혼해서 생활하면 된다. 저마다 받은 은사를 선하게 받아들이고 감사하며 생활하면 된다.

2. 독신생활에 대한 교훈(8, 9절)

"내가 결혼하지 아니한 자들과 과부들에게 이르노니 나와 같이 그냥 지내는 것이 좋으니라."(8절).

바울은 미혼자와 과부들에게 그들도 자신처럼 혼자 지내는 것이 좋다고 말한다.

"만일 절제할 수 없거든 결혼하라 정욕이 불 같이 타는 것보다 결혼하는 것이 나으니라."(9절).

바울은 주의 일에 전념하기 위해 독신생활을 택했다. 하지만 독신의 은사를 받지 못해 자신의 정욕을 통제할 수 없다면 차라리 결혼을 하는 것이 바람직하다.

3. 이혼에 대한 교훈(10-16절)

"결혼한 자들에게 내가 명하노니(명하는 자는 내가 아니요 주시라) 여자는 남편에게서 갈라서지 말고"(10절).

바울은 결혼한 사람들에게 이혼하지 말라 한다. 그리고 이 말은 자신 말이 아니라 주님의 명령임을 강조했다. 아내는 남편과 헤어져서는 안 된다. 함께 믿음 생활하는 부부가 헤어져서는 안 된다는 것이다.

"(만일 갈라섰으면 그대로 지내든지 다시 그 남편과 화합하든지 하라) 남편도 아내를 버리지 말라."(11절).

만일 헤어졌으면 혼자 그냥 독신으로 지내든지, 아니면 다른 사람과 재혼하지 말고 남편과 다시 화해하고 합하라는 것이다. 남편도 아내를 버리면 안 된다. 남편도 그리하라는 말씀이다.

12-16절은 부부 중 한 사람만 믿는 경우 어떻게 해야 하는지 말하고 있다.

"그 나머지 사람들에게 내가 말하노니 (이는 주의 명령이 아니라) 만일 어떤 형제에게 믿지 아니하는 아내가 있어 남편과 함께 살기를 좋아하거든 그를 버리지 말며."(12절).

바울은 나머지 경우의 사람들에게 말한다. 이것은 주님의 말씀이 아니라 자신의 말이다. 믿는 남자에게 믿지 않는 아내가 있을 경우 그녀가 남편과 같이 살고자 하거든 그녀를 버리지 않아야 한다.

"어떤 여자에게 믿지 아니하는 남편이 있어 아내와 함께 살기를 좋아하거든 그 남편을 버리지 말라."(13절).

믿는 아내에게 불신 남편이 있는 경우로 12절과는 대조되는 경우이다. 이 경우에도 남편이 아내와 같이 살기를 원하면 남편을 버리지 않아야 한다.

"믿지 아니하는 남편이 아내로 말미암아 거룩하게 되고 믿지 아니하는 아내가 남편으로 말미암아 거룩하게 되나니 그렇지 아니하면 너희 자녀도 깨끗하지 못하니라 그러나 이제 거룩하니라."(14절).

12절과 13절의 경우 상대를 버리지 않아야 하는 이유가 있음을 밝힌다. 배우자의 믿음이 상대에게 경건한 영향력을 미칠 수 있고, 자녀 또한 하나님과 특별한 관계에 놓일 수 있기 때문이다. 이것은 배우자의 믿음으로 상대가 구원을 받는다는 의미는 아니지만 믿는 배우자의 신실한 삶이 선한 영향력을 미쳐 가족의 삶을 달라지게 한다는 것이다. 이런 의미에서 바울은 "거룩하게 되나니"(*hagiastai*, be sanctified)라 하였다.

"혹 믿지 아니하는 자가 갈리거든 갈리게 하라 형제나 자매나 이런 일에 구애될 것이 없느니라 그러나 하나님은 화평 중에서 너희를 부르셨느니라."(15절).

그러나 믿지 않는 배우자 쪽에서 이혼하기를 원하면, 헤어져도 된다. 믿는 형제나 자매가 이런 일에 얽매일 필요가 없다. 하나님은 부르심을 받은 여러분이 평안한 마음으로 살기를 바라신다.

"아내 된 자여 네가 남편을 구원할는지 어찌 알 수 있으며 남편 된 자여 네가 네 아내를 구원할는지 어찌 알 수 있으리요."(16절).

믿는 아내가 믿지 않는 남편을 구원하고, 믿는 남편이 믿지 않는 아내를 구원하게 될지 어떻게 알겠는가.

4. 각 사람은 그 부르심 그대로 지내라(17-24절)

이 단락에서 바울은 그리스도인이 되었다고 해서 갑자기 세상 모든 것과 인연을 끊고 사는 것이 아니라 주어진 환경에서 주님의 사람으로 최선을 다하며 살아야 할 것을 가르치고 있다.

"오직 주께서 각 사람에게 나눠 주신 대로 하나님이 각 사람을 부르신 그대로 행하라 내가 모든 교회에서 이와 같이 명하노라."(17절).

바울은 어느 교회를 가든 각 사람은 주님께서 나누어 주신 은혜와 하나님께서 부르신 그대로 생활하도록 가르쳤음을 말하고 있다.

"부르신 그대로 행하라." 이 말씀은 하나님께서 각 성도들에게 어떤 경제적, 사회적 형편에 처하게 하시든지 그 자리에서 최선을 다하며 살도록 하셨다는 것이다. 성도는 각자 처한 상황에서 하나님의 부르심에 따라 하나님의 자녀로서 최선을 다해 살아야 한다. 이에 관한 말씀은 18, 21, 24절에서 더욱 강조되고 있다.

"할례자로서 부르심을 받은 자가 있느냐 무할례자가 되지 말며 무할례자로 부르심을 받은 자가 있느냐 할례를 받지 말라."(18절).

"할례자로서 부르심을 받은 자"는 유대인으로서 그리스도인이 된 자를 가리킨다. 또 "무할례자로 부르심을 받은 자"는 이방인이었다가 부르심을 받아 그리스도인이 된 사람을 가리킨다.

유대인은 사내아이가 태어나면 제8일에 양피를 잘라 할례(circumcision)를 행함으로 언약 백성의 표를 삼았다. 바울은, 무할례자로 부르심을 받은 자로서 할례를 받지 않았다면 굳이 할례를 받으려 애쓰지 말라 한다.

또 당시 헬라의 영향을 받은 사람들은 자신이 유대인임을 감추기 위해 할례 받은 곳을 수술해 무할례자가 되려는 사람도 있었다. 바울은 이에 대해 부르심을 받기 전에 유대인으로서 이미 할례를 받았다면 할례 받은 표를 없애려고 애쓰지 말라 한다.

이 두 경우에 대한 말씀은 그리스도를 영접했을 경우 각 사람은 할례 여부에 관계없이 그가 처한 상태로 있으라는 것이다.

"할례 받는 것도 아무 것도 아니요 할례 받지 아니하는 것도 아무 것도 아니로되 오직 하나님의 계명을 지킬 따름이니라."(19절).

할례를 받았든 받지 않았든 그것이 문제가 되는 것이 아니다. 하나님의 계명(*entolon*, commandments)을 지키는 것이 더 중요하다.

이것은 할례가 전혀 의미가 없다는 뜻이 아니다. 할례는 언약의 백성임을 나타내는 중요한 상징이었다. 그러나 그리스도께서 언약의 성취자로 오셨기 때문에 할례라는 외형적 상징은 이미 가치를 잃게 되었다. 할례가 구원을 받는 조건인 믿음과 동일시될 수 있는 것도 아니다. 이제는 할례를 받았느냐 받지 않았느냐가 중요한 것이 아니다. 하나님의 말씀을 지키며 사는 것이 무엇보다 중요하다.

"각 사람은 부르심을 받은 그 부르심 그대로 지내라."(20절).

그러므로 각 사람은 하나님의 부르심(klesei, calling)을 받았을 때의 상태를 그대로 유지하며 살아가라.

20-21절은 종의 신분으로 있으면서 믿게 된 자들에 대한 바울의 말이다.

"네가 종으로 있을 때에 부르심을 받았느냐 염려하지 말라 그러나 네가 자유롭게 될 수 있거든 그것을 이용하라."(21절).

부르심을 받았을 때 종(*doulos*, slave)이었다 해도 걱정하지 말라. 종의 신분으로 있으면서 신자가 된 자들은 염려하지 않아도 된다. 자신의 신분이 어떠하든 부름 받은 자로서 자족하며 어디서든 하나님을 섬기며 살면 되기 때문이다. 그러나 자유로운 몸이 될 수 있는 기회가 생기면 그 기회를 이용해 자유를 찾도록 노력하라. 자유의 몸이 되면 더 열심히 하나님을 섬길 수 있기 때문이다.

"주 안에서 부르심을 받은 자는 종이라도 주께 속한 자유인이요 또 그와 같이 자유인으로 있을 때에 부르심을 받은 자는 그리스도의 종이니라."(22절).

노예라도 부르심을 받고 주님을 믿게 되면 그 사람은 주님께 속한 자유인(Lord's

freed person)이다. 비록 사회적으로는 노예 신분이라 할지라도 그리스도 안에서는 자유인이라는 말씀이다. 또한 부르심을 받을 때 자유인이었던 사람은 그리스도의 종(Christ's slave)이다. 비록 사회적으로는 자유인이라 할지라도 그리스도 안에서는 주를 섬기는 종이라는 것이다.

"너희는 값으로 사신 것이니 사람들의 종이 되지 말라." (23절).

여러분은 하나님께서 값을 치르고 사신 사람이다. 예수님이 그의 보혈을 흘려 우리를 죄와 사망에서 구원하셨다. 그러므로 그리스도인은 어떤 상황에서도 사람의 노예가 되어 사람의 뜻에 따르지 말고, 오직 그리스도의 종이 되어 하나님의 말씀에 순종하며 살라는 것이다. "사람들의 종이 되지 말라"는 것은 종이 되지 말라는 뜻보다는 우리들의 주인은 오직 예수님뿐임을 강조한 것이다.

"형제들아 너희는 각각 부르심을 받은 그대로 하나님과 함께 거하라." (24절).

그리스도 안에서 형제 된 여러분은 부르심을 받은 그대로 하나님과 함께 살아가라는 말씀이다. 하나님과 동행하며 믿음으로 살라는 것이다.

5. 처녀들의 결혼 문제와 마지막 때(25-38절)

"처녀에 대하여는 내가 주께 받은 계명이 없으되 주의 자비하심을 받아서 충성스러운 자가 된 내가 의견을 말하노니." (25절).

바울은 처녀들에 대한 어떤 말씀을 주님으로부터 받은 것은 없다 하였다. 하지만 주의 자비하심으로 인해 주께 신뢰할 만한(*pistos*, trustworthy) 인물이 된 자기로서 나름대로 의견을 밝히고자 한다는 것이다. 바울은 처녀들뿐 아니라 형제들에 대한 의견도 함께 피력하였다.

"내 생각에는 이것이 좋으니 곧 임박 한 환난으로 말미암아 사람이 그냥 지내는 것이 좋으니라." (26절).

바울이 생각하기에, 지금 닥쳐오는 재난 때문에 사람이 현재 상태대로 살아가는 것이 좋다. "임박한 환난"의 원문은 "현재의 필요성"(*enestosan ananken*, present necessity)이다. 지금 처한 정황을 말한다. 가까이는 그리스도인에 대해 적대적이고 음란한 사회 환경 속에서 그리스도인이 당하는 핍박과 고통을, 멀리는 그리스도의 재림 전에 임할 대환란과 재림으로 임할 주님의 심판이다. 당장은 아니지만 가까운 장래에 주의 재림이 있을 것으로 본 것이다. 이런 정황을 고려할 때 "사람이 그냥 지내는 것이 좋다"는 것이다. 이것은 결혼하지 않고 그냥 독신으로 지내는 것을 가리킨다. 처녀들도 그냥 지내라는 말이다.

"네가 아내에게 매였느냐 놓이기를 구하지 말며 아내에게서 놓였느냐 아내를 구하지 말라." (27절).

매임(bound)은 아내가 있음을 말하고, 놓임(loosed)은 아내가 없음을 말한다. 아내가 있는 사람은 헤어지려고 하지 말고, 아내가 없는 사람은 아내를 구하지 말라는 것이다.

"그러나 장가가도 죄 짓는 것이 아니요 처녀가 시집가도 죄 짓는 것이 아니로되 이런 이들은 육신에 고난이 있으리니 나는 너희를 아끼노라." (28절).

남자나 여자나 결혼하는 것은 죄를 짓는 것이 아니다. 다만 대환난의 때에는 육신의 고난(thlipsin, tribulation)이 따를 것이기에 교인들을 아끼는 마음에서 하는 말이다. 결혼을 한 뒤 대환난이 임하면 딸린 식구들에 대한 근심과 고통이 독신으로 있을 때보다 더 크리라 생각한 것이다.

"형제들아 내가 이 말을 하노니 그 때가 단축하여진 고로 이 후부터 아내 있는 자들은 없는 자 같이 하며." (29절).

형제 여러분, 이제 그 때가 얼마 남지 않았다. 그 때는 주의 재림, 곧 말세를 가리킨다. "그 때가 단축하여진 고로"는 말세가 가까웠다는 말이다. 그렇기 때문에 이제부터 아내 있는 사람은 없는 사람같이 살라는 것이다. 이것은 세속적인 부부관계에 대해 집착하지 말라는 것이다.

"있는 자들은 없는 자 같이 하며"는 30, 31절에서도 이어진다. "없는 자 같이 하라"는 것은 자기 것, 자기 손에 들어온 것, 현재 상황에 대한 강한 집착을 버리라는 것이다.

"우는 자들은 울지 않는 자 같이 하며 기쁜 자들은 기쁘지 않은 자 같이 하며 매매하는 자들은 없는 자 같이 하며."(30절).

이것은 일생생활에 대한 감정뿐 아니라 경제생활에 대해서도 초연해야 한다는 말이다.

"세상 물건을 쓰는 자들은 다 쓰지 못하는 자 같이 하라 이 세상의 외형은 지나감이니라."(31절).

물질에 대한 집착도 버려야 한다는 말이다. 이처럼 모든 집착을 버리도록 한 것은 눈에 보는 이 세상(the present form of the world)은 사라져가기 (*paragei*, be passing away) 때문이다.

"너희가 염려 없기를 원하노라 장가가지 않은 자는 주의 일을 염려하여 어찌하여야 주를 기쁘시게 할까 하되."(32절).

바울은 교인들 걱정 없이 살기를 바란다. 결혼하지 않은 남자는 온전히 주의 일에 헌신할 수 있기 때문에 어떻게 하면 주님을 기쁘게 해 드릴 수 있을까 하고 주님의 일에만 신경을 쓴다. 이런 점에서 바울은 독신생활을 권한다.

"장가 간 자는 세상일을 염려하여 어찌하여야 아내를 기쁘게 할까 하여."(33절).

하지만 결혼한 남자는, 주의 일을 염려할 뿐 아니라 아내와 자녀를 돌봐야 하기 때문에 어떻게 하면 그들을 기쁘게 할 수 있을까 세상염려도 같이 할 수 밖에 없다. 34절의 말씀과 같이 마음이 갈라진다.

"마음이 갈라지며 시집가지 않은 자와 처녀는 주의 일을 염려하여 몸과 영을 다 거룩하게 하려 하되 시집 간 자는 세상일을 염려하여 어찌하여야 남편을 기쁘게 할까 하느니라."(34절).

마음이 갈라진다(*memeristai*, be divided)는 것은 결혼한 여자도 마찬가지다. 주님을 기쁘게 해드리고 싶기도 하고 어떻게 남편을 기쁘게 할까 마음이 나누이게 된다. 하지만 결혼하지 않은 여자는 오직 주의 일에만 신경을 쓰고 몸과 마음을 거룩하게 하려고 애쓴다.

"내가 이것을 말함은 너희의 유익을 위함이요 너희에게 올무를 놓으려 함이 아니니 오직 너희로 하여금 이치에 합당하게 하여 흐트러짐이 없이 주를 섬기게 하려 함이라."(35절).

자신이 이 말을 하는 것은 교인 여러분의 유익(*symphoron*, benefit)을 위해 그러는 것이지, 여러분을 제재(*brochon*, restraint)하기 위한 것이 아니다. 자신은 교인들이 주의 자녀로서 올바르게 살면서, 마음에 흐트러짐 없이 오직 주님만 섬기게 되기를 바라는 것이다.

"그러므로 만일 누가 자기의 약혼녀에 대한 행동이 합당하지 못한 줄로 생각할 때에 그 약혼녀의 혼기도 지나고 그같이 할 필요가 있거든 원하는 대로 하라 그것은 죄 짓는 것이 아니니 그들로 결혼하게 하라."(36절).

만일 약혼한 어떤 사람이, 결혼을 하지 않는 것이 약혼녀에 대해 온당한 처사가 아니라는 생각이 들고, 약혼녀의 혼기도 지나니 아무래도 결혼을 해야겠다고 생각되면 그렇게 하라. 그래도 죄를 짓는 것이 아니니 결혼하도록 하라.

"그러나 그가 마음을 정하고 또 부득이한 일도 없고 자기 뜻대로 할 권리가 있어서 그 약혼녀를 그대로 두기로 하여도 잘하는 것이니라."(37절).

그러나 결혼하지 않기로 마음을 굳게 먹은 사람이 꼭 결혼해야 할 부득이한 이유도 없고, 또 스스로 욕망을 제어할 능력이 있어서, 약혼녀를 처녀로 그대로 두기로 마음에 작정해도, 그것 또한 잘하는 일이다.

"그러므로 결혼하는 자도 잘하거니와 결혼하지 아니하는 자는 더 잘하는 것이니라."(38절).

그러므로 자기의 약혼녀와 결혼하는 사람도 잘하는 것이지만, 결혼하지 않는 사람은 더 잘하는 것이다. 오직 주님을 위해 헌신하기로 했기 때문이다.

6. 과부의 재혼에 대한 교훈(39, 40절)

"아내는 그 남편이 살아 있는 동안에 매여 있다가 남편이 죽으면 자유로워 자기 뜻대로 시집 갈 것이나 주 안에서만 할 것이니라."(39절).

아내는 남편이 살아 있는 동안에는 그에게 매여 있다. 결혼은 평생 깨어질 수 없는 결합이다. 그러나 남편이 죽으면, 자기가 원하는 사람과 결혼할 자유가 있다. 배우자가 죽으면 재혼할 자유를 얻게 된다. 하지만 그 재혼도 주님 안에서만, 즉 믿는 자와 재혼하라는 것이다.

"그러나 내 뜻에는 그냥 지내는 것이 더욱 복이 있으리로다 나도 또한 하나님의 영을 받은 줄로 생각하노라."(40절).

하지만 자신의 판단에는 재혼하지 않고 혼자서 지내는 것이 더 행복할 것 같다. 나도 하나님의 영(*Pneuma*, the Spirit), 곧 성령님의 인도하심을 받고 있음을 확신하며 이 글을 쓴다.

고린도전서 8장

우상에게 바쳐진 제물에 대한 일반 원칙

1. 우상에게 바쳐진 제물에 대한 일반 원칙(1-13절)

"우상의 제물에 대하여는 우리가 다 지식이 있는 줄을 아나 지식은 교만하게 하며 사랑은 덕을 세우나니."(1절).

8장에서는 우상 앞에 바쳐진 제물에 대하여 자신의 견해를 말하겠다는 것이다. 이것은 고린도교인들이 바울에게 자문을 구한 내용이다. 당시 고린도에는 아프로디테 신전이 있어서 주민들이 신전에 제물로 바친 음식들을 함께 먹었다. 이 제물들이 시장에 팔려나가기도 했다. 이런 음식들을 과연 그리스도인들이 먹어야 하는 문제이다.

이 문제에 대해서는 우리 모두 상당한 지식(*gnosin*, knowledge)을 가지고 있다. 그러나 지식이 있다고 해서 그것이 문제를 해결해주는 것은 아니다. 지식은 오히려 사람을 교만하게 한다. 사람을 판단하려 들기 때문이다. 덕을 세우는 것은 지식이 아니라 사랑(agape, love)이라는 것을 우리는 알아야 한다.

"만일 누구든지 무엇을 아는 줄로 생각하면 아직도 마땅히 알 것을 알지 못하는 것이요."(2절).

스스로 무엇을 안다고 생각하는 사람은 마땅히 알아야 할 것을 모르는 사람이다. 고린도교인들은 지식에 관한 한 상당히 자부심을 가지고 있었던 것으로 보인다. 그러나 겉으로만 아는 지식은 참 된 지식이 아니다. 오히려 그 안에 내재한 정신과 목적, 곧 남에게 유익을 주고자 하는 사랑의 정신을 알아야 진정 안다고 할 수 있다.

"또 누구든지 하나님을 사랑하면 그 사람은 하나님도 알아주시느니라."(3절).

중요한 것은 겉으로 보이는 것, 곧 우상에 바쳐진 제물이 아니라 자신이 하나님을 얼마나 사랑하는가에 달려있다. 하나님을 사랑하면 하나님께서도 그를 알아주신다.

"그러므로 우상의 제물을 먹는 일에 대하여는 우리가 우상은 세상에 아무것도 아니며 또한 하나님은 한 분밖에 없는 줄 아노라."(4절).

그러므로 우상에게 바쳐진 제물을 먹는 일에 대해 말하건대, 무엇보다 우리는 우상이라는 것이 세상에서 아무것도 아니라는 것과 하나님만이 유일한 창조주시요 지금도 섭리하는 분이심을 믿는다. 따라서 아무것도 아닌 우상을 하나님과 비교할 수 없다는 말이다.

"비록 하늘에나 땅에나 신이라 불리는 자가 있어 많은 신과 많은 주가 있으나."(5절).

사람들은 하늘과 땅에 많은 신(*theoi*, gods)과 주(*kyrioi*, lords)가 있다고 한다. 사람들은 관습적으로 여러 우상을 섬긴다는 말이다.

"그러나 우리에게는 한 하나님 곧 아버지가 계시니 만물이 그에게서 났고 우리도 그를 위하여 있고 또한 한 주 예수 그리스도께서 계시니 만물이 그로 말미암고 우리도 그로 말미암아 있느니라."(6절).

그러나 우리에게는 아버지 되시는 하나님(*Theos*, God) 한 분뿐이시다. 그분은 만물을 창조하셨고 우리는 그분을 위해서 존재한다. 또 우리의 주님

(*Kyrios*, Lord)도 예수 그리스도 한 분뿐이시다. 그분을 통해서 만물이 창조되었고 우리도 그분을 통해 존재하고 있다. 성부 하나님은 모든 창조의 근원이시고, 만물은 성자 하나님을 통해 존재하게 되었다는 말씀이다.

"그러나 이 지식은 모든 사람에게 있는 것은 아니므로 어떤 이들은 지금까지 우상에 대한 습관이 있어 우상의 제물로 알고 먹는 고로 그들의 양심이 약하여지고 더러워지느니라."(7절).

그러나 이 진리에 대한 지식을 모든 사람이 다 알고 있는 것은 아니다. 어떤 사람은 아직도 우상에 대한 습관을 아직도 가지고 있어서 그런 음식을 우상에게 바친 제물로 알고 먹는다. 그들은 우상이 아무것도 아니라는 진리를 알지 못하기 때문에 우상이 살아있다고 믿으면서 그 제물을 먹기 때문에 우상숭배에 참여하는 죄에 빠지게 되고, 그들의 양심 또한 약해지고 더럽혀진다.

"음식은 우리를 하나님 앞에 내세우지 못하나니 우리가 먹지 않는다고 해서 더 못사는 것도 아니고 먹는다고 해서 더 잘사는 것도 아니니라."(8절).

그러나 음식은 우리와 하나님과의 관계에 전혀 영향을 미치지 않는다. 먹지 않는다고 해서 나쁠 것도 없고 먹는다고 해서 나을 것도 없다.

"그런즉 너희의 자유가 믿음이 약한 자들에게 걸려 넘어지게 하는 것이 되지 않도록 조심하라."(9절).

그렇지만 여러분이 가리지 않고 먹는 자유가 믿음이 약한 사람들에게 걸려 넘어지게 하는 장애물이 되지 않도록 조심하라.

당시 믿음이 있다는 교인들 가운데는 이런 지식, 곧 우상은 아무 것도 아니고 모든 것은 하나님으로부터 나왔다는 지식에 근거하여 우상에게 바쳐진 제물도 아무 거리낌 없이 먹었다. 이것을 바울은 '자유' (the exercise of your freedom)라 했다. 원문은 "당신의 권한"(*exousia hymon*, the right of you)이라 했다. 그런데 문제는 그들이 그런 음식을 먹지 못하는 자들을 비웃고, 자신들의 신앙이 높다고 생각했다는 점이다. 이런 태도는 하나님으로부터 전혀 칭찬받을만한 일이 아니다. 오히려 다른 믿는 자들을 걸려 넘어지게 한다. 그러니 먹는다 해도 조심하라는 것이다.

"지식 있는 네가 우상의 집에 앉아 먹는 것을 누구든지 보면 그 믿음이 약한 자들의 양심이 담력을 얻어 우상의 제물을 먹게 되지 않겠느냐."(10절).

이 구절은 왜 걸려 넘어지게 하는가를 보여주는 대목이다. 지식이 있는 당신이 우상의 신당에 앉아서 먹고 있는 것을 어떤 교인이 보았다 치자. 그 교인은 아직 믿음이 약한 사람인데, 당신이 산당에서 우상에게 바쳐진 제물, 곧 음식을 마구 먹는 것을 보고, 양심에 거리낌을 느끼면서도 용기가 생겨서, 우상에게 바친 고기를 먹게 될 것이다. 이것은 죄를 짓게 만드는 것이다.

"그러면 네 지식으로 그 믿음이 약한 자가 멸망하나니 그는 그리스도께서 위하여 죽으신 형제라."(11절).

그렇게 되면 여러분의 지식 때문에 믿음이 약한 그 사람은 망하게 된다(be destroyed). 그리스도께서는 그 형제를 위해서도 죽으셨음을 잊어서는 안 된다. 믿음이 있다고 하는 사람이 믿음이 약한 상대를 배려하지 않고 마구 제사 음식을 먹음으로써 그를 실족케 했다면 그 자유는 문제가 있다는 말이다. 믿음이 있는 형제는 믿음이 약한 형제를 위해 여러 모로 조심을 해야 했다.

"이같이 너희가 형제에게 죄를 지어 그 약한 양심을 상하게 하는 것이 곧 그리스도에게 죄를 짓는 것이니라."(12절).

바울은 그들의 이 같은 행동이 믿음의 형제들에게 죄를 짓는 일이라 했다. 나아가 그 약한 양심(their weak conscience), 곧 믿음이 약한 형제의 신앙 양심마저 상하게 하는 것(*typtontes*, wounding)은 주님께 죄를 짓는 일(*hamartanontes*, sinning)이다.

"그러므로 만일 음식이 내 형제를 실족하게 한다면 나는 영원히 고기를 먹지 아니하여 내 형제를 실족하지 않게 하리라."(13절).

그러므로 그 음식이 내 형제를 걸려 넘어지게 하고 죄를 짓게 한다면 나는 내 형제를 걸려 넘어지지 않게 하기 위해서, 곧 그를 죄에 빠뜨리지 않기 위해서라도 다시는 그 제물을 먹지 않겠다. 형제를 배려하는 차원에서 평생 그 음식을 먹지 않겠다는 것이다. 믿음이 성숙한 자는 언제나 믿음이 약한 형제를 고려하여 행동할 필요가 있음을 교훈하고 있다. 바울은 제사음식에 한정해서 말했지만 현대를 살아가는 우리는 믿음의 형제들을 넘어지게 하는 여러 것들을 생각해볼 필요가 있다.

고린도전서 9장

바울의 사도직, 사도의 권리와 의무, 바울이 모든 사람을 위해 종이 된 이유

1. 바울의 사도직(1-6절)

이 단락에서 바울은 자신이 사도로서의 직분을 가지고 있음을 천명하였다. 그의 사도직에 대한 여러 의문들이 제기되어왔기 때문이다. 고린도교인들도 이 문제를 거론한 것으로 보이며, 바울은 여기서 자신의 사도됨을 밝히고 있다.

"내가 자유인이 아니냐 사도가 아니냐 예수 우리 주를 보지 못하였느냐 주 안에서 행한 나의 일이 너희가 아니냐."(1절).

자신은 자유인이자 사도(apostolos, apostle)임을 말한다. 보통 사도라 할 때는 생전에 예수님을 직접 대면하고 그의 교훈을 들은 자를 가리킨다. 바울은 예수님을 직접 대면했음을 말하고 있다. 그 대면은 다마스쿠스로 가는 길에서 부활하신 예수님을 뵌 것이다. 그뿐 아니다. 주 안에서 행한 나의 일(*ergon*, work), 곧 자신이 주님을 위해 일한 결실이 바로 여러분임을 밝히고 있다. 고린도교인들이 바로 사역의 열매라는 것이다. 일반적으로 사도는 예수님을 대면하고 직접 그의 가르침을 받은 자이지만 사도행전이나 여러 바울 서신을 보면 복음을 선포하는 전도자로 확대되어 사용되고 있다.

"다른 사람들에게는 내가 사도가 아닐지라도 너희에게는 사도이니 나의 사도됨을 주 안에서 인친 것(*sphragis*, seal)이 너희라." (2절).

내가 다른 사람들에게는 사도가 아닐지라도 여러분에게는 사도이다. 자신의 전도를 받고 주님을 믿는 여러분이 바로 내가 사도라는 것을 증거 하는 표가 되기 때문이다. 고린도교회가 바울을 통해 복음과 교훈을 받았다는 사실이 바로 그의 사도됨을 증거 한다는 말이다.

"나를 비판하는 자들에게 변명할 것이 이것이니." (3절).

바울은 자신을 비판하는 사람들에게 3-6절의 말씀으로 이렇게 답하겠다는 것(*apologia*, defense) 이다. 바울을 비판하는 자들은 주로 유대파 그리스도인들이었다.

"우리가 먹고 마실 권리가 없겠느냐." (4절).

바울을 비난하는 사람들 가운데는 바울이 고린도교회에서 일하면서 왜 보수를 받지 않는가 하는 것이었다(고후 12:13). 욕심이 많은 그들의 눈에 이것은 이상하게 보였다. 당시 철학자들은 돈을 받고 살았는데 바울은 복음을 아무 대가 없이 전했다. 거짓선지자들 생각에 바울이 전하는 복음이 얼마나 보잘 것 없으면 그러겠느냐 생각하며 비난을 한 것이다.

바울은 이에 대해 우리에게 먹고 마실 권리(*exousian*, right), 곧 생활비를 받을 권리가 왜 없겠는가. 당연히 있다고 하였다. 이 권리는 선생이 자기에게 가르침을 받는 자들로부터 음식, 곧 생활비를 받는 것을 말한다. 바울은 하나님의 일꾼으로서 교회로부터 식량과 물질을 받을 권리가 있다.

바울은 빌립보 교회에서만 보수를 받았고, 고린도, 에베소, 데살로니가에서는 자기 직업으로 생계를 유지했다. 가능한 보수를 받지 않고 전도하는 것이 그의 생활원리였다.

"우리가 다른 사도들과 주의 형제들과 게바와 같이 믿음의 자매 된 아내를 데리고 다닐 권리가 없겠느냐."(5절).

다른 사도들과 주님의 형제들과 베드로처럼 우리에게도 믿는 아내를 데리고 다닐 권리가 있다는 말이다. 바울도 얼마든지 결혼해 아내를 데리고 사역을 할 수 있다는 것이다. "주의 형제들"은 예수님의 육신적 형제를 가리킨다. 게바(*Kephas*, Cephas)는 예수님이 베드로에게 주신 이름으로, 아람어로 '바위'라는 뜻을 가지고 있다.

"어찌 나와 바나바만 일하지 아니할 권리가 없겠느냐."(6절).

바울 자신과 바나바에게 노동하지 않고 먹을 권리가 왜 없겠는가. 바울은 전도하면서 천막을 만드는 노동으로 생계를 이어갔다. 자비량 선교를 한 것이다. 하지만 그 자신도 다른 사도들처럼 일하지 않고 교회로부터 도움을 받아 생활할 권리가 있다는 것이다. 바울은 질문 형식의 변호를 통해 자신의 사도권을 주장하고 있다. 바나바는 회심한 사울을 처음으로 사도들에게 소개한 인물이자 바울의 중요한 동역자였다. 이 구절을 볼 때 바나바도 자비량 선교를 했음을 알 수 있다.

2. 사도의 권리와 의무(7-18절)

1) 성직에 대해 보수를 받는 것은 당연하다(7-14절)

"누가 자기 비용으로 군 복무를 하겠느냐 누가 포도를 심고 그 열매를 먹지 않겠느냐 누가 양 떼를 기르고 그 양 떼의 젖을 먹지 않겠느냐."(7절).

병사와 농부와 목자는 다 수고한 대가로 보수를 받는다. 그것은 당연한 일이다. 마찬가지로 주의 군사요 농부요 목자인 하나님의 일꾼들이 교회로부터 보수를 받는 것은 당연하다. 바울 자신이 교회로부터 보수를 받는 것도 당연한 일이다.

"내가 사람의 예대로 이것을 말하느냐 율법도 이것을 말하지 아니하느냐."(8절).

내가 사람의 예, 곧 인간의 관점이나 관례에 따라 이런 말을 하는 것은 아니다. 율법에도 이런 말이 있다.

"모세의 율법에 곡식을 밟아 떠는 소에게 망을 씌우지 말라 기록하였으니 하나님께서 어찌 소들을 위하여 염려하심이냐."(9절).

모세의 율법에 "곡식 떠는 소의 입에 망(muzzle)을 씌우지 말라"란 기록이 있다(신 25:4). 이것은 하나님이 소를 염려해서 하신 말씀인가?

"오로지 우리를 위하여 말씀하심이 아니냐 과연 우리를 위하여 기록된 것이니 밭가는 자는 소망을 가지고 갈며 곡식 떠는 자는 함께 얻을 소망을 가지고 떠는 것이라."(10절).

이것은 전적으로 우리를 위해서 하신 말씀이다. 밭가는 사람이나 타작하는 사람 모두 제 몫을 받을 희망(*elpidi*, hope)을 가지고 일을 한다.

"우리가 너희에게 신령한 것을 뿌렸은즉 너희의 육적인 것을 거두기로 과하다 하겠느냐."(11절).

여러분에게 신령한 것(*pneumatika*, spiritual things), 곧 영적인 복음의 씨앗을 뿌린 우리가 육적인 것(*sarkika*, material things), 곧 물질적인 수확을 거둔다고 해서 이것을 지나친 일이라 할 수 없다. 복음 사역에 대한 수고의 대가로 교회에서 물질적 보수를 받는 것은 당연하다는 말이다.

"다른 이들도 너희에게 이런 권리를 가졌거든 하물며 우리 일까보냐 그러나 우리가 이 권리를 쓰지 아니하고 범사에 참는 것은 그리스도의 복음에 아무 장애가 없게 하려 함이로다."(12절).

바울의 뒤를 이어 고린도교회를 찾아와 복음을 전한 다른 전도자들이 교회로부터 물질적 공급을 받았다면 이 교회를 세운 바울과 그 일행은 더 큰 권리를 누려야 마땅하지 않겠는가? 하지만 우리는 이 당연한 권리를 사용하지 않았다. 오히려 그리스도의 기쁜 소식을 전하는 일에 조금이라도 지장이 될까봐 모든 것을 참아 왔다. 보수를 요구하면 고린도교인들이 복음을 받아들이는데 장애가 될까봐 그렇게 하지 않았다는 말이다.

"성전의 일을 하는 이들은 성전에서 나는 것을 먹으며 제단에서 섬기는 이들은 제단과 함께 나누는 것을 너희가 알지 못하느냐."(13절).

하나님은 성전봉사를 위해 레위 지파를 구별하여 일하도록 했다. 그들은 세사장, 성전의 문지기, 성진 관리인, 성가대 등의 일을 맡아서 했다. 성전에서 일하는 사람들은 성전에서 나오는 것을 먹고, 제단에서 섬기는 사람들은 제단 제물을 나누어 가졌다.

"이와 같이 주께서도 복음 전하는 자들이 복음으로 말미암아 살리라 명하셨느니라."(14절).

마찬가지로 예수님께서도 복음 전도자가 그 일을 통해 먹고 살 수 있도록 하셨다. 복음 전하는 일로 살아가라 하신 것이다.

2) 그러나 내가 보수를 받지 않는 이유가 있다(15-18절)

"그러나 내가 이것을 하나도 쓰지 아니하였고 또 이 말을 쓰는 것은 내게 이같이 하여 달라는 것이 아니라 내가 차라리 죽을지언정 누구든지 내 자랑하는 것을 헛된 데로 돌리지 못하게 하리라."(15절).

하지만 바울은 이런 권리를 하나도 사용하지 않았다. 내가 이 말을 하는 것은 여러분이 나에게 그렇게 해 달라는 뜻이 결코 아니다. 그렇게 하느니 차라리 죽는 편에 낫겠다. 아무도 내가 자랑으로 여기는 이것을 헛되게 하지 못할 것이다. "내 자랑하는 것"(*kauchema mou*, boasting of me)은 바울 자신이 복음을 위해 모든 것을 포기한 것을 말한다. 이것이야말로 스스로 자랑할 수 있는 근거가 될 수 있다는 것이다.

"내가 복음을 전할지라도 자랑할 것이 없음은 내가 부득불 할 일임이라 만일 복음을 전하지 아니하면 내게 화가 있을 것이로다."(16절).

바울은 자신을 사명자라 한다. 우리는 한 사람이라도 전도하면 그것이 자랑스럽다. 그런데 바울은 그토록 많이 전도를 했음에도 불구하고 전혀 자신을 자랑하지 않는다. 전도의 부르심을 받은 자로써 마땅히 해야 할 일(*ananke*, necessity)을 했을 뿐이라는 것이다. 나아가 만일 전도자인 자신이 복음을 전하지 않으면 전도자로서의 사명을 소홀히 한 것이기 때문에 자신에게 불행(ouai, woe)이 닥칠 것이라 했다.

"내가 내 자의로 이것을 행하면 상을 얻으려니와 내가 자의로 아니한다 할지라도 나는 사명을 받았노라."(17절).

내가 자발적으로(*hekon*, willingly) 이 일을 한다면 상(*misthon*, reward), 곧 보수를 받아야 마땅하다. 하지만 자발적이 아니더라도(*akon*, unwillingly) 나는 당연히 해야 할 사명자로서 이 직분(*oikonomian*, stewardship)을 맡았다. 자의로 했든 타의로 했든 상관하지 않는다. 사명자는 그만큼 다르다.

"그런즉 내 상이 무엇이냐 내가 복음을 전할 때에 값없이 전하고 복음으로 말미암아 내게 있는 권리를 다 쓰지 아니하는 이것이로다."(18절).

전도를 했으면 상이 있을 것이다. 그러나 바울이 말하는 상의 개념도 우리와는 전혀 다르다. 그렇다면 바울이 받을 상, 곧 보수는 무엇인가? 그것은 물질적인 것이 아니다. 바울이 복음을 전할 때 값없이(*adapanon*, free of charge) 전하는 것과 복음을 전함으로 인해 자신에게 당연하게 있을 그 어떤 권리(*exousia*, right)를 다 쓰지 않고 남겨두는 그것이다.

죄인을 전도자로 삼고 복음을 전할 수 있게 된 그것만으로도 너무나 큰 상인데 그 이상 바랄 것이 무엇인가. 그러므로 전도로 인해 자신에게 돌아올 그 어떤 칭찬도 권리도 다 사용하지 않겠다는 것이다. 권리가 남용하는 세대에 오히려 권리를 사용하지 않으려는 모습 속에서 바울의 깨끗함을 본다. 전도의 순수성이다. 값없이 주신 구원과 은혜, 그것을 값없이 전하고, 그로 인해 자신에게 돌아올 그 어떤 대가도 거부하며 그 모든 것을 주님께 드리겠다는 것이다. 얼마나 아름답고 순수한가.

3. 바울이 모든 사람에게 종이 된 이유: 더 많은 사람을 얻고자 함이다 (19-27절)

당연한 권리를 사용하지 않는다고 해서 전도를 게을리 하는가? 절대 그렇지 않다. 전도에 최선을 다한다. 한 가지 방법으로만 접근하는 것이 아니라 사람에 따라 다르게 접근할 만큼 다양하다.

"내가 모든 사람에게서 자유로우나 스스로 모든 사람에게 종이 된 것은 더 많은 사람을 얻고자 함이라."(19절).

나는 어느 누구에게도 얽매이지 않은 자유로운 몸이다. 하지만 많은 사람을 얻으려고 스스로 모든 사람의 종이 되었다. "더 많은 사람을 얻고자 함이라"는 복음을 전해 더 많은 사람이 구원을 얻도록 하기 위함이라는 말이다. 이를 위해 종처럼 개인의 모든 기본 권리까지 내려놓았다는 것이다. 자기는 자유자이지만 한 영혼이라도 더 구원을 얻도록 기꺼이 종이 되었다는 말이다. 주님과 복음을 위해 자신을 철저히 낮춘 것이다.

"유대인들에게 내가 유대인과 같이 된 것은 유대인들을 얻고자 함이요 율법 아래에 있는 자들에게는 내가 율법 아래에 있지 아니하나 율법 아래에 있는 자 같이 된 것은 율법 아래에 있는 자들을 얻고자 함이요."(20절).

바울이 전도를 할 때 유대인들에게는 유대인처럼 되어 접근한다. 또한 자신은 그리스도인으로서 더 이상 율법에 매일 필요가 없지만 구약의 율법에 매여 있는 자들에게 나아갈 때는 율법 아래 있는 유대인들 구원하기 위해 율법을 지켰다. 그가 이렇게 하는 목적은 단 하나다. 한 사람의 유대인이라도 더 전도해서 구원을 받게 하려는 것이다.

"율법 없는 자에게는 내가 하나님께는 율법 없는 자가 아니요 도리어 그리스도의 율법 아래에 있는 자이나 율법 없는 자와 같이 된 것은 율법 없는 자들을 얻고자 함이라." (21절).

바울은 하나님의 율법이 없이 사는 사람이 아니라 그리스도의 율법 안에서 사는 사람이다. 하지만 율법이 없이 사는 사람들, 곧 이방인들에게 전도하러 갈 때는 그들을 구원의 자리로 인도하기 위해 율법 없이 사는 사람같이 되었다. 이방인에게 전도할 때는 그리스도의 계명에 어긋나지 않는 한 이방인의 문화에 적응하며 전도하려 했다는 것이다.

"약한 자들에게 내가 약한 자와 같이 된 것은 약한 자들을 얻고자 함이요 내가 여러 사람에게 여러 모습이 된 것은 아무쪼록 몇 사람이라도 구원하고자 함이니." (22절).

약한 자는 그리스도인이면서 양심이 약하여 그리스도인의 자유 함을 마음껏 누리지 못하는 사람들을 가리킨다. 바울은 이런 약한 자들에게는 약한 자가 되어 접근한다. 약한 자들을 위해 우상의 제물을 먹을 수 있는 그리스도인의 자유를 포기했다. 그들을 배려한 것이다. 이렇게 전도 대상에 따라 여러 모습으로 나타난 것은 몇 사람이라도 더 구원하고자 함이다.

"내가 복음을 위하여 모든 것을 행함은 복음에 참여하고자 함이라." (23절).

바울이 이렇게 모든 일을 하는 이유가 있다. 그것은 복음을 위한 것이며, 복음이 주는 그 축복에 함께 참여하는 자(*synkoinonos*, fellow partaker)가 되기 위한 것이다.

바울을 따른 선교사들도 많다. 영국 선교사들 가운데는 인도 선교를 위해 자기를 인도인으로 간주하고 국적도 인도로 바꾸며, 그 땅에서 죽기를 각오하며 복음을 전한 이들도 있었다. 그들은 인도에 뼈를 묻었다. 하와이에서 평생 한센 병 환자를 대상으로 선교하던 다미엔 드 베스테르 신부, 그는 이렇게 기도하기에 이른다. "주여 나를 나환자로 만들어 주옵소서." 결국 그는 한센 병을 얻게 되었고, 그 병자들 곁에서 헌신하다 부름을 받았다. 그가 바로 성 다미엔이다. 주님을 위해서라면 자존심 따윈 기꺼이 버린다. 복음은 이렇듯 자기를 낮춘 사람을 통해서 전파되었다.

"운동장에서 달음질하는 자들이 다 달릴지라도 오직 상을 받는 사람은 한 사람인 줄을 너희가 알지 못하느냐 너희도 상을 받도록 이와 같이 달음질하라."(24절).

당시 고린도에서는 3년마다 이스드무스(Isthmus)라는 대규모 경기대회가 열렸다. 그 때 육상으로 달리기가 있었다. 바울은 그들이 이해하기 쉽게 달리기를 비유로 들었다.

바울은 자신이 얼마만큼 전도에 최선을 다했는가를 육상선수에 비교했다. 선수는 일등이 되기 위해 최선을 다해 달린다. 일등이 상을 타기 때문이다. 바울은 고린도교인들을 위해 주님이 주실 이 상을 받도록 최선을 다해 달음질하라 한다.

"이기기를 다투는 자마다 모든 일에 절제하나니 그들은 썩을 승리자의 관을 얻고자 하되 우리는 썩지 아니할 것을 얻고자 하노라."(25절).

헬라의 운동선수들은 경기 10개월 앞두고 엄격한 훈련에 들어간다. 강한 정신력 없이는 견딜 수 없는 강도 높은 훈련이다. 선수들은 이기기 위해 철저하게 자기훈련을 한다. 그 날의 영광을 생각하며 하고 싶은 것도 하지 않고 절제하며 연습에 최선을 다한다.

우승을 한 헬라의 운동선수들은 월계수 가지로 엮은 관을 쓰게 된다. 하지만 이 관은 오래 가지 못하고 썩게 된다. 그러나 성도들이 받는 관은 다르다. 영원히 썩지 않는 면류관이다. 전도는 썩지 않는 관(*aphtharton stephanon*, imperishable crown)을 얻기 위한 달음질이며, 목적이 뚜렷한 달음질이다. 그 일을 위해 전도자는 자신의 몸을 쳐 복종한다. 경건으로 절제하고 말씀으로 훈련하며, 피눈물 어린 기도로 자기를 쳐 주 앞에 복종시킨다. 하나님은 이렇듯 자기 훈련에 철저한 사람을 기뻐 사용하신다.

"그러므로 나는 달음질하기를 향방 없는 것 같이 아니하고 싸우기를 허공을 치는 것 같이 아니하며."(26절).

그러므로 나는 목표 없이 달리는 사람처럼 달리지 않고, 허공을 치는 권투선수처럼 싸우지 않는다. 복음 전도에 대한 뚜렷한 목표를 가지고, 바르게 최선을 다한다.

"내가 내 몸을 쳐 복종하게 함은 내가 남에게 전파한 후에 자신이 도리어 버림을 당할까 두려워함이로다."(27절).

내가 내 몸을 쳐서 복종시키는 것은 내가 남에게 전도한 후에 오히려 나 자신이 버림을 당할까 두렵기 때문이다. "버림을 당하다"의 원문은 "자격을 박탈당하다"(*adokimos*, be disqualified)이다. 이것은 자신이 구원받지 못할까 두렵다는 말이 아니다. 바울은 하늘의 소망이 큰 사람이다. 이 땅에서의 면류관보다 주님이 주시는 면류관에 더 관심이 크다. 그는 달리는 전도자로서 어느 누구보다 이 상을 받고 싶어 했다. 그런데 그 상(면류관)을 받지 못하는 자가 되지 않을까 두렵다는 것이다.

"버림을 당할까 두려워함이로다." 이 말의 진정한 의미는 무엇일까? 전도에 무용지물이 되지 않도록 끝까지 최선을 다하겠다는 것이다. 나중 된 자보다 더 열심을 내야겠다는 스스로의 다짐이다. 아니 우리 모두가 승리의 면류관을 받아야 한다는 적극적인 권유다.

요한계시록에서 모두가 그 면류관을 받는 아름다운 모습은 아름답다. 그리고 그 받은 면류관을 오히려 주님께 드리는 모습은 더 아름답다. 이렇게 되려면 서로 뒤지지 않고 끝까지 최선을 다할 때 가능하다. 주님은 한 사람에게만 승리의 관을 주는 것이 아니라 힘써 일하는 모든 자에게 주고자 하신다. 그러니 우리 모두 힘써 달리고, 더 달려야 한다. 더 경건하고 더 낮아지며 더 열심히 전도할 이유가 여기에 있다. 그러므로 버림을 당할까 두려워하는 이 마음은 전도자가 가져야 할 겸비의 마음이다. 바울, 정말 대단하다. 우리 모두 이 마음을 닮아야 할 것이다.

사람은 누구나 책임을 다하고 그에 따른 권리를 주장한다. 책임과 의무는 한쪽을 차지하고 권리행사는 다른 한쪽을 차지한다. 책임만 있고 권리가 없다면 무슨 재미로 일을 하겠는가. 그러나 우리 사회에는 책임을 다하지 못하면서 권리만 찾으려 드는 사람들이 더 많다. 그러니 불공평하다는 말이 더 자주 나오는 것이다.

그러나 고린도전서 9장에 소개되는 전도자의 삶의 모습은 전혀 다르다. 책임을 다하면서도 권리를 주장하지 않는다. 그러면서도 오히려 버림을 당할까 두려워한다. 세상방식과는 전혀 다르다. 이것은 그리스도인이 전도에 관한 한 어떤 삶의 방식을 가지고 살아야 하는가를 가르쳐 준다.

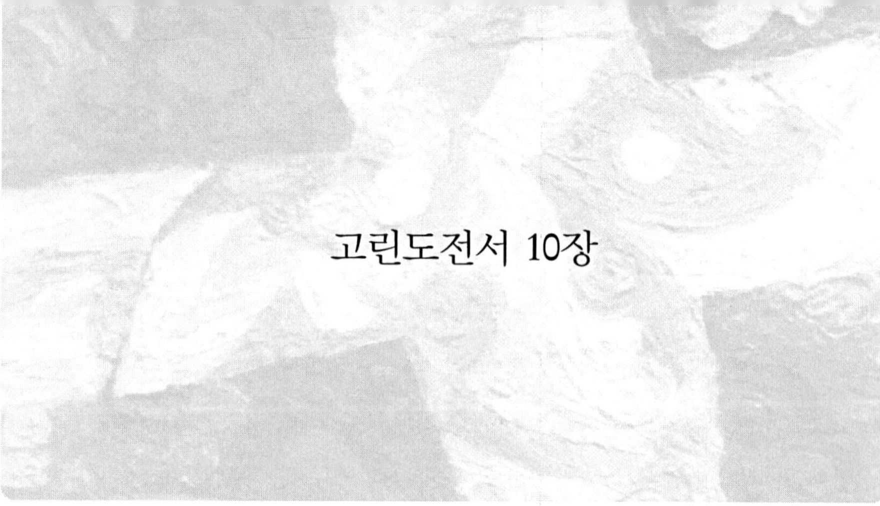

고린도전서 10장

우상숭배와 제물에 대한 경고

1. 모세 때 광야 생활이 주는 거울 같은 교훈(1-13절)

"형제들아 나는 너희가 알지 못하기를 원하지 아니하노니 우리 조상들이 다 구름 아래에 있고 바다 가운데로 지나며."(1절).

바울은 과거 우리 조상들이 광야에서 겪은 일을 잊지 않도록 했다. 모세 때에 우리 조상들은 모두 구름의 인도를 받아 홍해를 건넜다. "구름 아래 있고"는 하나님이 이스라엘을 광야에서 구름 기둥과 불 기둥으로 인도하시고 보호하신 일을 가리킨다. "바다 가운데로 지나며"는 홍해를 건넌 사건을 가리킨다.

"모세에게 속하여 다 구름과 바다에서 세례를 받고."(2절).

그들은 이렇게 모두 구름과 바다 속에서 세례를 받아(*ebaptisanto*, be baptized) 모세에게 속하게 되었다. 기독교에서 세례는 신자들이 그리스도를 구주로 인정하고 그에게 복종한다는 것을 가리킨다. 마찬가지로 이스라엘 백성들이 모세를 구원자와 지도자로 인정하고 그에게 복종했음을 비유적으로 나타낸 것이다.

"다 같은 신령한 음식을 먹으며."(3절).

다 똑같이 신령한 양식(*pneumatikon broma*, spiritual food)을 먹었다. 이것은 광야에서 하나님이 내려주신 만나를 먹었음을 가리킨다.

"다 같은 신령한 음료를 마셨으니 이는 그들을 따르는 신령한 반석으로부터 마셨으매 그 반석은 곧 그리스도시라."(4절).

다 똑같이 신령한 물(*pneumatikon epion*, spiritual drank)을 마셨다. 이것은 이스라엘이 광야에서 마셨던, 반석에서 흘러나온 물을 가리킨다. 그들은 신령한 바위(*petras*, rock)에서 나온 물을 마셨다. 그 바위는 그들과 함께 하셨던 그리스도였다. 물이 흘러나오도록 역사하신 분이 바로 성자 하나님, 그리스도시라는 말이다. 생수가 나온 바위와 만나는 그리스도의 초자연적인 보살핌을 상징한다. 한편 그는 생명의 떡이며 생수의 근원이시다(요 4:14, 6:30-35).

"그러나 그들의 다수를 하나님이 기뻐하지 아니하셨으므로 그들이 광야에서 멸망을 받았느니라."(5절).

그러나 하나님께서 그들 대부분을 기쁘게 여기지 않으셨다. 그들은 광야에서 멸망하고 말았다. 여호수아와 갈렙을 제외한 20세 이상의 모든 이스라엘 백성들이 하나님께 죄를 범함으로 인해 광야에서 죽었다.

"이러한 일은 우리의 본보기가 되어 우리로 하여금 그들이 악을 즐겨 한 것 같이 즐겨 하는 자가 되지 않게 하려 함이니."(6절).

이런 일은 우리에게 본보기(*typoi*, types, examples)가 되어 우리도 그들처럼 악을 좋아해서는 안 된다는 것을 경고해 주고 있다. 그것이 후세에 경고의 거울이 되어 우리도 조상들처럼 하나님께 죄를 범해서는 안 된다는 것을 가르쳐 주고 있다는 말이다.

"그들 가운데 어떤 사람들과 같이 너희는 우상 숭배하는 자가 되지 말라 기록된바 백성이 앉아서 먹고 마시며 일어나서 뛰논다 함과 같으니라."(7절).

그들 가운데 어떤 사람들처럼 여러분도 우상을 숭배하지 말라. 성경에도 "백성이 앉아서 먹고 마시며 일어나서 뛰 놀더라"(출 32:6) 하였다. 뛰논 것은 춤춘 것을 가리킨다. 바울은 이스라엘이 광야에서 금송아지 우상을 만들어 섬긴 사건을 들어 우상숭배를 하지 말라 경고하고 있다.

"그들 중의 어떤 사람들이 음행하다가 하루에 이만 삼천 명이 죽었나니 우리는 그들과 같이 음행하지 말자."(8절).

이것은 바알브올 사건을 말한다. 이스라엘 백성이 모압의 신들에게 절하며 모압 여인들과 간음하다 하나님의 심판을 받았다며 음행하지 말 것을 경고하고 있다.

바울은 하루에 이만 삼천 명이 죽었다고 했는데, 민수기 25:9에는 이만 사천 명이 죽었다고 기록되어 있다. 이에 대해 두 가지 견해가 있다. 하나는, 모세가 최대치를 기록했다면 바울은 최소치를 기록한 것이라는 주장이다. 다른 하나는, 모세가 기록한 수치는 2일간 죽은 자의 수라면 바울이 기록한 수는 단 하루에 죽은 자의 수라는 주장이다.

"그들 가운데 어떤 사람들이 주를 시험하다가 뱀에게 멸망하였나니 우리는 그들과 같이 시험하지 말자."(9절).

이스라엘이 광야 생활을 하던 중 주님을 시험하다가(*epeirasan*, tested) 불뱀에게 물려 죽었다(민 21:5, 6). 우리는 그들처럼 주님을 시험해서는 안 된다. 시험은 과도한 방법으로 참인지 거짓인지 살피는 행동을 가리킨다. 이스라엘 백성은 많은 이적을 체험했음에도 불구하고 하나님의 능력을 불신하며 시험했다.

"그들 가운데 어떤 사람들이 원망하다가 멸망시키는 자에게 멸망하였나니 너희는 그들과 같이 원망하지 말라."(10절).

출애굽 때 이스라엘은 모세와 아론에게 불만을 품고 비난했다. 하나님은 이 불만을 자신을 향한 불만으로 보셨다. 하나님은 그들에게 "멸망시키는 자," 곧 하나님의 심판을 집행하는 천사를 보내셨고, 그들은 멸망을 당했다. 그러니 우리도 그들처럼 불평하지 말자는 것이다.

"그들에게 일어난 이런 일은 본보기가 되고 또한 말세를 만난 우리를 깨우치기 위하여 기록되었느니라."(11절).

이스라엘이 광야에서 당한 이런 일들은 다른 사람들에게 본보기가 되었다. 그것들이 이렇게 기록된 것은 말세(the ends of the ages)를 만난 우리에게 경고(*nouthesian*, admonition)를 주기 위해서다. 구약의 말씀은 단순한 역사서가 아니다. 신약시대의 성도들에게 교훈과 가르침이 된다.

"그런즉 선 줄로 생각하는 자는 넘어질까 조심하라."(12절).

그러므로 서 있다고 생각하는 사람은 넘어지지 않도록 조심하라. 신앙에 있어서 자만은 금물이다. 자기의 지식과 힘을 믿고 과시하면 넘어지고 죄에 빠지게 된다.

"사람이 감당할 시험 밖에는 너희가 당한 것이 없나니 오직 하나님은 미쁘사 너희가 감당하지 못할 시험 당함을 허락하지 아니하시고 시험 당할 즈음에 또한 피할 길을 내사 너희로 능히 감당하게 하시느니라."(13절).

여러분은 사람이 흔히 겪는 시련 밖에 다른 시련을 당한 적이 없다. 여러분이 당한 시험(*peirasmos*, temptation)은 모든 사람들이 다 당하는 시험이라는 말이다. 하나님은 우리의 믿음을 연단시키기 위해 시험을 허락하신다.

하나님은 신실하신 분이시므로 여러분이 감당할 수 없는 시험당하는 것을 허락하지 않으신다. 신실하신 하나님은 여러분이 감당할 수 있는 능력 이상으로 시련을 겪는 것을 허락하지 않으신다. "하나님은 미쁘사"는 신실하신 하나님이라는 것으로, 하나님은 약속을 꼭 지키신다는 것이다.

여러분이 시험을 당할 때에는 피할 길을 마련해 주시고 감당할 수 있게 하신다. 하나님께서는 시련과 함께 그것을 벗어날 길도 마련해 주시고, 여러분이 그 시련을 견디어 낼 수 있게 해주신다.

2. 우상숭배를 하지 말라(14-22절)

"그런즉 내 사랑하는 자들아 우상 숭배하는 일을 피하라."(14절).

바울은 고린도교인들에게 결론적으로 말해서 우상 숭배를 멀리 하라 했다.

"나는 지혜 있는 자들에게 말함과 같이 하노니 너희는 내가 이르는 말을 스스로 판단하라."(15절).

"지혜 있는 자들"(*phronimois*, sensible ones)은 깨닫는 능력이 있는 사람을 가리킨다. 헬라인들은 스스로 지혜가 있다고 생각한다. 바울은 고린도교인들을 이렇듯 지각 있는 사람들로 생각하면서 말한다. "내가 하는 말을 스스로 판단해 보라." "판단하라"(*krinate*, judge)는 바른지 바르지 않는지 지혜롭게 살펴보라는 것이다.

"우리가 축복하는바 축복의 잔은 그리스도의 피에 참여함이 아니며 우리가 떼는 떡은 그리스도의 몸에 참여함이 아니냐."(16절).

바울은 성만찬에 대해 언급한다. 성만찬 때 우리가 감사하며 받는 축복의 잔(*poterion*, cup)은 그리스도의 피(*haimatos*, blood)에 참여하는 것이고, 우리가 떼는 빵(*arton*, bread)은 그리스도의 몸(*somatos*, body)에 참여하는 것이라는 말이다. 성만찬 때 축복의 잔을 마시고 떡을 뗌으로써 우리가 그리스도 안에 죽고 다시 사는 경험, 그리스도와 영적으로 연합하는 경험을 하게 된다. "참여함"(*koinonia*, participation)은 교제, 함께 나눔을 뜻한다.

축복의 잔은 구약에서 유월절 잔치 때 마시는 세 번째 잔을 의미한다. 이 잔을 가족들에게 돌려 마시게 하기 전 가장이 감사의 기도를 드렸다. 그것은 유월절 때 마지막으로 마시는 감사의 잔이었다. 예수님도 이 유월절 잔을 마실 때 성찬을 제정하셨다(눅 22:17). 신약에 와서는 주의 만찬에 참가하여 마시는 잔을 의미한다. 이 잔을 마심은 그리스도의 십자가에 참여함을 상징한다.

"떡이 하나요 많은 우리가 한 몸이니 이는 우리가 다 한 떡에 참여함이라." (17절).

빵이 하나(*heis artos*, one loaf)인데 우리가 다 그 빵을 함께 나눠(*metechomen*, partake) 먹는다. 성찬식 때 많은 신자들이 한 떡에 참여한다. 이것은 우리 많은 교인들이 한 몸(*hen soma*, one body)이 되었음, 곧 그리스도의 몸인 교회가 주 안에서 하나 되었음을 상징한다. 교회는 비로 생명의 떡이신 예수 그리스도에 의해 생명을 위한 영적 자양분을 공급받는다(요 6:33-38).

"육신을 따라 난 이스라엘을 보라 제물을 먹는 자들이 제단에 참여하는 자들이 아니냐." (18절).

이스라엘 백성들은 제단에 드려졌던 제물을 함께 나누어 먹음으로써 하나님을 경배하는 일에 참여했다. 그들이 하나님이 임재하시는 제단에 바쳐진 음식을 먹는다는 것은 하나님의 백성으로서 하나님과 하나 되는 것을 의미한다.

"그런즉 내가 무엇을 말하느냐 우상의 제물은 무엇이며 우상은 무엇이냐." (19절).

여러분은 이 말을 어떻게 알아듣는가. 우상은 무엇이고, 우상에게 바쳐진 제물은 무엇인가. 다시 말해 우상 앞에 놓았던 제물이나 우상 자체에 어떤 가치가 있다는 말인가. 우상은 신도 아니며 우상에게 바쳐졌던 음식 제물도 다른 음식과 하등 다를 것이 없다는 말이다.

"무릇 이방인이 제사하는 것은 귀신에게 하는 것이요 하나님께 제사하는 것이 아니니 나는 너희가 귀신과 교제하는 자가 되기를 원하지 아니하노라." (20절).

우상은 아무 것도 아니지만 우상의 배후에는 귀신들(demons)이 있다. 이방인들은 우상 숭배에 참여할 때 결국 귀신과 교제하게 된다. 고린도교인들은 하나님을 섬기는 사람들로, 귀신과 교제하는 자가 되지 않기를 바란다.

"너희가 주의 잔과 귀신의 잔을 겸하여 마시지 못하고 주의 식탁과 귀신의 식탁에 겸하여 참여하지 못하리라."(21절).

주님의 잔을 마시는 여러분이 귀신들의 잔을 마실 수 없고, 주님의 식탁에 참여하는 여러분이 귀신들의 식탁에 참여할 수 없다.

"그러면 우리가 주를 노여워하시게 하겠느냐 우리가 주보다 강한 자냐." (22절).

우리가 귀신들의 잔을 마시고, 귀신들의 식탁에 참여함으로써 주님을 노엽게 해서야 되겠는가? 우리가 주님보다 강하다는 말인가? 우리는 주님을 노엽게 해서는 안 될 주의 자녀이다.

3. 고린도교회에 대한 적용: 다 하나님의 영광을 위하여 하라(23-33절)

"모든 것이 가하나(lawful, permissible) 모든 것이 유익한 것은(profitable, beneficial) 아니요 모든 것이 가하나 모든 것이 덕을 세우는 것은(edify, constructive) 아니니."(23절).

무엇이든 할 수 있는 자유가 있다고 해서 그것이 다 유익한 것이 아니고, 그것이 다 덕을 세우는 것도 아니다. 그리스도인의 자유가 방종이 되어서는 안 되고, 그 자유를 부덕하게 사용되어서도 안 된다.

"누구든지 자기의 유익을 구하지 말고 남의 유익을 구하라."(24절).

그리스도인이라면 누구나 자신의 이익(his own good)보다는 남의 이익(the good of others)을 먼저 생각할 줄 알아야 한다.

“무릇 시장에서 파는 것은 양심을 위하여 묻지 말고 먹으라.”(25절).

시장(*makello*, meat market)에서 파는 것이라면 무엇이든 양심에 거리낌 없이 먹어도 된다. 양심을 위한다며 그 출처, 곧 우상에게 드렸던 것인지 아닌지를 묻지 말고, 무엇이든지 다 먹으라는 말이다.

양심(*syneidesin*, conscience)은 의와 불의를 식별하고, 자기 행동에 대한 선악을 판단할 뿐 아니라 하나님께 대한 인격적 책임을 지는 기능을 하는 중심기관이다.

“이는 땅과 거기 충만한 것이 주의 것임이라.”(26절).

이것은 땅과 그 안에 있는 모는 것이 다 주님의 것이기 때문이다. 우상에게 드려졌다고 해서 그 음식이 더러워지는 것은 아니다. 모든 음식은 하나님께로부터 나왔고, 또 그의 것이다. 따라서 감사함으로 받는다면 하나도 버릴 것이 없다.

“불신자 중 누가 너희를 청할 때에 너희가 가고자 하거든 너희 앞에 차려 놓은 것은 무엇이든지 양심을 위하여 묻지 말고 먹으라.”(27절).

불신자의 초대를 받아 그 집에 가거든 그가 차려 주는 것은 무엇이든지 양심에 거리낌 없이 먹으라. 양심을 위한다며 그것의 출처를 따져 묻지 말고 들라는 것이다.

“누가 너희에게 이것이 제물이라 말하거든 알게 한 자와 그 양심을 위하여 먹지 말라.”(28절).

그러나 예외가 있다. 어떤 사람이 여러분에게 “이것은 (우상을 위한) 제사에 바쳤던 음식입니다.”라고 했을 경우 말한 사람과 양심을 위해 먹지 말라. 믿음이 약한 형제가 실족하지 않도록 먹을 수 있는 자유도 포기할 줄 알아야 한다.

“내가 말한 양심은 너희의 것이 아니요 남의 것이니 어찌하여 내 자유가 남의 양심으로 말미암아 판단을 받으리요."(29절).

내가 말하는 양심은 여러분의 양심이 아니라 다른 사람의 양심이다. 내 자유가 남의 양심으로 판단을 받아야 할 이유가 무엇인가? "내 자유"(*eleutheria mou*, freedom of me)는 하나님께서 주시는 모든 것을 누릴 수 있는 그리스도인의 자유이다. 이 자유는 다른 사람의 양심에 의해 판단을 받거나 구속받지 않는다. 하지만 우리는 이 자유를 스스로 유보해야 할 때가 있다. 그것이 하나님의 영광을 위하고, 교회의 덕을 세우며, 다른 교우들의 유익을 위한 것이라면 기꺼이 그 자유를 내려놓을 수 있다.

"만일 내가 감사함으로 참여하면 어찌하여 내가 감사하는 것에 대하여 비방을 받으리요."(30절).

감사하고 먹으면서 왜 내가 감사하는 그 음식 때문에 남의 비난을 받아야 하는가. "감사함으로"(*chariti*, by grace)의 원문은 "은혜로"이다. 이 은혜는 하나님이 음식을 허락하신 은혜일 수도 있고, 양심을 깨우쳐 주신 은혜일 수도 있다. 하나님의 은혜로 받은 음식이 다른 사람의 비방거리가 되지 않도록 절제할 필요가 있다.

"그런즉 너희가 먹든지 마시든지 무엇을 하든지 다 하나님의 영광을 위하여 하라."(31절).

성도는 무슨 일을 하든지 "하나님의 영광을 위해"(*eis doxan Theou*, to the glory of God) 해야 한다. 이것은 성도들의 생활원리이자 신앙의 원칙에서 가장 기본이 된다. 하나님의 영광을 생각하면 기꺼이 나 자신을 희생하고 남의 유익을 위할 수 있게 된다.

"유대인에게나 헬라인에게나 하나님의 교회에나 거치는 자가 되지 말고"(32절).

성도 여러분은 유대 사람에게도, 그리스 사람에게도, 하나님의 교회에도 걸

림돌이 되지 말라. "거치는 자"는 걸려 넘어지게 하는 자를 말한다. 해를 주어서는 안 된다는 말이다.

"나와 같이 모든 일에 모든 사람을 기쁘게 하여 자신의 유익(*symphoron*, profit)을 구하지 아니하고 많은 사람의 유익을 구하여 그들로 구원을 받게 하라."(33절).

그리스도인은 나 자신만 기쁘게 하며 사는 사람이 아니다. 모든 일에 모든 사람을 기쁘게 하는 삶을 살아야 한다. 바울은 이런 태도로 살았음을 밝혔다.

그리스도인은 내가 잘되는 것만 바라는 사람이 아니다. 오히려 내가 아니라 남이 잘 되게 하는 사람이나. 나 자신의 유익이 아니라 많은 사람의 유익을 구하는 삶을 살아야 한다. 그럴 때 나 자신뿐 아니라 많은 사람을 변화시켜 구원에 이르게 한다.

고린도전서 11장

여인들이 수건을 쓰는 문제와 성찬의 문제

1. 여인들이 수건을 쓰는 문제(1-16절)

2-16절은 공식 예배에서 여성도들이 수건을 쓰는 문제와 창조질서에 입각한 남녀관계 문제를 다루고 있다.

"내가 그리스도를 본받는 자가 된 것 같이 너희는 나를 본받는 자가 되라." (1절).

1절을 10장의 연속으로 보기도 한다. 이 경우 여인들이 수건을 쓰는 문제는 2절부터 본격적으로 다루어진다.

바울이 "나"를 본 받으라 하는 것은 인간 바울 자신을 본받는 것이 아니다. 그가 그리스도를 본받는 자 된 것을 본받으라는 것이다. 그러므로 그 본의 중심은 예수님이다. 예수님은 하나님의 영광을 위해 자신을 희생하시면서 많은 사람의 유익을 구하는 본을 보여주셨다. 바울 자신도 그리스도를 본 받는 삶을 살았기 때문에 성도들에게도 자신처럼 예수를 본 받는 자들(*mimetai*, imitators)이 되라 한 것이다. 그가 이렇게 말할 수 있는 것은 자신이 이 문제에 있어서

생활의 모범이 되었기 때문이다. 모범이 되지 못하면 이렇게 말할 수 없다. 우리의 본은 예수님이시다. 예수님의 인격, 삶, 사상, 희생정신, 사랑 등을 본받는 것이다. 그리스도인들은 생활에서 예수님의 모습이 나타나야 한다.

"너희가 모든 일에 나를 기억하고 또 내가 너희에게 전하여 준 대로 그 전통을 너희가 지키므로 너희를 칭찬하노라."(2절).

여러분이 모든 일에 나를 기억하고 내가 전해 준 전통, 곧 교훈(*paradoseis*, teachings)을 그대로 잘 지키고 있다. 그러니 내가 여러분을 칭찬하지 않을 수 없다. 그가 가르친 전통은 기독교 교리와 규율에 관한 가르침을 말한다.

"그러나 나는 너희가 알기를 원하노니 각 남자의 머리는 그리스도요 여자의 머리는 남자요 그리스도의 머리는 하나님이시라."(3절).

머리(*kephale*, head)는 존엄과 권위를 상징한다. 그리스도께서 성부 하나님의 뜻에 죽기까지 복종하셨듯이 여자는 남자에게 순종해야 한다는 것이다. 그렇다고 성자가 성부보다 열등한 것은 결코 아니다. 성자도 하나님의 본체이시기 때문이다. 남자와 여자 모두 결혼을 통해 하나가 되었기 때문에 본질적으로 동등한 인격체이다. 하지만 가정의 화합과 질서와 평안을 위해 순종하고 사랑해야 한다.

"무릇 남자로서 머리에 무엇을 쓰고 기도나 예언을 하는 자는 그 머리를 욕되게 하는 것이요."(4절).

당시 유대인은 거룩한 장소에 들어갈 때 머리에 키파(Kippah)를 쓰고, 기도할 때 머리에 탈릿(Tallit)을 썼다. 키파는 하늘에 머리를 보이지 않기 위해 쓰는 것으로 하나님에 대한 경외와 복종을 나타낸다. 탈릿은 머리와 몸을 감싸는 수건으로 모자의 역할을 한다. 기도보라 하기도 한다. 자기 몸을 탈릿으로 감쌈으로써 외부와 차단하고 기도에 집중하게 하는 역할을 한다.

바울은 남자가 머리에 무엇을 쓰고 기도하거나 말씀을 전하면 그의 머리이신 그리스도를 욕되게 하는 것이라 했다. 그리스도인 남자에게는 그리스도 이외에 머리 되는 존재가 없으므로 유대인처럼 키파나 탈릿을 써서는 안 된다는 말이다. 그것을 쓰는 것은 그리스도 이외의 다른 어떤 권위자에게 복종하는 것이 되기 때문이다.

"무릇 여자로서 머리에 쓴 것을 벗고 기도나 예언을 하는 자는 그 머리를 욕되게 하는 것이니 이는 머리를 민 것과 다름이 없음이라."(5절).

이것은 바울 당시 교회의 풍습을 잘 드러내고 있다. 당시 여신도는 공석에서 전혀 말을 할 수 없었지만 성령의 감동으로 말을 하게 될 때는 얼굴을 가린 수건을 쓰고 예언을 해야 했다. 이것은 여자의 머리 되는 남자에 대한 복종을 나타내는 행동이다. 만일 여자가 머리에 아무것도 쓰지 않고 기도하거나 예언을 하면 남편을 욕되게 하는 것으로 보았다.

아무것도 쓰지 않은 여자의 머리는 민 것이나 다름이 없는 것으로 간주되었다. 당시 로마 사회에서는 여자 노예의 머리를 밀었고, 유대 사회에서는 간음한 여인의 머리를 밀었다. 여자의 삭발은 남편에 대한 복종을 거부하는 행위로 간주되었다. 그러므로 여인이 수건을 쓰지 않는 것은 자신을 수치스럽게 하는 행위로 보았다. 이런 풍습은 당시 문화적 배경에서 이뤄진 것이다.

당시 기도를 하거나 예언을 할 때 여자는 수건을 쓰고, 남자는 벗었다. 당시 헬라와 그 외 동방에서는 여자들이 대중 앞에서 머리에 "야쉬막"(Yashmak)이라는 수건을 쓰는 것이 예의였다. 그런데 그리스도 안에서 새로운 자유를 얻은 여자들 가운데는 자기 수건을 대담히 벗어 놓는 사람도 있어서 정숙한 여자들에게 놀라움을 주었다.

이 문제는 여자들이 똑똑해지면서 터져 나왔을 것으로 보는 학자도 있다. 영적으로 눈이 열리면서 왜 남자들에게 눌려 있어야 하나 생각하기 시작했다는 것이다. 자신들은 더 이상 열등한 존재가 아니라는 인식이 확산되었을 것이다. 이 문제는 수건으로 비화되어 기도하거나 예언할 때 여자라고 해서 꼭 써야 하나 생각하게 되었고, 결국 수건을 안 쓰고 나오는 사람이 생겨난 것이라는 주장이다. 이것은 페미니즘 시각을 반영한 것으로 여성이 인격적으로 대우받지 못하는 현상에 대한 반동이기도 하다.

수건은 고린도나 헬라에서 관습으로 아름다운 전통으로 지켜왔다. 그러나 현대에 와서 우리가 꼭 써야 하는 것은 아니다. 가톨릭은 이를 수용하여 여성들에게 수건을 쓰도록 하고 있다.

"만일 여자가 머리를 가리지 않거든 깎을 것이요 만일 깎거나 미는 것이 여자에게 부끄러움이 되거든 가릴지니라."(6절).

여자가 머리에 아무것도 쓰지 않으려거든 머리를 깎으라. 만일 깎거나 미는 것이 여자에게 부끄러움이 된다면 머리에 무엇을 쓰라. 이것은 당시 교회 관습에 따를 것을 강조한 것이다. 수건을 써서 남자의 머리됨을 인정하고 남편에게 순복한다는 것을 보여주어야 한다는 것이다.

7-9절에서는 여인의 수건 착용 문제가 창세기 1:27을 중심으로 창조 질서에 비추어 다루어지고 있다.

"남자는 하나님의 형상과 영광이니 그 머리를 마땅히 가리지 않거니와 여자는 남자의 영광이니라."(7절).

남자는 하나님의 형상(*eikon*, image)으로 지음 받았고 하나님의 영광(*doxa*, glory)을 지녔다. 남자는 하나님께서 창조하신 창조물의 아름다움을 드러내는 극치라는 뜻이다. 남자는 다른 피조물에 대한 지배권을 부여받았다. 그렇기 때문에 복종의 표시인 수건을 머리에 쓸 필요가 없다는 것이다.

그러나 여자는 남자의 영광이다. 여자는 남자에게서 나왔기 때문에(창 2:21-23) 남자의 영광을 드러낸다. 여자는 남자의 배필로 창조되었기 때문에 복종의 표시인 수건을 머리에 써야 한다는 것이다.

"남자가 여자에게서 난 것이 아니요 여자가 남자에게서 났으며." (8절).

이 말씀은 "이는 내 뼈 중의 뼈요 살 중의 살이라 이것을 남자에게서 취하였은즉 여자라 부르리라" 창세기 2:21-23에 바탕을 둔 것이다. 남자를 먼저 만들었고, 독처하는 것이 좋지 않아 돕는 배필로, 여자를 만들었다. 남녀의 역할이 창조질서에 따른 것임을 말해주고 있다.

"또 남자가 여자를 위하여 지음을 받지 아니하고 여자가 남자를 위하여 지음을 받은 것이니." (9절).

남자가 여자를 위해 창조된 것이 아니라 여자가 남자를 위해 창조되었다는 것은 "사람이 혼자 사는 것이 좋지 아니하니 내가 그를 위하여 돕는 배필을 지으리라." 하신 창세기 2:18에 근거한 것이다.

"그러므로 여자는 천사들로 말미암아 권세 아래에 있는 표를 그 머리 위에 둘지니라." (10절).

여자는 천사들이 보고 있기 때문에(공동번역) 남자의 권세아래 있다는 표로 머리에 수건을 써야 한다는 것이다.

여기에서 "천사들"은 난해한 부분이다. 천사들을 이해하기 위해서는 먼저 성경에서 어떻게 말하는지 살펴봄으로써 다소 도움을 얻을 수 있다. 욥기에는 "천사들"을 "하나님의 아들들" (sons of God, 욥 1:6, 2:1)로 소개하고 있다. 천사들은 구원 얻을 자들을 섬기기 위해 보내심을 받아 활동한다(히 1:14). 천사들도 예배에 참석하여 성도들을 지켜보며 예배를 돕는다(눅 15:7, 10, 엡 3:10, 시 138:1). 공동번역은 이 천사들이 "보고 있으니"라 했다. 천사들이 보고 있기 때문에 여자들은 창조의 질서에 따라 남편의 권위에 복종해야 하고, 그 표시로 수건으로 머리를 가려야 한다는 것이다. "권세 아래에 있는 표"는 머리에 쓰는 수건을 말한다. 어떤 학자는 천사들을 '방관자들' 로 보기도 한다. 방관자들이 예배 때 구경을 와서 교회에서 여자들이 어떻게 하나 볼 수 있기 때문에 이 점을 고려한 것이라는 주장이다.

"그러나 주 안에는 남자 없이 여자만 있지 않고 여자 없이 남자만 있지 아니하니라."(11절).

그러나 주님 안에서는 남자 없이 여자만 있을 수 없고, 여자 없이 남자만 있을 수도 없다. 주님을 믿는 세계에서는 여자나 남자나 다 같이 상대방에게 서로 속해 있다(공동번역).

"이는 여자가 남자에게서 난 것 같이 남자도 여자로 말미암아 났음이라 그리고 모든 것은 하나님에게서 났느니라."(12절).

여자가 남자에게서 창조된 것과 같이 남자도 여자를 통하여 태어났다. 그리고 모든 것은 하나님에게서 왔다. 남녀는 모두 하나님에게서 창조된 피조물이라는 점에서 평등하다. 바울은 여기서 지금까지의 남존여비 식의 논조를 바꾸어 남녀평등을 말한다. 남자는 인류의 발단이고, 여자가 있음으로 인류번식이 가능하게 되었다. 남녀는 이처럼 상호의존적이다.

바울은 이 구절에서 남녀 관계의 파트너십을 강조하고 있다. 서로 보완하고, 서로 세워주는 역할을 한다는 것이다. 이런 의미에서 남녀는 서로에게 중요한 존재임을 알 수 있다. 남녀가 서로의 영광을 침범하지 않고, 서로의 역할을 존중하며, 제 위치에서 제구실을 하면 가정과 사회를 건강하게 세울 수 있다.

"너희는 스스로 판단하라 여자가 머리를 가리지 않고 하나님께 기도하는 것이 마땅하냐."(13절).

여자가 머리에 아무것도 쓰지 않고 하나님께 기도하는 것이 과연 옳은 일인지 스스로 판단해 보라는 것이다.

"만일 남자에게 긴 머리가 있으면 자기에게 부끄러움이 되는 것을 본성이 너희에게 가르치지 아니하느냐."(14절).

만일 남자가 긴 머리를 하고 다니면 그것이 자기에게 수치가 된다는 것을 본능적으로 느끼게 된다. 그것이 자연적인 느낌이다.

“만일 여자가 긴 머리가 있으면 자기에게 영광이 되나니 긴 머리는 가리는 것을 대신하여 주셨기 때문이니라.”(15절).

그러나 여자의 긴 머리는 오히려 자기에게 자랑이 된다. 남자의 긴 머리 안 되고 여자의 긴 머리는 영광으로 생각했다는 것이다. 여자의 긴 머리가 너울 쓰는 것을 대신하기 때문이다. 다시 말해 긴 머리카락이 그 머리를 가려주는 구실을 하기 때문이다. 이 말씀은 긴 머리를 가진 여자는 수건을 쓰지 않아도 된다는 말이 아니다. 바울은 여성이라면 꼭 수건을 써야 할 것을 강조하고 있다.

“논쟁하려는 생각을 가진 자가 있을지라도 우리에게나 하나님의 모든 교회에는 이런 관례가 없느니라.”(16절).

이 문제를 두고 논쟁을 벌이려고 생각하는 사람이 있을 수 있다. 하지만 누가 그 문제를 두고 논쟁을 벌이려 해도 우리나 하나님의 교회에서는 이 외에 다른 관례(*synetheian*, custom), 곧 규례가 없다. “이런 관례”는 여자가 머리에 아무것도 쓰지 않고 기도하거나 말씀을 전하는 것을 말한다. 교회에는 그런 관례가 없으니 여자는 머리에 수건을 꼭 쓰라는 말이다.

2. 성찬의 문제(17-33절)

“내가 명하는 이 일에 너희를 칭찬하지 아니하나니 이는 너희의 모임이 유익이 못되고 도리어 해로움이라.”(17절).

“내가 명하는 이 일”은 문자적으로 “지금 가르치려는 이것”이다. 다음에 지시하려는 사항(the following instructions)을 말한다. 이에 대해서는 내가 여러분에게 칭찬할 것이 없다. 여러분의 모임이 유익이 되지 못하고 오히려 해가 되기 때문이다.

"먼저 너희가 교회에 모일 때에 너희 중에 분쟁이 있다 함을 듣고 어느 정도 믿거니와." (18절).

우선 나는 여러분이 모이는 교회 안에 분열이 있다는 말을 듣고 있다. 나는 그것도 어느 정도 사실이라고 믿는다. 바울은 글로에 집안(고전 1:11)이나 스데바나(고전 16:17) 일행을 통해 교회에 분쟁이 있다는 소식을 들었을 것으로 보인다. 20절 이하를 볼 때 이 분쟁은 애찬과 성만찬에 대한 것을 놓고 문제가 있었음을 보여준다.

"너희 중에 파당이 있어야 너희 중에 옳다 인정함을 받은 자들이 나타나게 되리라." (19절).

여러분 가운데 그런 당파가 있게 될 때는 하나님의 인정을 받는 사람이 반드시 드러나기 마련이다. 여러분 가운데서 바르게 사는 사람들이 드러나려면 여러분 가운데 파당도 있어야 할 것이다. 여기서 "파당" (*haireseis*, factions)은 당파, 분파, 이단 등 여러 뜻을 가지고 있다.

"그런즉 너희가 함께 모여서 주의 만찬을 먹을 수 없으니." (20절).

하지만 고린도교회가 지금 파당으로 분열되어 있다. 그래서 교인들이 한자리에 모여서 먹는다 해도, 그것은 주님의 만찬(*kriakon deipnon*, the Lord's supper)을 먹는 것이 아니다.

초대교회에서는 모이기를 힘썼다. 사도행전 2:46을 보면 날마다 모이기를 힘쓰고 집에서 떡을 떼며 순전한 마음으로 음식을 먹었다. 이것은 성찬과 애찬의 모임이 있었음을 보여주고 있다. 애찬은 사랑의 식사를 말한다. '순전한 마음으로 음식을 먹고' (행 2:46)는 애찬의 성격을 드러낸다. 성만찬은 주님의 피와 살을 기념하는 의식이 있는 것으로 '떡을 떼며' 는 성만찬의 특색을 드러낸다.

고린도전서 11장의 경우 애찬 따로 성만찬 따로 일 경우도 있었겠지만 어떤 경우에는 애찬과 성만찬을 겸하기도 한 것으로 보인다. 두 가지가 섞어져 성만찬 식사일수도 있다. 그러나 이 구절들을 가지고는 정확하게 무엇이라 말하기 어렵다.

"이는 먹을 때에 각각 자기의 만찬을 먼저 갖다 먹으므로 어떤 사람은 시장하고 어떤 사람은 취함이라."(21절).

교인들이 뒤에 먹을 사람을 배려하지 않고 자기 저녁을 먼저 먹어 버렸다. 그로 인해 어떤 사람은 배가 고프고, 어떤 사람은 술에 취하기도 했다. 이것은 교인들 상당수가 자기 것을 먼저 먹으므로 뒤에 온 사람은 먹을 것이 없어 불평이 커지게 되었음을 보여준다. 자기만 알고 남을 배려하지 않는 것은 그리스도인으로서 부끄러운 일이다. 이 구절은 이 만찬이 애찬의 성격이 있었음을 보여준다.

모든 물건을 공용하던 때(행 2:44-45)가 지난 후 교회의 부유한 사람들은 애찬을 위해(유 12) 음식물을 가지고 와서 부유한 사람과 가난한 사람이 함께 주의 만찬에 참석한 것으로 보인다. 음식을 가져온 사람들은 교인이 다 모이지 않았는데도 그들끼리 먹어 애찬으로 포식을 함으로서 불신자들이 우상 신전에서 잔치로 만취하는 것처럼 주님의 만찬이 가진 진정한 의미를 완전히 잃었다.

"너희가 먹고 마실 집이 없느냐 너희가 하나님의 교회를 업신여기고 빈궁한 자들을 부끄럽게 하느냐 내가 너희에게 무슨 말을 하랴 너희를 칭찬하랴 이것으로 칭찬하지 않노라."(22절).

"너희가 먹고 마실 집이 없느냐." 우리는 여기서 바울의 성난 모습을 생각해 볼 수 있다. 바울은 그들의 이같은 행동을 가리켜 하나님의 교회를 업신여기고 가난한 자들을 부끄럽게 했다고 했다. 이 먹음이 성만찬을 겸한 식사였다면 성만찬을 모욕하는 것이다. 합당치 않게 먹고 마심으로 먹고 마시는 자체가 해치는 것이 되 버렸기 때문이다. 나아가 고린도교회 안에 가난한 자들이 많은데, 그들을 우선적으로 배려하지 않았다는 점에서 성도답지 않았다는 것이다. 식사로 인해 교회 내에 파벌이 조성되고, 각자가 자기 욕심과 자기 배만 채우려한다면 문제가 있다. 결코 칭찬할 수 없는 일이다.

"내가 너희에게 전한 것은 주께 받은 것이니 곧 주 예수께서 잡히시던 밤에 떡을 가지사."(23절).

내가 여러분에게 전한 것은 주님으로부터 전해 받은 것이다. 곧 주 예수께서 잡히시던 밤에 빵(*arton*, bread)을 들어서

"축사하시고 떼어 이르시되 이것은 너희를 위하는 내 몸이니 이것을 행하여 나를 기념하라 하시고."(24절).

"축사하시고"(having given thanks)는 감사 기도를 드렸다는 말이다. 그리고 난 다음 떼어서 제자들에게 주시며 말씀하셨다. "이것은 너희를 위한 내 몸이다. 너희는 이것을 행하여 나를 기념하라."

바울은 여기서 성만찬을 뜻을 설명하고 있다. 가톨릭에서는 7-8가지 성례전을 주장하지만 개신교에서는 세례식과 성만찬 두 가지만을 성례전으로 인정하고 있다.

떡은 주님의 찢기신 몸(*soma*, body)을 말한다. "이것을 행하여." 주님은 성찬을 행하도록 하였다. 이에 따라 루터교는 매주성찬을 행한다. 하지만 1년에 2-4번 정도 행하는 교회도 있다. 한 달에 1-2회 하는 것도 권장되고 있다.

"나를 기념하라." 기념한다(*anamnesin*, remember)는 것은 잊지 않고 기억한다는 뜻이다. 주님이 우리를 위해 이 땅에 오심과 몸 버려 피 흘리심을 기념한다. 주님을 기념함으로 십자가의 고통에 참여한다.

"식후에 또한 그와 같이 잔을 가지시고 이르시되 이 잔은 내 피로 세운 새

언약이니 이것을 행하여 마실 때마다 나를 기념하라 하셨으니." (25절).

또 식후, 곧 유월절 저녁 음식을 드신 후에 마찬가지로 잔을 들고 말씀하셨다. "이 잔은 내 피로 세우는 새 계약이다. 이것을 행하여 마실 때마다 나를 기념하라." 잔(*poterion*, cup)은 주님이 우리를 위해 흘리신 피(*haimati*, blood)이다. 주님은 이 잔을 "내 피로 세운 새 언약"이라 하셨다. 새 언약(*kaine diatheke*, new covenant)은 구약시대에 하나님과 이스라엘 사이의 "옛 언약"은 대비시킨 것으로, 그리스도로 말미암아 이루어진 새로운 은총의 계약을 말한다. 그리스도의 흘린 피로써 죄를 사하고 그의 택한 백성을 구원하시려는 은혜의 언약이다.

"너희가 이 떡을 먹으며 이 잔을 마실 때마다 주의 죽으심을 그가 오실 때까지 전하는 것이니라." (26절).

교인 여러분은 이 빵을 먹고 이 잔을 마실 때마다 주님의 죽으심을 그분이 오실 때까지 전하라는 말씀이다.

"너희가 이 떡을 먹으며"의 "너희"는 성찬에 참여하는 모든 회중을 가리킨다. 이 너희는 일반적인 너희와는 달리 성찬에 참여함으로써 주안에서 하나되는 형제자매를 가리킨다. 이 너희는 코이노니아(*koinonia*, 친교)에 참여하는 너희이며 주안에서 모두 하나 되는 형제들이다. 그러므로 성찬은 코이노니아의 의미를 가지고 있다.

떡과 잔을 나누는 것은 주님을 '믿는다.' 는 신앙이 담겨 있다. 주님의 피와 살을 먹는 것은 주님으로 인해 나의 영적 생명을 강하게 하는 것이다. "인자의 살을 먹지 아니하고 인자의 피를 마시지 아니하면 너희 속에 생명이 없느니라." (요 6:53). 이 생명은 바로 영적 생명을 가리킨다. 피와 살을 먹고 마실 때 영적 생명을 유지할 수 있다. 로마시대 때 떡과 잔을 나누는 이 성찬을 오해하여 기독교인을 핍박하기도 했다. 아기를 죽여 몰래 피와 살을 나누는 사교집단으로 오해한 것이다.

"오실 때까지"는 주님이 다시 오실 때까지를 말한다. 주님이 오실 때까지 성찬을 행한다. 주님이 다시 오실 때까지 성찬에 참예하는 것 자체가 재림하실 주님을 대망하는 의미가 담겨 있다.

"그러므로 누구든지 주의 떡이나 잔을 합당하지 않게 먹고 마시는 자는 주의 몸과 피에 대하여 죄를 짓는 것이니라."(27절).

합당하지 않게(*anaxios*, unworthily) 먹고 마신다는 것은 그리스도의 대속의 죽음을 생각하지 않고 자신의 죄를 회개하는 마음 없이 성찬에 참여하는 것을 밀한다. 우리의 죄를 위해 피를 흘리시고 죽으셨다는 것을 깊이 깨닫고 통회하는 마음으로 참여하지 않는 것은 죄를 짓는 것이다. 그 떡과 잔이 어떤 것인가를 알고 먹고 마셔야 한다.

"사람이 자기를 살피고 그 후에야 이 떡을 먹고 이 잔을 마실지니."(28절).

"자기를 살피고"(*dokimazeto anthropos heauton*, let a man examine himself)는 가볍게 먹으면 안 된다는 것이다. 먹고 마시기 전에 먼저 자신과 주님의 관계를 살핀다. 성찬의 의미를 깨닫고 있는지, 자기의 영적 상태가 어떤지 살핀다. 그렇지 않고 먹게 되면 자기의 죄를 먹고 마시는 결과에 이른다.

"주의 몸을 분별하지 못하고 먹고 마시는 자는 자기의 죄를 먹고 마시는 것이니라."(29절).

주의 피와 살을 먹고 마시는 것은 주님과 하나 되는 것이다. 따라서 주의 몸을 분별하지(*diakrinon*, discerning) 않고 마시게 되면 화를 자초하게 된다. 자기에게 내릴 정죄를 먹고 마시는 것이기 때문이다.

"그러므로 너희 중에 약한 자와 병든 자가 많고 잠자는 자도 적지 아니하니."(30절).

"그러므로"(*dia*, because of)는 문자적으로 "이 때문에"이다. 성찬에 대한 그릇된 태도 때문에 몸이 약해지고, 병이 들며 죽기까지 했다는 말씀이다. 잠잔다는 것은 죽게 되었음을 의미한다. 그런 자들이 적지 않다. 합당치 않게, 즉 분별하지 않고 주의 만찬에 참여한 죄로 인해 가져온 결과들이다. 이것은 징계이다. 이것은 당시만 해도 성만찬 모독죄로 하나님께서 얼마나 엄히 다스렸는가를 보여준다. 성만찬을 바로 행하면 영혼의 유익이 되지만 합당치 않게 하면 주님을 모독하게 된다. 우리는 보다 진지하고 감격하는 마음으로 성찬에 임해야 한다.

"우리가 우리를 살폈으면 판단을 받지 아니하려니와."(31절).

우리가 성찬에 참여하기 전에 먼저 성찬의 의미를 명확히 인식하고, 자신이 성찬에 참여해도 좋은 지 엄격하게 살피면 앞 절에서 언급된 심판을 받지 않을 것이다.

"우리가 판단을 받는 것은 주께 징계를 받는 것이니 이는 우리로 세상과 함께 정죄함을 받지 않게 하려 하심이라."(32절).

그러나 주님께서 우리를 심판하시고 징계하시는 것은 목적이 있다. 하나님의 자녀가 죄를 지음으로 이 땅에서 징계를 받는 것은 우리의 죄를 회개하고 돌아와 그의 은혜가운데 살도록 하기 위함이다. 사랑의 매를 드시는 것이다. 이것은 불신자들에게 내리는 하나님의 영원한 심판과는 속성이 다르다. 이 때문에 "우리로 세상과 함께 정죄함을 받지 않게 하려 하심이라." 하였다. 불신자들과 함께 영원한 심판의 정죄를 받아 멸망하지 않게 하기 위함이라는 것이다.

"그런즉 내 형제들아 먹으러 모일 때에 서로 기다리라."(33절).

형제자매들이 이 귀한 성찬의식에 참여하기 위해 모일 경우 서로 기다리라.

"만일 누구든지 시장하거든 집에서 먹을지니 이는 너희의 모임이 판단 받는 모임이 되지 않게 하려 함이라 그 밖의 일들은 내가 언제든지 갈 때에 바로잡으리라." (34절).

누구든지 배가 고픈 사람은 집에서 먹도록 하라. 이것은 교인들이 성찬을 위해 모였으면서도 자기의 만찬을 먼저 가져다 먹음으로써 주의 만찬을 어지럽히고, 그로 인해 하나님의 심판을 받게 되는 우를 범하지 않기 위해서이다. 그 밖의 남은 문제에 대해서는 내가 그 곳에 가서 바로잡겠다.

고린도전서 12장

성령의 은사, 은사의 종류와 다양한 은사의 통일성

1. 성령의 은사(1-3절)

12장에서 바울은 고린도교인들이 질문한 것 가운데 성령의 은사에 관한 문제로 들어간다.

"형제들아 신령한 것에 대하여 나는 너희가 알지 못하기를 원하지 아니하노니."(1절).

"신령한 것"(*pneumatikon*, spiritual)은 "신령한 선물(spiritual gifts)," 곧 성령의 은사를 가리킨다.

"너희도 알거니와 너희가 이방인으로 있을 때에 말 못하는 우상에게로 끄는 그대로 끌려갔느니라."(2절).

여러분이 이방인이었을 때는 말 못하는 우상이 이끄는 대로 이리저리 끌려 다녔다. 우상 숭배자였다는 말이다.

"그러므로 내가 너희에게 알리노니 하나님의 영으로 말하는 자는 누구든지 예수를 저주할 자라 하지 아니하고 또 성령으로 아니하고는 누구든지 예수를 주시라 할 수 없느니라."(3절).

그러나 이제는 달라졌다. 하나님의 영(*Pneumati Theou*, the Sprit of God), 곧 성령으로 말하는 사람이 된 것이다. 성령으로 말하는 사람은 아무도 "예수는 저주를 받아라."며 예수를 저주하지 않는다. 그뿐 아니다. 성령의 도움 없이는 아무도 "예수님은 주님이시다"(Jesus is Lord)라고 말할 수 없다. 따라서 어떤 성도가 성령의 은사를 받았는지는 그가 참 마음으로 예수님을 주님이라 고백하는지 그 여부에 달려있다.

2. 은사의 종류(3-11절)

4-6절에서 바울은 성령의 은사의 다양성과 일치성을 보여준다. 나아가 성령, 주, 하나님, 곧 삼위일체를 언급하고 있다.

"은사는 여러 가지나 성령은 같고"(4절).

은사(*charismaton*, gifts)는 성령이 주시는 것이다. 성령이 주시는 은사는 각기 다르지만 그 은사를 주시는 성령은 같다.

은사는 은혜를 뜻하는 "카리스"(*charis*)와 관련이 있다. 이것은 받을 자격이 없는 우리에게 하나님께서 은혜로 값없이 부어주시는 선물이다. 성령의 은사를 다양하지만 그것을 나누어주시는 분은 한 분이신 성령이시다.

"직분은 여러 가지나 주는 같으며."(5절)

직분(*diakonion*, services), 곧 섬기는 일은 여러 가지이다. 하지만 섬김을 받으시는 분은 바로 같은 주님(*Kyrios*, Lord)이시다. 오직 한 분이신 그리스도 주시라는 것이다.

"또 사역은 여러 가지나 모든 것을 모든 사람 가운데서 이루시는 하나님은 같으니."(6절).

사역(*energematon*, workings), 곧 일을 움직이는 힘은 여러 가지로 나타나지만 모든 사람 안에서 일하시는 하나님은 한 분이시다. 그 모든 일을 진행하시는 분은 한 분이신 하나님이시다. 해야 할 일은 여러 가지지만 오직 하나님께서 그 모든 것을 진행하신다는 말씀이다.

"각 사람에게 성령을 나타내심은 유익하게 하려 하심이라."(7절).

각 사람에게 성령님의 나타내심(*phanerosis*, manifestation), 곧 성령의 증거를 주신 것은 공동의 유익(*sympheron*, the common profiting), 곧 모든 사람의 유익을 위해서이다. 성령을 통해 각 사람에게 은사들을 나누어주신 것은 개인의 영광을 위한 것이 아니라 서로의 유익, 곧 교회 전체의 유익을 위해서라는 말씀이다. 그 사람에게도 유익이 될 뿐 아니라 교회 전체의 유익을 위해서라는 것이다.

8-10절에서 바울은 성령의 아홉 가지 은사를 열거하고 있다.

"어떤 사람에게는 성령으로 말미암아 지혜의 말씀을, 어떤 사람에게는 같은 성령을 따라 지식의 말씀을."(8절).

어떤 사람에게는 성령을 통하여 지혜의 말씀을 주시고, 어떤 사람에게는 같은 성령을 따라 지식의 말씀을 주신다.

지혜의 말씀(*logos sophias*, a word of wisdom)은 어떤 상황 속에서도 하나님의 뜻이 무엇인지 분별하는 바른 통찰력을 가리킨다. 이해의 능력과 전달 능력을 함께 가졌다.

지식의 말씀(*logos gnoseos*, a word of knowledge)은 기독교의 진리를 바로 알고 가르칠 수 있는 능력을 말한다. 이 지식은 일반적인 지식이 아니라 성령을 통해 주어진 복음과 관련된 특별한 지식이다.

"다른 사람에게는 같은 성령으로 믿음을, 어떤 사람에게는 한 성령으로 병 고치는 은사를."(9절).

어떤 사람에게는 같은 성령으로 믿음을 주시고, 어떤 사람에게는 같은 성령으로 병 고치는 은사를 주신다.

믿음(*pistis*, faith)은 신자들이 일반적으로 가지는 구원의 믿음이 아니라 이적을 일으키는 권능적인 믿음을 가리킨다(마 17:20, 고전 13:2). 병 고치는 은사(*charismata iamaton*, gifts of healing)는 여러 가지 병을 고칠 수 있는 은사를 말한다.

"어떤 사람에게는 능력 행함을, 어떤 사람에게는 예언함을, 어떤 사람에게는 영들 분별함을, 다른 사람에게는 각종 방언 말함을, 어떤 사람에게는 방언들 통역함을 주시나니."(10절).

어떤 사람에게는 기적 행하는 능력을, 어떤 사람에게는 예언하는 능력을, 어떤 사람에게는 영들을 분별하는 능력을, 어떤 사람에게는 여러 가지 방언하는 능력을, 어떤 사람에게는 방언을 통역하는 능력을 주신다.

능력 행함(*energemata dynamon*, working of miracles)은 귀신을 쫓아내는 등 여러 초자연적 기적을 행할 수 있는 능력을 말한다.

예언함(*propheteia*, prophecy)은 성령의 감동을 받아 하나님의 깊은 뜻을 선포하는 행위를 말한다. 미래에 일어날 일을 예언하는 것뿐 아니라 교회를 향해 하나님의 말씀을 선포한다.

영들 분별함(*diakriseis pneumaton*, distinguishing of spirits)은 은사 받은 것이 성령에 의한 것인지 악령에 의한 것인지 그 여부를 밝히는 것을 말한다. 악령도 광명의 천사로 가장하기 때문에 교회 안에 영들을 분별하는 은사가 필요하다.

각종 방언 말함(*gene glosson*, various kinds of tongues)은 여러 종류의 방언을 말하는 것이다. 오순절 성령 강림 때의 방언들은 그것을 듣는 사람들이 각각 그 언어를 알아들을 수 있었다. 그러나 고린도교회에서의 방언은 성령의 이끄심으로 인한 종교적 황홀경에서 말하는, 우리가 쉽게 알아들을 수 없는 형태의 것으로 보인다.

방언들 통역함(*hermeneia glosson*, interpretation of tongues)은 방언으로 말하는 메시지를 듣는 이들이 깨닫고 교훈을 얻도록 통역하는 영적 은사를 말한다. 고린도교인들이 말하는 방언은 통역이 필요한 방언이었음을 보여준다.

“이 모든 일은 같은 한 성령이 행하사 그의 뜻대로 각 사람에게 나누어 주시는 것이니라.”(11절).

이 모든 것은 같은 한 성령님이 하시는 일이다. 성령님은 자기가 원하시는 대로 각 사람에게 이런 은사를 나누어 주신다.

3. 다양한 은사의 통일성: 몸과 지체의 관계(12-26절)

교인들 가운데는 자신이 받은 은사가 더 중요하고 우월하다고 뽐내며 다른 사람들을 경시하는 사람들이 있었다. 바울은 모든 지체는 고통과 기쁨을 함께 나누는 한 몸이기 때문에 그런 생각을 가져서는 안 되며, 오히려 약하게 보이는 지체가 더 요긴하게 쓰임을 강조했다.

“몸은 하나인데 많은 지체가 있고 몸의 지체가 많으나 한 몸임과 같이 그리스도도 그러하니라.”(12절).

몸(*soma*, body)은 하나지만 여러 지체(*mele*, members)를 가지고 있다. 몸에 지체가 많지만 한 몸이다. 우리 모두는 그리스도의 지체들이다. 그러나 그리스도 안에서 하나이다.

“우리가 유대인이나 헬라인이나 종이나 자유인이나 다 한 성령으로 세례를 받아 한 몸이 되었고 또 다 한 성령을 마시게 하셨느니라.”(13절).

인종이나 신분이나 계급의 차이가 없이 모든 성도는 한 성령의 세례를 받음으로 인해 주 안에서 한 몸(*hen soma*, one body)이 되었고, 한 성령님

(*heni Pneumati,* one Spirit)을 모시고 있다. 그리스도 안에서는 어떤 차별도 없다. 모든 지체는 성령을 통해 교회에서 하나가 된다.

"몸은 한 지체뿐만 아니요 여럿이니."(14절).

우리 몸은 한 지체(*hen melos*, one member)로만 되어 있는 것이 아니라 여러(*polla*, many) 지체로 되어 있다. 우리 몸이 여러 기능을 가진 지체들로 구성되어 있듯이 그리스도의 몸 된 교회에도 여러 각기 다른 은사들을 가진 여러 지체들이 있다.

"만일 발이 이르되 나는 손이 아니니 몸에 붙지 아니하였다 할지라도 이로써 몸에 붙지 아니한 것이 아니요."(15절).

만일 발이 "나는 손이 아니기 때문에 몸에 속한 것이 아니다."라고 해서 몸에 속하지 않은 것이 아니다.

"또 귀가 이르되 나는 눈이 아니니 몸에 붙지 아니하였다 할지라도 이로써 몸에 붙지 아니한 것이 아니니."(16절).

또 귀가 "나는 눈이 아니기 때문에 몸에 속한 것이 아니다." 라고 했다고 해서 몸에 속하지 않은 것이 아니다.

"만일 온 몸이 눈이면 듣는 곳은 어디며 온 몸이 듣는 곳이면 냄새 맡는 곳은 어디냐."(17절).

만일 온 몸이 다 눈이라면 어떻게 들을 수 있고, 온 몸이 다 귀라면 어떻게 냄새를 맡을 수 있겠는가. 각 지체는 기능이 다르다. 만일 우리 몸이 온통 눈으로만 되어 있다면 잘 볼 수 있을지 몰라도 사람으로서 구실을 할 수 없다. 조직에서 누구 하나만 잘 한다고 되는 것 아니다. 각 지체가 각기 제 기능을 잘해야 몸이 바로 설 수 있다.

"그러나 이제 하나님이 그 원하시는 대로 지체를 각각 몸에 두셨으니."(18절).

하나님은 자신의 생각대로 각각의 지체를 원하시는 곳에 두셨다. 지체는 나름대로 기능을 충실히 해야 한다. 지체가 제 기능을 다하려면 몸에 붙어 있어야 한다. 교회는 그리스도의 몸이요 교인은 그리스도의 지체들이다. 성도들이 교회 안에서 제 위치를 지키고 활동할 때 교회가 바로 설 수 있다.

"만일 다 한 지체뿐이면 몸은 어디냐 이제 지체는 많으나 몸은 하나라." (19, 20절).

만일 모두 한 지체뿐이라면 몸은 어디인가. 지체는 많아도 몸은 하나이다.

21-26절은 자신이 받은 은사가 더 중요하고 우월하다고 생각하는 교인들에게 경고하는 말이다.

"눈이 손더러 내가 너를 쓸 데가 없다 하거나 또한 머리가 발더러 내가 너를 쓸 데가 없다 하지 못하리라." (21절).

당시 교인들은 방언을 중시하고 다른 은사 받은 사람들을 경시했다. 하지만 바울은 남이 받은 은사를 멸시해서는 안 된다. 쓸모없는 지체는 없다. 교회에서 어느 대상을 가리켜 "넌 필요 없다."고 말해서는 안 된다. 하나님은 그 지체가 필요하기 때문에 그곳에 두셨다는 사실을 잊어서는 안 된다.

"그뿐 아니라 더 약하게 보이는 몸의 지체가 도리어 요긴하고." (22절).

약하게 보이는 지체가 더 요긴하다(indispensible). 눈은 약해 보인다. 그러나 눈이 없으면 너무나 불편하다. 우리가 쓸모없다고 생각하는 맹장도 우주여행에 필수요건이다. 그것이 몸의 균형을 잡아주기 때문이다.

"우리가 몸의 덜 귀히 여기는 그것들을 더욱 귀한 것들로 입혀 주며 우리의 아름답지 못한 지체는 더욱 아름다운 것을 얻느니라 그런즉." (23절).

우리는 몸 가운데서 덜 귀히 여기는 그것들(별로 중요하게 생각되지 않는 지체들)에게 더욱 귀한 것들(풍성한 명예)을 덧입혀 더욱 중요하게 여긴다. 또 우리의 아름답지 못한 지체(볼품없는 지체들)을 더욱더 아름답게 꾸며 준다.

"우리의 아름다운 지체는 그럴 필요가 없느니라 오직 하나님이 몸을 고르게 하여 부족한 지체에게 귀중함을 더하사." (24절).

그러나 아름다운 지체에 대해서는 그럴 필요가 없다. 이렇듯 하나님께서는 하찮은 부분을 더욱 귀하게 여겨 몸의 조화를 이루게 하셨다. 하나님께서는 모자라는 지체에게 더 풍성한 명예를 주시어 몸을 골고루 짜 맞추셨다. 하나님께서는 부족한 지체에게 존귀를 더하심으로, 약하게 보이는 지체가 도리어 더 요긴하게 쓰임을 받게 하신다.

"몸 가운데서 분쟁이 없고 오직 여러 지체가 서로 같이 돌보게 하셨느니라." (25절).

지체들은 서로 돌아봐야 한다. 교회의 각 지체들도 분쟁(*schsima*, division)보다 돌아보기(*care*, concern)를 먼저 해야 한다. 자기 은사를 보잘 것 없는 것으로 여기거나 남의 은사를 부러워하며 시기해서는 안 된다. 교회에서의 직분도 모두 귀하다. 자기 것만 중하고, 자기가 하는 일만 중하다고 생각하면 안 된다. 성도들이 서로 격려하고 힘을 합하여 교회를 발전시켜나가는 것이 중요하다.

"만일 한 지체가 고통을 받으면 모든 지체가 함께 고통을 받고 한 지체가 영광을 얻으면 모든 지체가 함께 즐거워하느니라." (26절).

우리 몸도 한 곳이 아프면 전체적으로 힘들게 된다. 교회도 마찬가지다. 교인 중 한 지체가 고통을 당하면(*pashei*, suffer) 모든 지체도 함께 고통을 당하게 되고, 한 지체가 영광을 받으면(*doxazetai*, be honored) 모든 지체도 함께 기뻐하게 된다.

4. 특별한 은사(27-31절)

"너희는 그리스도의 몸이요 지체의 각 부분이라." (27절).

성도는 그리스도의 몸이며 여러분 한 사람 한 사람은 그 몸의 각 지체이다.

"하나님이 교회 중에 몇을 세우셨으니 첫째는 사도요 둘째는 선지자요 셋째는 교사요 그 다음은 능력을 행하는 자요 그 다음은 병 고치는 은사와 서로 돕는 것과 다스리는 것과 각종 방언을 말하는 것이라." (28절).

하나님께서 교회 안에 몇몇 일꾼을 세우셨다. 그 첫째는 사도(*apostolous*, apostles)요, 둘째는 선지자(*prophetas*, prophets)요, 셋째는 교사(*didaskalous*, teachers)이다. 그 다음은 기적을 행하는 사람이요, 다음은 병 고치는 은사를 받은 사람이요, 남을 도와주는 사람이요, 관리하는 사람이요, 여러 가지 방언으로 말하는 사람이다.

사도, 선지자, 교사 이 세 직분은 교회에서 가장 중요한 직분이다. 사도와 선지자는 교회 창설의 주역들이다. 신약시대에도 예루살렘 교회와 안디옥 교회에 선지자들이 있었다(행 11:27, 13:1). 유다, 실라, 아가보도 선지자였다(행 15:32, 21:10). 교사는 교인들을 가르치고 훈련하는 직분을 가진 자들이다. 전문 교사가 있었고, 목사가 이를 겸직하기도 했다.

서로 돕는 것은 집사 직을 가리키고(행 6:1-3), 다스리는 것은 장로 직 또는 감독직을 가리킨다. 교회를 위해 계획을 세우고, 활동 프로그램을 마련하는 일을 맡았다. 이 일을 감당할 수 있는 능력을 성령께서 주셨다. 각종 방언을 말하는 것은 성령의 은사로 주어진 교회의 한 직분을 가리키는 것으로 본다. 성령의 은사는 이처럼 다양하다.

"다 사도이겠느냐 다 선지자이겠느냐 다 교사이겠느냐 다 능력을 행하는 자이겠느냐." (29절).

모든 사람이 다 사도나 예언자나 교사나 기적을 베푸는 사람은 될 수 없지 않는가. 은사는 각각 다르다. 모두가 교사가 되고자 하면 누가 학생이 되겠는가. 각 은사를 중히 여기고 협력하며 각기 다른 은사를 통해 하나님의 일을 온전히 함으로써 하나님께 감사하고 기뻐할 수 있어야 한다.

"다 병 고치는 은사를 가진 자이겠느냐 다 방언을 말하는 자이겠느냐 다 통역하는 자이겠느냐."(30절).

또 모든 사람이 다 병을 고치거나 방언을 하거나 통역할 수도 없지 않는가.

"너희는 더욱 큰 은사를 사모하라 내가 또한 가장 좋은 길을 너희에게 보이리라."(31절).

여러분은 더욱 큰 은혜의 선물을 사모하라. 나는 여러분에게 더 좋은 길을 보여 드리겠다. 여기에서 '더 큰 은사' (the greater gifts)란 13장에 소개되는 사랑을 의미한다. 엄밀히 말해서 사랑은 은사라기보다 성령의 열매이다.

고린도전서 13장

사랑의 필요성, 사랑의 특성, 사랑의 영원성

1. 사랑의 필요성(1-3절)

13장은 바울의 유명한 "사랑의 장"이다. 바울은 이 단락에서 사랑이 왜 필요한가를 강조하고 있다.

"내가 사람의 방언과 천사의 말을 할지라도 사랑이 없으면 소리 나는 구리와 울리는 꽹과리가 되고"(1절).

바울은 당시 고린도교인들이 귀하게 여기는 방언, 예언, 믿음, 구제 등 네 가지 은사를 들면서 그보다 중요한 것이 사랑임을 강조했다. 여기서 말하는 사랑은 아가페(*agape*)를 말한다. 이 사랑은 상대가 사랑할만해서 사랑하는 것이 아니다. 도저히 사랑할 수 없는 데도 불구하고 주님 생각하며 끌어안는 사랑, 주님의 명령에 순종하는 마음에서 무조건적으로 따르는 자기희생적인 사랑, 곧 십자가 위에서 주님이 보여주신 사랑이다.

1절은 그 가운데 방언의 은사를 먼저 들었다. 교인들이 가장 중시하는 방언을 아무리 잘 한다 해도 "사랑이 없으면" 그 어떤 은사도 쓸모없게 된다는 것이다. “사람의 방언”은 사람이 일상적으로 사용하는 여러 가지 언어를 가리킨다. “천사의 말”은 하늘의 언어로, 사람이 알아들을 수 없는 방언을 말한다. 이것은 방언에 관한 진술을 최대한으로 강조할 때 사용하는 표현이다.

“소리 나는 구리와 울리는 꽹과리가 되고”는 사랑이 없다면 소리 나는 징(sounding brass)이나 쨍그랑 소리 나는 꽹과리(clanging cymbal)에 불과하다는 말이다. 소리가 나고 울리기는 하지만 아무런 감동이 없다.

“내가 예언하는 능력이 있어 모든 비밀과 모든 지식을 알고 또 산을 옮길 만한 모든 믿음이 있을지라도 사랑이 없으면 내가 아무 것도 아니요.”(2절).

내가 예언하는 능력을 가지고 있어 온갖 신비한 것과 모든 지식을 안다 해도, 그리고 산을 옮길 만한 믿음을 가졌다 해도 사랑이 없으면 아무것도 아니다. 예언의 능력이 출중하고, 큰 믿음을 가지고 있다 해도 사랑이 없으면 그것은 아무 것도 아니다.

“내가 내게 있는 모든 것으로 구제하고 또 내 몸을 불사르게 내줄지라도 사랑이 없으면 내게 아무 유익이 없느니라.”(3절).

내가 가지고 있는 모든 것을 가난한 사람들에게 나눠 주고 또 내 몸을 불사르게 내어준다고 해도 사랑이 없으면 그것이 나에게 아무 유익이 되지 않는다. 아무리 구제를 열심히 한다고 해도 사랑이 없으면 아무 쓸모가 없다는 말이다.

2. 사랑의 특성(4-7절)

“사랑은 오래 참고 사랑은 온유하며 시기하지 아니하며 사랑은 자랑하지 아니하며 교만하지 아니하며.”(4절).

4절에서는 다섯 가지 종류의 사랑을 말하고 있다.

첫째, 오래 참는 사랑이다. "오래 참고"(*makrothymei*, patient). 사랑의 14개 정의가운데 첫 번째이다. 사랑은 인내라는 것을 강조하고 있다. 7절의 "모든 것을 견디느니라"도 인내를 강조한다. 그러므로 인내는 사랑의 알파와 오메가임을 알 수 있다.

오래 참음을 여러 영어 성경들에서는 고통을 오래 동안 견디는 것(very patient, suffer long, endures), 성질을 급히 내지 않는 것(slow to lose patient)으로 표현하고 있다. 오래 참음의 모범은 죄인에 대한 하나님의 오래 참음, 그리고 고난의 십자가 사건에서도 그 입을 열지 않으신 예수님의 오래 참음에서 찾을 수 있다.

둘째, 온유한 사랑이다. "사랑은 온유하며"(*chresteuetai*, kind). 온유함은 친절함(kind), 아주 친절함(very kind), 그리고 건설적으로 생각함(looks for a way of being constructive)으로 나타나 있다.

셋째, 시기하지 않는 사랑이다. "사랑은 시기하지 아니하며"(*ou zeloi*, not envious). 질투나 시기를 하지 않음(not jealous, envious), 질투로 마음을 끓이지 않음(never boils with jealousy)을 말한다. 사울이나 하만은 투기함으로 망하였다. 이에 반해 요나단은 다윗을 사랑함으로 사랑의 극치를 보여주었으며 세례요한도 예수님에 대해 그는 흥하여야 하겠고 나는 쇠하여야 하리라 라고 말함으로써 아가페적인 사랑을 실현했다.

넷째, 자랑하지 않는 사랑이다. '사랑은 자랑하지 아니하며(*ou perpereuetai*, not boastful).' 자만하지 아니함(not proud), 자기를 크게 나타내지 아니함(not boastful)을 뜻한다. 자랑을 나타내는 proud는 우월감보다는 성취감과 정당한 자존심을 강조하는 말인데 종종 태도에 있어서 우월감, 자기찬양을 나타낼 때 사용되기도 한다. 또한 boast는 말하는 사람이 자랑과 만족감을 느낀 나머지 과장하거나(brag) 오만한 태도로 뽐내게 되는(swagger) 것을 의미한다. 자랑은 모두 하나님보다 자기를 내세우는 우를 범하기 쉽다.

다섯째, 교만하지 않는 사랑이다. "교만하지 아니하며"(*ou physioutai*, be not puffed up). 교만은 자기의 우월을 주장하며 오만하고 꼴사납게 구는 것(arrogant), 자기를 부풀리는 것(puffed up), 자기의 것을 부풀려 중요하다고 생각하는 것(cherish inflated ideas of its own importance), 뽐내는 것(conceited), 자기의 우월을 의식하고 자기만 못한 것을 경멸하는 것(haughty), 이기적인 것(selfish) 등 겸손과 반대되는 행위를 말한다. 사랑은 겸손에서 나오는 것이지 교만에서 나오지 않는다.

"무례히 행하지 아니하며 자기의 유익을 구하지 아니하며 성내지 아니하며 악한 것을 생각하지 아니하며."(5절).

5절에서 말하는 사랑은 네 가지이다.

첫째, 무례하지 않는 사랑이다. "무례히 행하지 아니하며"(*ouk aschemonei*, not acts unbecomingly). 무례는 매너가 없음(unmannerly), 버릇이 없음(rude), 본데없음(indecent)을 말한다. 거칠고 추잡하며 졸렬하게 행동하는 것은 하나님 나라의 사랑법이 아니다.

둘째, 자기 유익을 구하지 않는 사랑이다. "자기의 유익을 구하지 아니하며"(*ou zetei ta heautes*, not seek the things of his own). 사랑은 희생을 필요로 한다. 이것은 결코 이기적이지 아니함(never selfish, never self-seeking), 자기주장만을 고집하지 아니함(not insist on its own way), 자기 권리만을 내세우지 아니함(not insist on its right), 이기적인 목적을 추구하지 아니함(not pursue selfish aims)을 말한다.

셋째, 성내지 않는 사랑이다. "성내지 아니하며"(*ou paroxynetai*, not easily provoked). 쉽게 노하거나(easily provoked), 신경이 날카로워 하찮은 일에도 곧잘 화를 내거나(irritable), 쉽게 공격적 태도를 나타내거나(quick to take offence), 과민하여 성급함을 나타내거나(touchy), 안달하거나(fretful), 남을 원망하며 골을 잘 내는(resentful) 것은 사랑이 아니다.

넷째, 악한 것을 생각하지 않는 사랑이다. "악한 것을 생각하지 아니하며"(*ou logizetai to kakon*, not it keeps account of wrongs). 악한 것(evil)은 모양이라도 버린다. 누가 나에게 대접을 소홀히 한다는 등 섭섭하게 대해도 그것 때문에 앙심을 품지 아니하고(not hold grudges), 누가 나에게 잘못한 일이 있어도 그것이 몇 번 있었다는 것을 셈하지 아니한다(keeps no score of wrongs). 악의나 심술궂음(malice)이 없다.

"불의를 기뻐하지 아니하며 진리와 함께 기뻐하고"(6절).

6절에서 말하는 사랑은 두 가지이다.

첫째, 불의를 기뻐하지 않는 사랑이다. "불의를 기뻐하지 아니하며"(*ou chairei epi te adikia*, not rejoices at unrighteousness). 남의 부정 및 불법행위(iniquity), 불공정하거나 올바르지 못한 행위(injustice), 불의한 행위(unrighteousness), 잘못된 행위(wrongdoings), 죄(sins)를 보고 기뻐하거나(glad, rejoice) 고소해하지(gloat) 않는다.

둘째, 진리와 함께 기뻐하는 사랑이다. "진리와 함께 기뻐하고"(*synchairei te aletheia*, rejoices in the truth). 진리가 승리하는 것을 보고 기뻐하는 것(rejoices at the victory of truth), 기쁜 마음으로 진리 편에 서는 것(joyfully sides with the truth), 진리가 편만할 때 언제나 기뻐하는 것(always glad when truth prevails), 진리 안에서 기뻐하는 것(delights in the truth)은 모두 진리와 함께 기뻐하는 것이다. 진리를 의(righteousness)로 나타내기도 한다.

"모든 것을 참으며 모든 것을 믿으며 모든 것을 바라며 모든 것을 견디느니라."(7절).

7절에서 말하는 사랑은 네 가지이다.

첫째, 모든 것을 참는 사랑이다. "모든 것을 참으며" (*panta stegei*, all things it bears). 이 말은 인내를 강조하기보다 용서를 강조하고 있다. 이 말은 원래 '판타 스테게이' (*panta stegei*)이다. '판타' 는 모든 것을, '스테게이' 는 덮는다는 뜻을 가지고 있다. 모든 것을 덮고 용서해주는 것이 바로 사랑이라는 것이다. 어떤 상황이 와도 모든 것을 견디는 것(bears up under anything and everything that comes), 어떤 비용이 들더라도 충실한 것(loyal to him no matter what the cost), 상대방의 결점이나 티나 과실 등 완전하다고 하기에는 아직 미흡한 점들을 감쌀 수 있는 것(overlook faults), 한이 없는 참음(no limit to its endurance) 등은 모두 모든 것을 참는 행위에 속한다.

둘째, 모든 것을 믿는 사랑이다. "모든 것을 믿으며" (*panta pisteuei*, all things believes). 상대방의 가장 좋은 점을 믿으려고 열심히 노력하는 것(always eager to believe the best), 모든 것에 믿음을 적용하는 것(exercises faith in everything), 상대방을 끊임없이 신뢰하는 것(no end to its trust), 언제나 모든 사람의 좋은 점들을 믿으려 하는 것(ever ready to believe the best of every person), 언제나 상대방을 믿는 것(always believe in him) 등이 여기에 해당한다. 한이 없는 믿음을 가져야 한다(no limit to its faith). 사랑에는 상대방에 대해 결코 믿음을 잃지 않는 신뢰가 중요하다.

셋째, 모든 것을 바라는 사랑이다. "모든 것을 바라며" (*panta elpizei*, all things hopes). 사랑은 상대를 희망적으로 보는 것이다. 상대가 최상의 것이 되기를 희망한다. 이를 위해 칭찬과 격려가 필요하다. 모욕과 무시가 아니라 칭찬과 격려를 할 때 꿈이 자란다. 사랑은 희망을 만드는 것이다. 모든 것을 바란다는 것(hopes all things)은 상대방에 대해 항상 희망을 갖는(always hopeful) 것을 의미한다. 어떤 상황이 와도(under all circumstances) 어떤 일에 있어서도(in everything) 희망을 잃지 않는다. 언제나 상대방의 최선을 기대한다

(always expect the best of him). 이것은 맹목적인 낙천주의를 의미하는 것이 아니라 하나님의 은혜로 말미암아 궁극적으로 승리할 것을 믿는 가운데 소망을 가지는 것을 말한다.

넷째, 모든 것을 견디는 사랑이다. "모든 것을 견디느니라"(*panta hypomenei*, all things endures). 모든 것을 견딘다는 것(endures all things)은 약해지지 않고 모든 것에 인내하는 것(endures everything without weakening), 언제나 참는 것(ever patient), 언제나 굳게 서서 그를 변호하는 것(always stand your ground in defending him), 끊임없이 참는 것(endures without limit)이다.

3. 사랑의 영원성(8-13절)

"사랑은 언제까지나 떨어지지 아니하되 예언도 폐하고 방언도 그치고 지식도 폐하리라."(8절).

예언도 없어지고 방언도 그치고 지식도 사라지지만 사랑은 결코 없어지지 않는다.

8절에 마지막으로 또 다른 사랑 하나를 소개하고 있다. 그 사랑은 바로 실패하지 않는 사랑이다. "사랑은 언제까지나 떨어지지 아니하되"(*oudepote piptei*, never fail). 언제나 떨어지지 않는다는 것은 실패가 없다, 없어지지 않는다는 말이다. 사랑은 영원하고 끝이 없다(never ends, goes on forever). 사랑은 결코 죽거나 쇠하지 않으며(never pass away), 사라지지 않으며(never fades out, never disappears), 실망시키지 않으며, 폐물이 되지도 않는다(never obsolete). 사랑은 없어서 못주는 것이 아니라 주지 않기 때문이다. 이 사랑을 주면 성공한다는 말이다.

"우리는 부분적으로 알고 부분적으로 예언하니."(9절).

우리가 아는 것도 부분적이고(*ek merous*, in part) 불완전하다. 말씀을 받아 전하는 것도 전체 그림의 일부에 불과하다(NLT).

"온전한 것이 올 때에는 부분적으로 하던 것이 폐하리라."(10절).

"온전한 것이 올 때"는 그리스도께서 재림하심으로 하나님에 대한 온전한 지식이 올 때를 가리킨다. 완전한 것(*to teleion*, the perfect)이 오게 되면 불완전한 것은 쓸모가 없어진다.

"내가 어렸을 때에는 말하는 것이 어린 아이와 같고 깨닫는 것이 어린 아이와 같고 생각하는 것이 어린 아이와 같다가 장성한 사람이 되어서는 어린 아이의 일을 버렸노라."(11절).

내가 어렸을 때에는 어린 아이(*nepios*, a child)처럼 말하고 생각하고 판단했지만 어른(*aner*, a man)이 되어서는 어렸을 때의 일을 버렸다.

"우리가 지금은 거울로 보는 것 같이 희미하나 그 때에는 얼굴과 얼굴을 대하여 볼 것이요 지금은 내가 부분적으로 아나 그 때에는 주께서 나를 아신 것 같이 내가 온전히 알리라."(12절).

우리가 지금은 거울을 통해 영상을 보는 것같이 희미하게 본다. 하지만 그 때에는 얼굴과 얼굴을 맞대고(face to face) 볼 것이다. (당시 사용하던 거울은 유리 거울이 아닌 청동 혹은 금속으로 만든 거울이라 희미하게 비칠 정도의 거울이었다.) 지금은 내가 부분적으로 알지만 그 때에는 하나님이 나를 아신 것처럼 내가 완전하게 알게 될 것이다. 재림하시는 그 날, 우리는 하늘에서 주님을 선명하고 직접적으로 대면하게 되고 주님을 완전하게 알게 될 것이다. 이것은 현재 우리가 가지고 있는 불완전함과 대조된다.

"그런즉 믿음, 소망, 사랑, 이 세 가지는 항상 있을 것인데 그 중의 제일은 사랑이라."(13절).

그러므로 믿음(*pistis*, faith), 희망(*elpis*, hope), 사랑(*agape*, love), 이 세 가지는 항상 남아 있을 것이며 그 중에 제일 큰 것(*meizon*, the greatest)은 사랑이다.

믿음은 하나님을 신뢰하고 하나님이 주신 말씀을 순전하게 받아들이는 것이다. 소망은 이 믿음을 굳게 지켜 믿는 바가 그대로 이루어질 것을 바라며 흔들리지 않는 것이다. 사랑은 예수 그리스도를 통해 우리를 구원하신 하나님의 크신 사랑에 대한 응답으로, 성도가 하나님과 이웃을 사랑하는 것을 가리킨다.

이 세 가지 가운데 사랑이 제일인 이유는 사랑이 하나님의 본질적 속성이고(요일 4:8), 사랑이 믿음과 소망의 근원이 되기 때문이다(7절). 사랑은 영원하고 온전하며 모은 은사뿐 아니라 믿음과 소망보다 더 크고 위대하다. 하나님은 우리에게 그 사랑을 주셨고, 우리로 하여금 그런 사랑을 하도록 하셨다.

이것은 아가페로, 하나님의 백성인 우리가 삶에서 실천해야 할 하나님 나라의 사랑이다. 이 사랑은 세상적인 것이 아니라 하나님 나라의 사랑이다. 이 사랑은 하나님의 성품 그 자체를 나타내는 것이자 그리스도인의 가장 큰 무기요 인간의 성격을 완성시키는 것이자 우주에서 가장 큰 힘이다. 그리스도인은 우리 삶에서 바로 이 사랑을 배우고 실천해야 한다. 그 사랑을 조금이라도 보이게 할 때 하나님의 나라가 우리 가운데 임한다.

고린도전서 14장

예언의 우월성, 은사활용의 기본원리,
방언문제에 대한 바울의 결론

1. 방언과 예언: 예언의 우월성(1-25절)

"사랑을 추구하며 신령한 것들을 사모하되 특별히 예언을 하려고 하라." (1절).

바울은 14장을 통해 고린도교인들에게 방언과 예언 문제에 대한 자신의 견해를 밝히고 있다. 그는 앞장에 논한 사랑의 정신과 원칙에 따라 "신령한 것들"(*pneumatika*, the spiritual gifts), 곧 은사들을 구하되 자신에게 유익을 주는 방언보다는 교회에 유익을 주는 예언을 하도록 했다. 바울은 자신이 예언을 중시한 이유를 2절 이하에서 밝히고 있다. "사랑을 추구하며"(*diokete*, earnestly pursue)는 모든 일에 앞서 교회의 덕을 세우도록 하는 것과 관련이 있다.

"방언을 말하는 자는 사람에게 하지 아니하고 하나님께 하나니 이는 알아듣는 자가 없고 영으로 비밀을 말함이라."(2절).

바울은 방언이 어떠한 것인지를 밝히고 있다. 방언으로 말하는 사람은 사람에게 말하는 것이 아니라, 하나님께 말하는 것이다. 아무도 그 방언을 알아듣지 못한다. 그 이유는 성령 안에서(*pneumati*, in the Spirit) 비밀(*mysteria*, mysteries), 곧 신비한 것을 말하기 때문이다. 이것은 방언하는 자가 듣는 자와 말하는 자가 알아들을 수 없는 언어를 사용했음을 보여준다. 이것이 그가 말하는 방언의 첫 번째 성격이다.

"그러나 예언하는 자는 사람에게 말하여 덕을 세우며 권면하며 위로하는 것이요."(3절).

이에 반해 예언하는 자는 사람들에게 말을 한다. 예언을 통해 그는 덕을 끼치고, 격려하며, 위로를 준다. 덕을 세우는 것(*oikodomen*, edification)은 문자적으로 교화, 힘을 주기(strengthening), 교도하고 계몽시키거나 불완전한 것을 일깨워 온전하게 하는 것(upbuilding) 등을 뜻한다. 권면(*paraklesin*, encouraging)은 용기를 북돋아 주는 것을, 위로(*paramythian*, consolation)는 위안(comfort)을 주는 것을 말한다. 이것이 예언의 첫 번째 특성이다.

"방언을 말하는 자는 자기의 덕을 세우고 예언하는 자는 교회의 덕을 세우나니."(4절).

방언으로 말하는 사람은 자기에게만 덕을 끼치지만(edify) 예언하는 사람은 교회에 덕을 끼친다. 방언을 하면 방언하는 자신에게만 참 기쁨을 준다. 이에 반해 예언하는 자는 교인들에게 힘과 용기를 북돋아준다. 이것이 방언의 두 번째 특성이기도 하고, 방언과 예언의 차이점이기도 하다.

"나는 너희가 다 방언 말하기를 원하나 특별히 예언하기를 원하노라 만일 방언을 말하는 자가 통역하여 교회의 덕을 세우지 아니하면 예언하는 자만 못하니라."(5절).

바울은 고린도교인들이 모두 방언으로 말할 수 있기를 바라지만 그보다는 예언할 수 있기를 바랐다. 방언을 누가 통역하여 교인들이 그 말을 이해하고 힘을 얻게 해주지 않으면 방언으로 말하는 사람보다 예언하는 사람이 더 낫다고 말할 수밖에 없다. 방언으로 말한 것이 무엇을 뜻하는 지 도무지 알 수 없기 때문이다.

"그런즉 형제들아 내가 너희에게 나아가서 방언으로 말하고 계시나 지식이나 예언이나 가르치는 것으로 말하지 아니하면 너희에게 무엇이 유익하리요." (6절).

만일 내가 너희에게 가서 방언으로 말하고, 계시나 지식이나 예언이나 가르침을 전하는 방식으로 말하지 않는다면 너희들에게 무슨 유익이 되겠는가. 바울이 혼자서 방언만 한다면 알아들을 수 없이 모두들 식상하고 말 것이다. 따라서 성도들 모임에서 방언을 할 경우 통역을 세우거나 듣는 사람들이 그 말을 통해 교훈을 받고 힘을 얻도록 해야 한다.

"혹 피리나 거문고와 같이 생명 없는 것이 소리를 낼 때에 그 음의 분별을 나타내지 아니하면 피리 부는 것인지 거문고 타는 것인지 어찌 알게 되리요." (7절).

피리는 피리 소리를 내고, 거문고는 거문고 소리를 내야 한다. 악기가 각각 음색이 다른 소리를 내지 않으면 그것이 어떤 악기인지 어떻게 알 수 있겠는가.

"만일 나팔이 분명하지 못한 소리를 내면 누가 전투를 준비하리요." (8절).

나팔은 전쟁터에서 병사들에게 공격과 후퇴 등 여러 신호를 보내는 데 쓰인다. 그런데 나팔이 분명한 소리를 내지 않으면 어떻게 전쟁 준비를 하겠는가.

"이와 같이 너희도 혀로써 알아듣기 쉬운 말을 하지 아니하면 그 말하는 것을 어찌 알리요 이는 허공에다 말하는 것이라." (9절).

여러분도 마찬가지이다. 여러분이 혀로 알아듣기 쉬운 말을 하지 않는다면 결국 허공에다 대고 말하는 셈이 될 것이다. 아무도 그 말을 이해할 수 없기 때문이다.

"이같이 세상에 소리의 종류가 많으나 뜻 없는 소리는 없나니." (10절).

이 세상에는 우리가 알지 못하는 수많은 종류의 언어(*phonon*, languages)가 있다. 그러나 뜻이 없는(*aphonon*, without meaning) 언어는 하나도 없다. 여기서 "소리"는 언어를 말한다.

"그러므로 내가 그 소리의 뜻을 알지 못하면 내가 말하는 자에게 외국인이 되고 말하는 자도 내게 외국인이 되리니." (11절).

내가 어떤 언어를 듣고 그 의미를 알지 못한다면 뜻이 통하지 않는 자가 될 것이다. 상대의 언어를 이해해야 말을 할 수 있고, 상대도 나에게 반응할 수 있기 때문이다.

"그러므로 너희도 영적인 것을 사모하는 자인즉 교회의 덕을 세우기 위하여 그것이 풍성하기를 구하라." (12절).

이와 같이 여러분도 영적인 것, 곧 성령의 은사를 갈구하는 사람들이다. 그러므로 그 은사를 더욱 넘치게 받도록 노력할 뿐 아니라 그 은사로 교회에 덕을 끼치기를 바란다. 받은 은사를 통해 교인들에게 유익을 주는 자가 되라는 말이다.

"그러므로 방언을 말하는 자는 통역하기를 기도할지니." (13절).

그러므로 방언으로 말하는 사람은 그것을 통역할 수 있기를 기도하라. 통역의 은사도 주시기를 기도하라는 것이다. 통역을 해야 교인들이 그 말을 알아듣고 깨달음을 얻기 때문이다.

"내가 만일 방언으로 기도하면 나의 영이 기도하거니와 나의 마음은 열매를 맺지 못하리라." (14절).

내가 방언으로 기도하면 내 영(*pneuma*, spirit)은 기도하지만, 내 마음(nous, mind)은 아무런 열매를 얻지 못한다. 성령의 감화를 받은 우리의 영은 방언으로 하나님께 기도드릴 수 있다. 하지만 이해를 담당하는 기관인 우리의 마음은 방언으로 하는 말의 뜻을 깨달을 수 없게 된다. 이것을 "나의 마음은 열매를 맺지 못하리라" 하였다.

우리의 영은 하나님의 영과 통하는 곳이다. 그러나 마음은 이해와 추론을 하는 기관이다. 따라서 영은 성령에 힘입어 방언으로 기도할 수 있지만 마음은 그렇지 못하다. 마음은 의미가 분명한 기도를 하는 기관이기 때문이다.

"그러면 어떻게 할까 내가 영으로 기도하고 또 마음으로 기도하며 내가 영으로 찬송하고 또 마음으로 찬송하리라."(15절).

그러면 내가 어떻게 해야 되겠는가? 나는 영으로 기도하면서 마음으로 기도하고, 영으로 찬송하면서 마음으로 찬송해야 한다. 그래야 영으로 기도한 것을 마음이 그 의미를 알 수 있고, 영으로 찬송한 것을 마음이 알 수 있기 때문이다. 영의 기도와 찬양을 마음도 알아야 반응할 수 있다는 말이다. 영만 알고, 마음이 모른다면 제대로 된 기도와 찬양이 될 수 없다.

"그렇지 아니하면 네가 영으로 축복할 때에 알지 못하는 처지에 있는 자가 네가 무슨 말을 하는지 알지 못하고 네 감사에 어찌 아멘 하리요."(16절).

만일 여러분이 영으로만 축복한다면(*euloges*, bless), 즉 방언으로 찬양하고 감사한다면 방언을 전혀 모르는 사람들은 여러분의 말을 전혀 알아듣지 못하게 된다. 그러면 그 사람이 어떻게 여러분이 하는 감사에 '아멘'으로 응답할 수 있겠는가.

"너는 감사를 잘하였으나 그러나 다른 사람은 덕 세움을 받지 못하리라."(17절).

당신이 아무리 감사와 찬양을 훌륭하게 했다 해도 다른 사람에게는 아무 도움이 되지 않는다.

"내가 너희 모든 사람보다 방언을 더 말하므로 하나님께 감사하노라."

(18절).

나는 여러분보다 방언을 더 많이 하는 것을 하나님께 감사한다. 바울은 어느 누구보다 방언의 은사를 받은 사람이었음을 보여준다.

"그러나 교회에서 네가 남을 가르치기 위하여 깨달은 마음으로 다섯 마디 말을 하는 것이 일만 마디 방언으로 말하는 것보다 나으니라."(19절).

그러나 바울 자신은 교회에서 일만 마디 방언을 하는 것보다 오히려 남을 가르치기 위해 알아들을 수 있는 다섯 마디 말을 하고 싶다 한다. 교인들이 자신이 하는 방언의 뜻도 모르는 데, 자기만 계속 방언을 하면 무슨 소용이 있겠는가. 차라리 교인들에게 알아듣지 못하는 방언으로 일만 마디를 하는 것보다 단 다섯 마디를 하더라도 사람들이 알아듣게 하는 말이 교인들에게 유익이 된다는 것이다.

"형제들아 지혜에는 아이가 되지 말고 악에는 어린 아이가 되라 지혜에는 장성한 사람이 되라."(20절).

바울은 교인들에게 권한다. 생각하는 데는(*tais phresin*, in the minds) 아이가 되지 말라. 아이들처럼 생각하지 말라는 것이다. 악한 일에 대해서는 어린 아이가 되고, 생각하는 일에는 어른이 되라.

"율법에 기록된 바 주께서 이르시되 내가 다른 방언을 말하는 자와 다른 입술로 이 백성에게 말할지라도 그들이 여전히 듣지 아니하리라 하였으니."(21절).

여기서 "율법"(*to nomo*, the law)은 구약 전체를 가리키는 말이다. 이 구절은 이사야 28:11-12을 인용한 것이다. 바울은 자신의 말을 뒷받침하기 위해 이 말씀을 인용했다. 구약 시대에 이스라엘은 선지자들의 예언을 듣지 않았다. "그러므로 더듬는 입술과 다른 방언으로 그가 이 백성에게 말씀하시리라"(사 28:11). 하나님께서 이스라엘이 알아들을 수 없는 아시리아 언어로 말씀하시리라는 것이다. 이것은 하나님을 불신하는 이스라엘 백성들에 대한 심판의 표적이었다. 하나님은 '다른 방언' 을 말하는 아시리아를 보내 그들을 징벌하셨다. 이 구절은 고린도교인들도 이처럼 예언을 무시하고 방언에 치중하면 벌을 받게 되리라는 것이다.

"그러므로 방언은 믿는 자들을 위하지 아니하고 믿지 아니하는 자들을 위하는 표적이나 예언은 믿지 아니하는 자들을 위하지 않고 믿는 자들을 위함이니라."(22절).

바울은 이 구절에서 방언의 세 번째 성격과 예언과의 차이를 분명히 했다.

방언은 믿는 사람을 위한 것이 아니라 믿지 않는 사람을 위한 표(*semeion*, a sign)이다. 침략자 아시리아 방언이 선지자들의 예언을 불신하는 이스라엘에게 심판의 표적이 되었듯이 지금도 방언은 교회 안팎으로 믿지 아니하는 자들에 대한 하나님의 능력의 표적이 된다는 것이다.

반면에 예언은 믿지 않는 사람을 위한 것이 아니라 믿는 사람을 위한 표이다. 예언은 계시된 진리를 신자들에게 전해주기 때문에 믿는 자들을 위한 것이다.

"그러므로 온 교회가 함께 모여 다 방언으로 말하면 알지 못하는 자들이나 믿지 아니하는 자들이 들어와서 너희를 미쳤다 하지 아니하겠느냐."(23절).

만일 온 교회가 모여서 모두 방언을 하고 있을 때 그것을 모르는 사람들이나 불신자들이 들어왔다고 치자. 그러면 여러분이 아무도 모르는 말로 방언하는 모습을 보고 미쳤다고(mad, out of mind) 하지 않겠는가. 방언으로 인해 교회가 일반인들로부터 부정적 인식을 갖게 될 것을 염려한 것이다.

"그러나 다 예언을 하면 믿지 아니하는 자들이나 알지 못하는 자들이 들어와서 모든 사람에게 책망을 들으며 모든 사람에게 판단을 받고."(24절).

그러나 모든 사람이 예언하고 있을 때 불신자나 방언을 모르는 사람들이

들어오면 그들의 말에 양심의 가책을 받고 자기가 죄인이라는 것을 깨닫게 된다. 방언은 남들이 모르지만 예언은 이해하는 말로 하기 때문이다. "책망을 들으며"(be convicted of sin)는 성령께서 죄와 의와 심판에 대해 책망하시므로, 예언을 듣는 자가 죄책감을 느낀다는 것을 말한다. "판단을 받고"(be judged)는 옳고 그름을 깨닫고 분별하게 된다는 것을 말한다.

"그 마음의 숨은 일들이 드러나게 되므로 엎드리어 하나님께 경배하며 하나님이 참으로 너희 가운데 계신다 전파하리라."(25절).

예언의 말씀을 통해 책망을 받고 "마음의 숨은 일들"(the secrets of the heart), 곧 마음속에 숨은 죄악까지 드러나게 된다. 그 결과 깨닫고 두려워하는 마음으로 하나님을 경배하게 된다.

2. 은사활용의 기본원리: 차례를 따라 하라(26-36절)

"그런즉 형제들아 어찌할까 너희가 모일 때에 각각 찬송시도 있으며 가르치는 말씀도 있으며 계시도 있으며 방언도 있으며 통역함도 있나니 모든 것을 덕을 세우기 위하여 하라."(26절).

성도들이 함께 모여 예배할 때 찬송을 하든지 말씀을 가르치든지 계시를 말하든지 방언을 하든지 그것을 통역하든지 이 모든 것을 교회의 덕을 세우기 위해 하라. 이 구절은 초대교회의 예배 모습을 보여준다. 예배 때 찬송, 말씀, 계시, 방언, 통역 등이 주를 이루고 있었고, 성도들이 각자의 은사대로 성령의 감동하심을 받아 자유롭게 예배를 이끌었다. 바울은 이 모든 것을 진행할 때 덕을 세우도록 했다. 이것은 예배 때 질서를 유지해야 한다는 말이다.

"만일 누가 방언으로 말하거든 두 사람이나 많아야 세 사람이 차례를 따라 하고 한 사람이 통역할 것이요."(27절).

만일 누가 방언으로 말하려면 두 사람, 많아도 세 사람이 넘지 않도록 한다. 방언할 때 한 사람씩 차례대로 하고, 한 사람은 그것을 통역하라. 한 모임에서 두 세 사람만 방언하도록 하되 한 사람씩 차례대로 하고, 반드시 통역을 세우라는 것이다. 통역을 세우는 것은 교인들이 그 방언의 뜻을 바로 이해할 수 있도록 하기 위함이다.

"만일 통역하는 자가 없으면 교회에서는 잠잠하고 자기와 하나님께 말할 것이요." (28절).

만약 방언을 하고자 하는 데 통역할 사람이 없는 경우 방언하는 사람은 교회에서는 조용히 하고, 자기 자신과 하나님께만 말하라. 방언에 대한 통역이 없으면 아무도 이해할 수 없기 때문이다.

"예언하는 자는 둘이나 셋이나 말하고 다른 이들은 분별할 것이요." (29절).

예언도 두 세 사람만 하고 다른 사람은 그것을 새겨들으라. 예언은 방언이 아니므로 교인들이 그 말씀을 직접 듣고 깨달을 수 있다.

30-32절은 예언의 질서에 대한 내용이다.

"만일 곁에 앉아 있는 다른 이에게 계시가 있으면 먼저 하던 자는 잠잠할지니라." (30절).

그러나 앉아 있는 다른 사람에게 하나님의 계시가 내렸을 경우 먼저 말하던 사람은 조용히 하라. 계시에 우선권을 주어야 한다는 말이다.

"너희는 다 모든 사람으로 배우게 하고 모든 사람으로 권면을 받게 하기 위하여 하나씩 하나씩 예언할 수 있느니라." (31절).

교인들 가운데 하나님의 말씀을 받은 사람들은 한 사람씩 차례로 예언을 할 수 있다. 그래야 모두가 그 예언을 통해 배우고, 권면을 받아 용기를 얻게 될 것이다(*parakalontai*, may be exhorted, encouraged).

"예언하는 자들의 영은 예언하는 자들에게 제재를 받나니." (32절).

예언하는 사람의 영은 예언하는 사람에게 통제를 받는다(be subject). 예언하는 자는 다른 사람이 성령의 계시를 받아 예언을 시작하면 자제하고 중단할 줄 알아야 한다는 것으로, 예언하는 사람은 스스로 절제하여 질서 있게 예언을 할 수 있도록 해야 한다는 말이다. 예언하는 자는 다른 예언하는 자에 의해서 그 내용의 옳고 그름이 판별된다. 따라서 질서대로 예언할 때 교회 안에서 참된 교훈이 설 수 있게 된다.

"하나님은 무질서의 하나님이 아니시요 오직 화평의 하나님이시니라 모든 성도가 교회에서 함과 같이." (33절).

하나님은 무질서(*akatastasias*, disorder)의 하나님이 아니라 평화(*eirene*, peace)의 하나님이시다. 그러므로 성도들이 모이는 교회는 모두 질서를 유지하고, 화평을 유지하도록 해야 한다.

34-35절은 예언에 있어서 여신도에 관련된 말씀이다.

"여자는 교회에서 잠잠하라 그들에게는 말하는 것을 허락함이 없나니 율법에 이른 것 같이 오직 복종할 것이요." (34절).

고린도교인 중 일부 여신도들도 은사를 받아 공적 예배 때 예언을 하고 싶어 했던 것으로 보인다. 바울은 공적인 집회에서 질서를 위해 방언과 예언을 자제시켰듯이 여신도들이 공적 예배에서 말하는 것을 금지했다. 조용히 하라는 것이다.

바울은 이것을 "율법," 곧 구약의 말씀에 따른 것이라 했다. 창세기 3:16에 따르면 아내는 남편의 권위에 복종하도록 했다. 바울은 여자가 교회에서 가르치는 것과 남자를 주관하는 것을 금했다(딤전 2;12). 이것은 여자가 남자보다 열등하기 때문은 결코 아니다. 주 안에서 남자와 여자는 동등하지만(고전 11:11, 12) 질서를 위한 것이다.

"만일 무엇을 배우려거든 집에서 자기 남편에게 물을지니 여자가 교회에서 말하는 것은 부끄러운 것이라."(35절).

만일 알고 싶거나 배우고 싶은 것이 있을 때는 집에 가서 자기 남편에게 물어 보도록 했다. 바울은 여자가 교회에서 말하는 것을 부끄러운 것(*aischron*, shameful), 곧 수치로 간주했다.

"하나님의 말씀이 너희로부터 난 것이냐 또는 너희에게만 임한 것이냐."(36절).

바울은 되묻는다. 하나님의 말씀이 원래 여러분에게서 나왔다는 말인가? 아니면 여러분만 하나님의 말씀을 받았다는 말인가? 그러니 자중하라는 말씀이다. 이에 대한 바울의 의견은 다음 절들에서 더욱 구체화된다.

3. 방언문제에 대한 바울의 결론(37-40절)

"만일 누구든지 자기를 선지자나 혹은 신령한 자로 생각하거든 내가 너희에게 편지하는 이 글이 주의 명령인 줄 알라."(37절).

누구든지 자기를 하나님의 말씀을 받아 전하는 선지자로 생각하거나 성령의 선물인 은사를 받은 자로 생각하는 사람은 내가 여러분에게 써 보내는 이 말이 주님의 명령(*entole*, commands)이라는 것을 깨달아야 한다.

"만일 누구든지 알지 못하면 그는 알지 못한 자니라."(38절).

누구든지 이것을 인정하지 않으면(*agnoei*, be ignorant) 그 사람도 인정을 받지 못할 것이다(be ignored). 이것을 깨닫지 못하는 사람의 말은 인정할 수 없다는 말이다.

"그런즉 내 형제들아 예언하기를 사모하며 방언 말하기를 금하지 말라."(39절).

바울은 말한다. 예언하기, 곧 하나님의 말씀을 받아 전하는 은혜를 간절히 구하라. 그리고 방언으로 말하는 것도 굳이 막지는 말라. 예언하는 것을 사모하더라도 방언하는 것을 막지 말라(현대인의성경).

"모든 것을 품위 있게 하고 질서 있게 하라."(40절).

방언이든 예언이든 이 모든 것을 적당하고(*euschemonos*, properly) 질서 있게(*kata taxin*, with order), 점잖고 질서 있게 하라는 것이다. 이것이 바울의 결론이다. 예배를 드릴 때 하나님 자녀로서의 품위를 유지하고 질서를 지키라는 말이다.

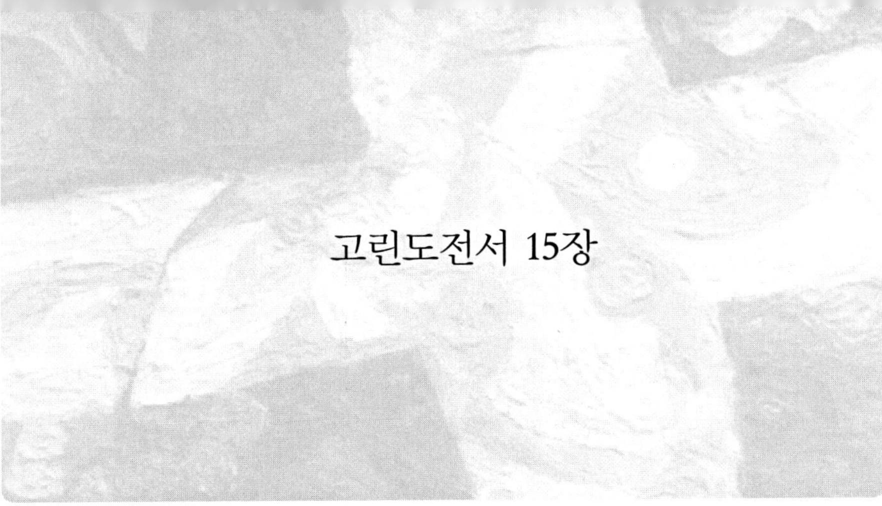

고린도전서 15장

그리스도의 부활, 죽은 사람의 부활, 몸의 부활, 비밀과 승리

1. 그리스도의 부활(1-11절)

"형제들아 내가 너희에게 전한 복음을 너희에게 알게 하노니 이는 너희가 받은 것이요 또 그 가운데 선 것이라."(1절).

바울은 자신이 고린도교회에 전한 복음(*euangelion*, gospel)에 대하여 다시 한 번 교인들을 깨우치고자 한다. 교인들이 이 복음을 받아 그 위에 자신들의 신앙을 굳게 세웠기 때문이다.

그가 일깨우고자 하는 복음의 키포인트는 부활이다(3, 4절). 고린도교인 일부가 그가 전한 복음을 잊은 채 부활을 부인했기 때문이다. 부활은 기독교의 핵심이다. 이것을 부인하면 복음은 복음이 될 수 없다. 복음은 그리스도께서 우리 죄를 위하여 죽으셨고, 성경대로 사흘 만에 다시 살아나셨음을 내용으로 하고 있기 때문이다.

부활의 전제는 십자가의 죽음이다. 부활은 우리 주님이 살아계신 주이심을 보여준다. 부활이 있기에 구원이 있고 영생복락이 있다. 그리스도인은 바로 복음의 핵심인 부활을 전하는 자들이다. 우리는 부활을 확신하는 신앙을 가져야 한다.

"너희가 만일 내가 전한 그 말을 굳게 지키고 헛되이 믿지 아니하였으면 그로 말미암아 구원을 받으리라."(2절).

만일 여러분이 내가 전한 복음의 말씀을 굳게 지키고 헛되이 믿지 않았다면 그 복음을 통해 여러분은 구원을 얻을 것이다.

"헛되이 믿지 아니하였으면"은 부활을 부정하지 않는 경우를 말한다. 바울이 이렇게 말한 것은 교인들 가운데 부활을 부정하는 자들이 있었음을 보여준다. 바울은 12절에서 그런 자들을 책망하고 있다.

"내가 받은 것을 먼저 너희에게 전하였노니 이는 성경대로 그리스도께서 우리 죄를 위하여 죽으시고."(3절).

나는 내가 받은 것을 먼저 여러분에게 전했다. "먼저"는 "가장 중요한 것으로"(protois, the foremost)라는 뜻이다. 십자가와 부활은 복음의 핵심이다. 그것을 중시해 전했다는 것이다. 십자가의 죽으심은 말씀의 성취이다. 우리의 죽음은 우리의 죄 값이지만 예수님의 죽음은 우리의 죄를 위함이었다. 그것은 하나님의 사랑이다.

"성경대로"(according to the Scriptures)는 성경에서 이미 그의 죽으심과 부활을 예언하였고(사 53:4-11, 시 16:8-11), 그 예언 그대로 이루어졌을 말한다. 그리스도께서 성경 말씀대로 우리 죄를 위해 죽으셨다는 것이다. 이것은 주님께서 우리 죄를 위해 십자가에 죽으셨음을 가리킨다.

"내가 받은 것"은 그가 전한 복음이 누구에게서 받은 것이냐는 것으로, 사도들로부터 받아 전했다는 주장도 있지만 갈라디아 1:11, 12을 볼 때 주님으로부터 계시 받았음을 보여준다. 그 받은 말씀을 교인들에게 그대로 전했다는(*paredoka*, delivered) 것이다.

"장사 지낸 바 되셨다가 성경대로 사흘 만에 다시 살아나사."(4절).

주님께서 무덤에 묻히셨다가 성경대로 3일 만에 다시 살아나셨다는 것이다. 이 사실을 교인들에게 그대로 전했다는 말이다. 바울은 3, 4절을 통해 그리스도의 죽으심과 부활에 대한 성경적 증거가 확실하고, 그 말씀대로 이루어졌음을 다시금 밝히고 있다.

나아가 5-8절에서는 부활을 목격한 증인들이 있음을 말하고 있다. 바울은 예수의 부활이 명백한 사실임을 증거하고 있다.

"게바에게 보이시고 후에 열두 제자에게와."(5절).

게바(*Kepha*, Cephas)는 주님이 시몬 베드로에게 붙여주신 별명이다. 아람어로 "반석," "돌"을 뜻한다. 베드로는 사도로서는 처음으로 주님의 부활을 목격한 인물이다(눅 24:34).

열두 제자라고 했는데 정확히는 가롯 유다를 뺀 열한 제자이다(눅 24:36-43, 요 20:19, 26). 그런데도 열두 제자라고 한 것은 본래 예수님의 제자 열둘을 고유명사처럼 사용했기 때문이다.

"그 후에 오백여 형제에게 일시에 보이셨나니 그 중에 지금까지 대다수는 살아 있고 어떤 사람은 잠들었으며."(6절).

그 후 주님은 한 번에 오백 명이 넘는 형제들에게 나타나셨다. 이것은 갈릴리에서 승천하실 때 보이신 것을 말한다. 그 가운데 더러는 세상을 떠났지만 대다수는 지금도 살아 있다. "지금까지"는, 바울이 이 편지를 쓴 시기로, 주님이 부활하신 지 약 20년이 지난 때를 가리킨다.

부활이 사실이라는 것은 제자들이나 여인들을 통해서 증거 되었다. 당시 사람들은 어떤 경우든 여인들이 증인이 되어 말하는 것을 믿지 않으려 했다. 그럼에도 불구하고 여인들이 증인으로 나서게 된 것은 진실이라는 증거다. 제자들뿐 아니다. 주님은 오백여 제자들에게 일시에 보이셨다. 그 중에 지금까지 살아있는 사람이 태반이다. 그들에게 물어보라는 것이다.

"그 후에 야고보에게 보이셨으며 그 후에 모든 사도에게와." (7절).

주의 형제인 야고보(*Iakobo*, James)에게 보이셨고, 그 후 모든 사도들에게 보이셨다. 주님의 동생 야고보는 주님을 믿지 않았으나 부활하신 주님을 만나뵌 후 예루살렘 교회의 지도자 중 하나가 되었다.

"맨 나중에 만삭되지 못하여 난 자 같은 내게도 보이셨느니라." (8절).

바울은 주님이 마지막으로 자신에게도 보이셨다며, 자신을 가리켜 "만삭되지 못하여 난 자" (*ektromati*, the untimely birth), 곧 달이 차지 못하여 난 자 같다고 하였다. 부족하기 짝이 없는 자기라는 말이다. 주 앞에서 겸손을 나타낸 것이다.

성경의 여러 곳을 종합해보면 예수님은 모두 14번 자신을 보이셨다. 그 가운데 11번은 승천 전이고, 나머지 3번은 승천 후이다. 승천 후에 보이신 것으로는 스데반의 순교 때, 사울에게, 그리고 밧모 섬의 사도 요한에게 이다. 바울은 이 가운데 부활 후 예수님이 직접 보이신 사건가운데서 6가지를 여기서 언급하고 있다. 엠마오로 가는 제자들이나 여인들에게 나타나신 것은 생략되었다.

예수님이 부활했다는 것에 대해 로마군병, 대제사장, 빌라도도 아무 말도 하지 못했다. 사실이기 때문이다. 날조했다면 사형을 면치 못했을 것이다.

예수 부활을 생명을 걸고 소리친 사람들에 의해 교회가 형성되었다. 도드(C. Dodd)에 따르면 부활신앙은 만들어 낸 것이 아니라 교회를 존재하게 만든 믿음이다. 우리 안에는 부활을 사실로 받아들이지 않고, 교회가 강조하고 "내가 그러려니 생각하니까 그런 것으로 믿는 체 하는," 이른바 실존적 믿음을 가지고 있다. 이런 믿음으로는 구원을 받을 수 없다. 예수님이 부활하고, 살아 계시기에 우리는 낙망하지 않는다. 필립 얀시에 따르면 예수 부활신앙은 이 세상에서 돌이킬 수 없는 것들을 돌이킬 수 있게 만든다. 나를 바꾼다.

"나는 사도 중에 가장 작은 자라 나는 하나님의 교회를 박해하였으므로 사도라 칭함 받기를 감당하지 못할 자니라."(9절).

또한 바울은 자신을 사도들 중에 가장 작은 자(*ho elachistos*, the least), 곧 가장 보잘 것 없는 사람이라 했다. 그리고 자신은 하나님의 교회를 박해했기 때문에 사도라 불릴 자격마저 없다고 하였다.

"그러나 내가 나 된 것은 하나님의 은혜로 된 것이니 내게 주신 그의 은혜가 헛되지 아니하여 내가 모든 사도보다 더 많이 수고하였으나 내가 한 것이 아니요 오직 나와 함께 하신 하나님의 은혜로라."(10절).

그러나 오늘날 자신이 이렇게 된 것, 곧 훌륭한 사도이자 전도자가 된 것은 하나님의 은혜(*charis*, grace)로 된 것이라 했다. 자신의 성품이나 재질이나 노력에 의해 된 것이 아니라는 것이다. 또한 자신에게 주신 그분의 은혜가 헛되지 않아 자신이 다른 모든 사도들보다 주님을 위해, 복음을 위해 더 많이 일했음을 밝혔다. 그렇지만 그것은 내가 한 것이 아니라 나와 함께 하신 하나님의 은혜였다고 고백했다. 복음에 대한 열정, 천국에 대한 소망, 사역에 대한 헌신, 이 모든 것은 전적으로 하나님의 은혜라는 것이다.

"그러므로 나나 그들이나 이같이 전파하매 너희도 이같이 믿었느니라."(11절).

일한 사람이 나든 그들이든 우리가 다 복음을 전하였고(*keryssomen*, we preached) 여러분도 이것을 믿었다(*episteusate*, you believed).

2. 죽은 사람의 부활(12-34절)

12-19절에서 바울은 고린도교인들 가운데 부활을 부인하는 사람들이 있음

을 밝히며, 교인들의 모순을 여러 사실을 들어 설명하고 있다.

"그리스도께서 죽은 자 가운데서 다시 살아나셨다 전파되었거늘 너희 중에서 어떤 사람들은 어찌하여 죽은 자 가운데서 부활이 없다 하느냐."(12절).

우리가 이처럼 그리스도께서 죽은 사람 가운데서 살아나셨다고 전파하는데, 어째서 여러분 가운데 어떤 사람들은 죽은 사람의 부활(*anastasis*, resurrection)이 없다고 말하는가. 유대인 중 사두개인들은 바리새인들과는 달리 죽은 자의 부활이 없다고 주장했다. 그러나 여기서는 고린도교인들, 곧 이방 개종자들이 헬라철학의 영향을 받아 부활신앙을 받아들이지 않은 것을 말한다.

"만일 죽은 자의 부활이 없으면 그리스도도 다시 살아나지 못하셨으리라."(13절).

만일 죽은 자의 부활이 없다면 어떻게 될까. 무엇보다 그리스도께서도 다시 살아나지 못하셨을 것이다.

"그리스도께서 만일 다시 살아나지 못하셨으면 우리가 전파하는 것도 헛것이요 또 너희 믿음도 헛것이며."(14절).

그리스도께서 만일 다시 살아나지 못하셨다면 어떻게 될까. 복음 전파도 헛것(kenon, void)이고, 우리의 믿음도 헛것이다. 헛것은 문자적으로 아무 것도 없고 외형만 가진 빈 것을 말한다. 하나님께서 죽음 당하신 예수 그리스도를 다시 살리지 않으셨다면 우리의 믿음도 헛것이라는 말이다. 이것은 십자가 위에서의 죽으심과 부활은 복음의 핵심임을 보여준다.

"또 우리가 하나님의 거짓 증인으로 발견되리니 우리가 하나님이 그리스도를 다시 살리셨다고 증언하였음이라 만일 죽은 자가 다시 살아나는 일이 없으면 하나님이 그리스도를 다시 살리지 아니하셨으리라."(15절).

또한 우리는 거짓증인(*pseudomartyres*, false witnesses)이 될 것이다. 하나

님께서 그리스도를 다시 살리셨다고 증언했기 때문이다. 이것은 부활이 복음 증거의 핵심임을 가르쳐 준다.

"만일 죽은 자가 다시 살아나는 일이 없으면 그리스도도 다시 살아나신 일이 없었을 터이요."(16절).

만일 죽은 자가 다시 살아나는 일이 없다면 그리스도께서도 다시 살아나실 수 없었을 것이다.

"그리스도께서 다시 살아나신 일이 없으면 너희의 믿음도 헛되고 너희가 여전히 죄 가운데 있을 것이요."(17절).

또 그리스도께서 다시 살아나지 못하셨다면 여러분의 믿음도 헛되고 여러분은 여전히 죄 가운데 있을 것이다. 그리스도께서 부활하지 않았다면 그는 죄를 이긴 것이 아닐 뿐 아니라 그의 죽음 또한 대속의 죽음이 아니라는 말이다. 의롭다 함을 입지도 못한다. 그만큼 문제가 크다.

"또한 그리스도 안에서 잠자는 자도 망하였으리니."(18절).

그뿐 아니다. 그리스도께서 다시 살지 못하셨다면 그리스도 안에서 죽은 자, 곧 그리스도인이 된 후 죽은 성도도 죽음과 함께 완전히 멸망했을 것이고, 영원히 부활을 맛보지 못할 것이다.

"만일 그리스도 안에서 우리가 바라는 것이 다만 이 세상의 삶뿐이면 모든 사람 가운데 우리가 더욱 불쌍한 자이리라."(19절).

그리스도 안에서의 우리의 소망이 오직 이 세상의 삶으로 끝난다면 복음을 위해 핍박받고 수고하는 우리는 불신자들보다 더욱 불쌍한 존재가 될 것이다. 주님이 다시 살아나지 않았다면 비참하기 그지 없다.

"그러나 이제 그리스도께서 죽은 자 가운데서 다시 살아나사 잠자는 자들의 첫 열매가 되셨도다."(20절).

그러나 그리스도께서 부활의 첫 열매(*aparche*, firstfruit)가 되셨다. 구약에서 첫 열매를 하나님께 드리는 것은 전체 열매를 드린다는 뜻을 가지고 있다. 주님이 첫 열매가 되셨다는 것은 예수님의 부활이 대표적인 모델이 되었으며, 모든 성도들이 나중에 열매로 부활할 것을 보증한다. 우리도 주님을 따라 부활에 동참하게 된다.

잠자는 자들이란 죽은 자를 말한다. 그런데도 잠잔다고 한 것은 잠자는 자는 깰 때가 있음, 곧 부활이 있을 확신하기 때문이다. 따라서 이것은 부활신앙을 잘 보여주고 있다. "형제들아 자는 자들에 관하여는 너희가 알지 못함을 우리가 원치 아니하노니 이는 소망 없는 다른 이와 같이 슬퍼하지 않게 하려 함이라." (살전 4:13). 주안에서 잠자는 자들은 소망이 있는 자들이다.

"사망이 한 사람으로 말미암았으니 죽은 자의 부활도 한 사람으로 말미암는 도다." (21절).

죽음(*thanatos*, death)이 세상에 들어온 것은 첫 사람 아담이 죄를 범했기 때문이다. 아담 때문에 인간이 사망을 맛보게 되었다는 말이다. 그러나 죽었다가 살아나신 그리스도가 첫 열매가 되심으로 부활에 이르게 되었다. 이제 부활은 그리스도 안에 거하는 모든 믿는 자들에게 주어진 특권이 되었다.

"아담 안에서 모든 사람이 죽은 것 같이 그리스도 안에서 모든 사람이 삶을 얻으리라." (22절).

아담이 죄를 범함으로 인해 그의 모든 후손들이 죄성을 물려받은 것처럼 믿음으로 그리스도께 속하게 된 모든 자들은 영생을 얻고, 부활뿐 아니라 영적으로 풍성한 삶을 누리게 된다.

아담 안에 있는 자는 원죄 때문에 모두 죽는다. 이에 비해 그리스도안에 있는 사람은 모두 산다. 아담은 우리에게 사망을 주었지만 그리스도는 우리에게 생명을 주신다. 기독교는 부활의 종교이다. 부활생명이 있다는 점에서 기독교는 다른 종교와 다르다.

"그러나 각각 자기 차례대로 되리니 먼저는 첫 열매인 그리스도요 다음에는 그가 강림하실 때에 그리스도에게 속한 자요."(23절).

"각각 자기 차례대로 되리니." 부활에도 순서가 있음을 말한다.

첫 번째는, 예수님의 부활이다. 예수님이 부활의 첫 열매가 되셨다.

두 번째는, 주님이 강림(*parousia*, coming)하실 때, 곧 주님이 재림 하실 때 그리스도에게 속한 자(성도)의 부활이다.

그리스도에게 속한 자의 경우 먼저 주안에서 죽은 자의 부활이 있게 된다. "그리스도 안에서 죽은 자들이 먼저 일어나고."(살전 4:13). "우리 살아남은 자도 사는 자보다 결단코 앞서지 못하리라."(살전 4:15). "나팔 소리가 나매 죽은 자들이 썩지 아니할 것으로 다시 살고."(살전 15:52).

그 다음 살아있는 자의 영화로운 변화이다. 영체로 홀연히 변한다. "그 후에 우리 살아남은 자도 저희와 함께 구름 속으로 끌어올려 공중에서 주를 영접하게 하시리니."(살전 4:17). "끌어올려"는 우리의 육신이 변화될 것을 의미한다. "우리가 다 잠잘 것이 아니요 마지막 나팔에 순식간에 홀연히 다 변화하리니."(고전 15:51). "나팔 소리가 나매 우리도 변화하리라."(고전 15:52).

불신자도 부활한다. 신자의 부활은 영생이지만 불신자의 부활은 영벌이라는 점에서 심판의 부활이다.

"그 후에는 마지막이니 그가 모든 통치와 모든 권세와 능력을 멸하시고 나라를 아버지 하나님께 바칠 때라."(24절).

그 다음에는 세상의 마지막(*telos*, end)이 온다. 마지막 때는 그리스도와 성도들의 부활에 이어 그리스도께서 모든 통치와 모든 권세와 능력, 곧 하나님을 대적하며 세상을 지배하던 모든 악의 세력을 꺾고 그 나라(*basileian*, kingdom)를 하나님 아버지께 드리는 때다.

“그가 모든 원수를 그 발아래에 둘 때까지 반드시 왕 노릇 하시리니.”(25절).

그 때까지 그리스도께서 다스리신다. “모든 원수를 그 발(podas, feet) 아래에 둘 때까지”는 주님이 세상을 심판하실 때 모든 사단의 세력이 굴복 당할 것을 묘사한 것이다. 발아래 둔다는 것은 완전한 정복을 뜻하는 구약의 표현이다.

“맨 나중에 멸망 받을 원수는 사망이니라.”(26절).

그리고 멸망 받을 최후의 원수는 죽음이다. 주님이 마지막으로 처리할 대상은 죽음이라는 것이다. 이것은 사망을 의인화한 것이다. 사망은 죄의 결과이자 사단의 최종적인 권세다(롬 5:21, 6:23). 사망은 이제 그리스도의 부활로 굴복 당했다. 사망이 아직도 활동하고 있지만 주님이 재림 때는 완전히 멸망 당한다(계 20:14). 그 때 죽음에 묶여있던 자들은 다 일어난다.

우리는 죽음을 패배자의 눈으로 보지 않고 승리자의 눈으로 본다. 죽음을 뛰어넘어 놀라운 영생의 축복을 받게 하신다. 사람은 죽음을 두려워한다. 그러나 헨리 나우엔에 따르면 죽음은 시간의 세상에서 영원한 세상으로 가는 통로가 된다.

“만물을 그의 발아래에 두셨다 하셨으니 만물을 아래에 둔다 말씀하실 때에 만물을 그의 아래에 두신 이가 그 중에 들지 아니한 것이 분명하도다.”(27절).

성경은 “하나님이 모든 것을 그의 발아래 복종하게 하셨다.”(시 8:6)라고 말한다. 모든 것을 굴복시켰다고 말할 때에는, 모든 것을 그에게 굴복시키신 분은 그 가운데 들어 있지 않은 것이 명백하다.

만물을 그리스도께 복종하도록 하신 분은 하나님이시다. 모든 것을 그의 발아래 복종하게 하셨다고 말할 때 모든 것을 그리스도에게 복종시키신 하나님은 여기에 포함되지 않은 것이 분명하다. 하나님께서 그리스도께 복종해야 할 만물에 포함되지 않았다는 것이다.

"만물을 그에게 복종하게 하실 때에는 아들 자신도 그 때에 만물을 자기에게 복종하게 하신 이에게 복종하게 되리니 이는 하나님이 만유의 주로서 만유 안에 계시려 하심이라."(28절).

그러나 모든 것이 하나님께 굴복 당할 그 때에는, 아들까지도 모든 것을 자기에게 굴복시키신 분에게 굴복하실 것이다. 이것은 하나님께서 만유의 주님이 되시고, 만유 안에 계시려 함(God may be all in all)이다. 결국 하나님만이 만물을 다스리게 된다.

그리스도는 모든 악의 세력을 멸하고 만물을 복종시킨 다음 자신도 성부께 복종하게 된다. 그리스도가 성부께 복종하는 것은 성부 하나님이 만유의 주 되심을 드러나게 하기 위함이다. 이것은 성자가 성부께 종속된다는 의미는 아니다.

"만일 죽은 자들이 도무지 다시 살아나지 못하면 죽은 자들을 위하여 세례를 받는 자들이 무엇을 하겠느냐 어찌하여 그들을 위하여 세례를 받느냐."(29절).

초기 이단 종파에서는 세례를 받지 못하고 죽은 신자들을 위해 대리로 세례를 받는 관습이 있었다. 이 구절을 보아 이런 관습이 고린도교회에서도 있었던 것으로 보인다. 바울은 이러한 관습을 인정하지 않았다. 하지만 바울은 이 구절을 통해 부활이 없다면 왜 너희는 죽은 자를 위해 대신 세례를 받느냐고 묻고 있다. 죽은 자를 위한 세례는 부활을 전제할 때만 의미가 있기 때문이다. 바울은 이 물음을 통해 부활이 있음을 강조하고 있다.

"또 어찌하여 우리가 언제나 위험을 무릅쓰리요."(30절).

그리고 또 우리는 무엇 때문에, 시시각각으로 위험을 무릅쓰고 있는가. 그리스도 안에서 부활의 소망이 있기 때문이다.

"형제들아 내가 그리스도 예수 우리 주 안에서 가진 바 너희에 대한 나의 자랑을 두고 단언하노니 나는 날마다 죽노라."(31절).

우리 주 그리스도 예수님 안에서 내가 여러분을 자랑스럽게 여기는 것만큼 확실하게 말한다. "나는 날마다 죽는다."(Everyday, I die). 날마다 죽는다는 것은 위험을 무릅쓴다는 것보다 강한 표현이다. 바울은 수없이 환난과 핍박을 당했기 때문에 매일 죽는다고 했다. 그 때마다 그리스도를 믿는 믿음으로 부활의 소망을 더 단단히 붙잡고 있었다는 말이다.

"내가 사람의 방법으로 에베소에서 맹수와 더불어 싸웠다면 내게 무슨 유익이 있으리요 죽은 자가 다시 살아나지 못한다면 내일 죽을 터이니 먹고 마시자 하리라."(32절).

내가 만일 인간적인 생각으로 에베소에서 사나운 짐승들과 싸웠다면 내게 무슨 유익이 있었겠는가? 만일 죽은 사람이 다시 살아나지 못한다면 "내일 죽을 텐데 먹고 마시자." 할 것이다.

로마 시대에는 중죄인을 짐승과 결투시키는 형벌이 있었다. 바울은 로마 시민권을 가지고 있었기 때문에 그런 형벌을 받지는 않았다. 그럼에도 바울이 이 표현을 사용한 것은 자신이 복음을 전할 때 자기의 생명을 위협하는 무리들과 싸웠음을 말해준다. 바울이 에베소에서 만난 원수들은 마치 성난 맹수와 같이 그를 핍박했다. 그런 위험과 환란 가운데서도 부활의 소망을 깊게 간직하며 이길 수 있었다는 말이다.

"속지 말라 악한 동무들은 선한 행실을 더럽히나니."(33절).

악한 동무들은 부활이 없다고 가르치는 자들을 가리킨다. 이런 자의 말을 듣지 말라는 것이다. 그들은 선한 행실(good morals), 곧 좋은 습성을 망치게 한다.

"깨어 의를 행하고 죄를 짓지 말라 하나님을 알지 못하는 자가 있기로 내가 너희를 부끄럽게 하기 위하여 말하노라."(34절).

정신을 똑바로 차리고 죄를 짓지 말라. 바울은 고린도교인 가운데 아직도 하나님을 제대로 알지 못하는 사람이 있음을 지적하고, 그렇기 때문에 자신이 그들을 부끄럽게 하려고 이 말을 한다고 했다.

3. 몸의 부활(35-49절)

"누가 묻기를 죽은 자들이 어떻게 다시 살아나며 어떠한 몸으로 오느냐 하리니."(35절).

아직도 부활을 믿음으로 받아들이지 못하고 합리적으로 생각하는 사람들은 "죽은 사람이 어떻게 살아나는가? 그들은 어떤 몸으로 다시 사는가?" 의심을 품을 수 있다. 부활의 가능성 여부와 부활한 몸의 형체에 관한 질문이다.

"어리석은 자여 네가 뿌리는 씨가 죽지 않으면 살아나지 못하겠고"(36절).

바울은 그 같은 질문을 하는 사람을 어리석다 했다. 바울은 그 대답으로 씨앗을 비유로 들었다. 그대가 뿌리는 씨가 죽지 않고서는 살아나지 못한다. 한 알의 씨앗이 썩어야 새 싹이 돋아나는 것처럼 인간의 몸도 그러하다는 것이다.

"또 네가 뿌리는 것은 장래의 형체를 뿌리는 것이 아니요 다만 밀이나 다른 것의 알맹이 뿐이로되."(37절).

여러분이 뿌리는 것은 형체를 갖춘 식물, 곧 장차 생겨날 몸 그 자체가 아니다. 밀이나 그 밖의 다른 씨앗일 뿐이다.

"하나님이 그 뜻대로 그에게 형체를 주시되 각 종자에게 그 형체를 주시느니라."(38절).

씨앗이 발아되어 자라는 것은 엄밀히 말하면 자연 현상이 아니다. 하나님께서 자신이 원하시는 대로 그 씨앗 하나하나에 본래의 형체(*idion soma*, its own body), 곧 고유의 몸을 주셨기 때문이다. 하나님께서 은혜를 주신 결과라는 말씀이다.

"육체는 다 같은 육체가 아니니 하나는 사람의 육체요 하나는 짐승의 육체요 하나는 새의 육체요 하나는 물고기의 육체라."(39절).

육체라고 해서 다 같은 것이 아니다. 사람의 육체, 짐승의 육체, 새의 육체, 물고기의 육체 등 각각 다르다. 하나님께서는 각 종류별로 각각 특유한 형체, 곧 몸을 주셨다.

"하늘에 속한 형체도 있고 땅에 속한 형체도 있으나 하늘에 속한 것의 영광이 따로 있고 땅에 속한 것의 영광이 따로 있으니."(40절).

하늘에 속한 몸도 있고, 땅에 속한 몸도 있다. 하늘에 속한 몸들의 영광과 땅에 속한 몸들의 영광이 저마다 다르다. 모든 자연 만물은 그 형체가 다양할 뿐 아니라 그 영광(*doxa*, glory)도 다양하다.

"해의 영광이 다르고 달의 영광이 다르며 별의 영광도 다른데 별과 별의 영광이 다르도다."(41절).

해와 달, 별들의 영광이 각각 다르다. 심지어 수많은 별마다 영광이 각기 다르다. 여기서 영광이 다르다는 것은 빛의 밝기가 서로 다르다는 뜻이다.

"죽은 자의 부활도 그와 같으니 썩을 것으로 심고 썩지 아니할 것으로 다시 살아나며."(42절).

죽은 사람들의 부활도 이와 같다. 몸은 묻히면 썩지만 썩지 않을 것으로 다시 살아난다. "썩을 것으로 심고 썩지 아니할 것으로 다시 살아나며"는 죽고 썩을 것, 곧 부패하여 흙으로 돌아갈 육체를 벗고, 썩지 아니할 영원한 것을 얻는다는 말이다.

"욕된 것으로 심고 영광스러운 것으로 다시 살아나며 약한 것으로 심고 강한 것으로 다시 살아나며." (43절).

"욕된 것" (*atimia*, dishonor)은 문자적으로 "영광스럽지 못한 것"을 가리킨다. 하나님의 저주아래 있으며 죄의 종이 된 상태, 곧 비천함을 가리킨다. 비천한 것으로 심는데 영광스러운 것으로 다시 살아난다. 천한 몸으로 묻히지만 영광스러운 몸으로 다시 살아난다. 약한 것으로 심는 데 강한 것으로 다시 살아난다. 약한 몸으로 묻히지만 강한 몸으로 다시 살아난다.

"육의 몸으로 심고 신령한 몸으로 다시 살아나나니 육의 몸이 있은즉 또 영의 몸도 있느니라." (44절).

육체의 몸(*psychikon soma*, a natural body)으로 묻히지만 신령한 몸(*pneumatikon soma*, a spiritual body), 곧 영광스러운 몸으로 다시 살아난다. 육체의 몸이 있으니 영의 몸도 있는 것이다. 육의 몸은 썩을 육체를 지닌 자연적인 몸을 말하고, 신령한 몸은 부활하신 주님의 몸처럼 썩지 않으며 영광스러운 몸으로 하나님 앞에서 영생을 누리는 몸을 말한다(요 4:23). 육의 몸은 흔적, 곧 죄를 향해 굽어지는 속성을 가졌다. 그러나 우리는 주안에서 신령한 몸으로 새로 태어난다.

"기록된바 첫 사람 아담은 생령이 되었다 함과 같이 마지막 아담은 살려주는 영이 되었나니." (45절).

성경에 "여호와 하나님이 땅의 흙으로 사람을 지으시고 생기를 그 코에 불어넣으시니 사람이 생령이 되니라." (창 2:7) 함과 같이 마지막 아담인 그리스도는 생명을 주시는 영이 되셨다.

아담은 흙으로 지음을 받고 생기를 얻음으로 생령(*zosan psychen*, a living soul)이 되었다. 생령이 되었다는 것은 자연적 생활을 영위하는 인간이 되었다는 말이다. 마지막 아담은 예수 그리스도를 가리킨다. 그리스도가 "살려주는 영" (*zoopoioun pneuma*, life-giving spirit)이 되었다는 것은, 예수님께서 부활로 인해 새 생명의 표본이 되었을 뿐 아니라 성령을 통하여 사람들에게 새 생명을 주는 영적 존재가 되었음을 말한다.

"그러나 먼저는 신령한 사람이 아니요 육의 사람이요 그 다음에 신령한 사람이니라."(46절).

그러나 영적인 것(*to pneumatikon*, the spiritual)보다 육적인 것(*to psychikon*, the natural)이 먼저 왔고, 그 다음에 영적인 것이 왔다.

"첫 사람은 땅에서 났으니 흙에 속한 자이거니와 둘째 사람은 하늘에서 나셨느니라."(47절).

첫 사람 아담은 땅에서 흙으로 빚어졌다(*choikos*, made of dust). 흙으로부터 지음을 받았다. 하지만 둘째 사람 예수님은 하늘(*ouranou*, heaven)에서 오셨다. 하나님의 아들로서 하늘에 계시다가 육신을 입고 우리를 구원하시려고 이 땅에 오셨다.

"무릇 흙에 속한 자들은 저 흙에 속한 자와 같고 무릇 하늘에 속한 자들은 저 하늘에 속한 이와 같으니."(48절).

흙에 속한 사람들은 흙으로 만들어진 아담과 같고, 하늘에 속한 사람들은 하늘에서 오신 그리스도와 같다. "하늘에 속한 자들"은 예수를 믿어 하나님의 자녀가 된 신도들을, "하늘에 속한 이"는 예수 그리스도를 가리킨다.

"우리가 흙에 속한 자의 형상을 입은 것 같이 또한 하늘에 속한 이의 형상을 입으리라."(49절).

우리가 흙으로 빚은 아담의 형상(*eikona*, image)을 우리가 입은 것과 같이, 우리는 또한 하늘에 속한 그리스도의 형상을 입을 것이다. 우리가 지금은 흙으로 빚은 사람의 몸, 곧 썩어질 육의 몸을 지니고 있다. 하지만 언젠가는 하늘에 속한 이의 형상, 곧 썩지 않는 신령한 몸을 입게 될 것이다. 그리스도와 같은 몸을 갖게 될 것이라는 말씀이다.

4. 비밀과 승리(50-58절)

"형제들아 내가 이것을 말하노니 혈과 육은 하나님 나라를 이어 받을 수 없고 또한 썩는 것은 썩지 아니하는 것을 유업으로 받지 못하느니라." (50절).

살과 피, 곧 육신은 하나님의 나라를 물려받을 수 없고, 또 썩을 것은 썩지 않을 것을 물려받을 수 없다. 그리스도의 형상을 덧입지 못하고 계속 썩을 육의 몸에 머무는 사람은 썩지 아니하는 하나님 나라에 참여할 수 없다는 말이다.

"보라 내가 너희에게 비밀을 말하노니 우리가 다 잠 잘 것이 아니요 마지막 나팔에 순식간에 홀연히 다 변화되리니." (51절).

바울은 교인들에게 한 가지 비밀(*mysterion*, a mystery)을 말한다. 이 비밀은 이전까지는 알려지지 않았던 부활에 관한 계시를 말한다. 그 비밀은 우리가 죽지 않고 모두 변화된다는 것이다. 헬라어 원문은 이 내용으로만 기록되어 있다.

헬라어 원문에 "마지막 나팔에 순식간에 홀연히"는 52절에 기록되어 있다. 마지막 나팔이 불 때 모두 육의 몸에서 썩지 아니하는 신령한 몸으로 순식간에(in an instant), 눈 깜빡할 사이에(in the twinkling of an eye) 변화된다는 것이다. 이것은 주님이 재림하실 때 죽지 않고 살아서 주님을 맞이하는 사람도 있을 것임을 가리키는 말이다. "잠자는 것"은 죽음을 의미한다.

마지막 나팔(the last trumpet)은 "큰 나팔소리" (마 24:31), "일곱 번째 나팔" (계 10:7, 11:15), 하나님의 백성들이 공중으로 올라가 주님을 영접할 때 울리는 나팔(살전 4:16-18) 등 여러 해석이 있다. 예수님이 재림하실 때는 천사들이 나팔을 불고 성도들이 부활하여 그를 영접하리라.

"나팔 소리가 나매 죽은 자들이 썩지 아니할 것으로 다시 살아나고 우리도 변화되리라." (52절).

원문은 "마지막 나팔 소리가 울릴 때 눈 깜짝할 사이에 죽은 사람들이 썩지 않을 사람으로 다시 살아나고, 우리도 변화될 것이다." 이다. 주님의 재림으로 마지막 나팔 소리가 울릴 때 죽은 자가 다시 살아나고, 살아있는 자는 신령한 몸으로 변화된다는 것이다. 이것은 주안에서 죽은 자의 부활과 살아있는 자들의 영화로운 변화를 말한다.

"이 썩을 것이 반드시 썩지 아니할 것을 입겠고 이 죽을 것이 죽지 아니함을 입으리로다." (53절).

이 썩어질 육신이 썩지 않을 몸, 곧 신령한 몸을 입고, 이 죽을 몸이 죽지 않을 몸을 입어 주님과 함께 영원히 사는 것이다.

"이 썩을 것이 썩지 아니함을 입고 이 죽을 것이 죽지 아니함을 입을 때에는 사망을 삼키고 이기리라고 기록된 말씀이 이루어지리라." (54절).

53절의 말씀이 이루어지는 그 때에는 성경에 기록된 말씀, 곧 이사야 25:8의 말씀(사망을 영원히 멸하실 것이라 주 여호와께서 모든 얼굴에서 눈물을 씻기시며 자기 백성의 수치를 온 천하에서 제하시리라 여호와께서 이같이 말씀하셨느니라)이 성취된다. 바울은 이 말씀을 자유롭게 인용하였다.

이 구절은 우리가 썩지 않고 죽지 않는 몸, 곧 신령한 몸을 입게 될 때 사망은 정복되어 영원히 멸하여질 것을 말한다. 심판 뒤 부활할 때 죽음의 세력이 굴복되고 영원한 생명이 확보되는 것으로, 죽음에 대한 영원한 승리를 보여준다.

"사망아 너의 승리가 어디 있느냐 사망아 네가 쏘는 것이 어디 있느냐." (55절).

죽음아, 너의 승리가 어디에 있느냐. 죽음아, 너의 독침이 어디에 있느냐. 사망이 멸망했음을 선언하는 말이다.

"사망이 쏘는 것은 죄요 죄의 권능은 율법이라."(56절).

죽음의 독침(*kentron*, sting)은 죄요, 죄의 권세(*dynamis*, power)는 율법이다.

"사망이 쏘는 것은 죄요." 사망의 원인이 되는 것은 죄라는 말이다. 인류를 죽음의 권세아래 두게 한 것은 죄 때문임을 밝히고 있다.

"죄의 권능은 율법이라." 율법이 있기 전에는 죄가 드러나지 않았다. 그런데 율법으로 인해 죄가 확연히 드러났다. 율법이 우리의 죄를 드러내고 정죄함으로써 죄로 하여금 사람을 속박할 수 있는 힘을 가지게 되었다는 말이다.

"우리 주 예수 그리스도로 말미암아 우리에게 승리를 주시는 하나님께 감사하노니."(57절).

그러나 우리는 하나님께 감사한다. 우리 주 예수 그리스도를 통하여 우리에게 승리(nikos, victory)를 주시기 때문이다. 승리는 바로 죽음을 이기게 하신 것을 말한다. 부활은 죽음을 승리자의 눈으로 보게 한다. 죽음은 우리를 주눅 들게 만든다. 운동이나 식이요법으로 죽음을 조금 늦출 수 있지만 멈추게 할 수는 없다. 예수님만이 죽음의 협박과 공갈, 공포에서 벗어나게 할 수 있다.

"그러므로 내 사랑하는 형제들아 견실하며 흔들리지 말고 항상 주의 일에 더욱 힘쓰는 자들이 되라 이는 너희 수고가 주 안에서 헛되지 않은 줄 앎이라."(58절).

바울은 교인들에게 자신 있게 말한다. 그러므로 굳게 서서 흔들리지 말고 항상 주님의 일에 열심을 다하라. 그러면 주님을 위한 여러분의 수고는 결코 헛되지 않을 것이다.

"견실하며 흔들리지 말고." 부활을 믿는 자는 견고하고(*hedraioi*, steadfast) 흔들리지 않는(*ametakinetoi*, immovable) 신앙을 가지고 살아가야 한다는 것이다. 살다보면 우리의 존재 근거를 흔드는 일이 많다. 하지만 예수 부활은 세상에서 우리를 흔들리지 않게 만든다. 주님은 "항상 너희와 함께 있으리라" 하신다. 우리는 부활하신 주님과 함께 인생을 살고 있다.

"항상 주의 일에 더욱 힘쓰는 자들이 되라." 이 큰 부활의 소망을 주신 주님께 우리가 해야 할 일은 주님이 기뻐하시는 일(*ergo*, work)을 하는 것이다. 부활신앙은 주의 일에 힘쓰게 하는 자가 되게 한다. 주의 일은 교회 일에만 한정되지 않는다. 전도도 중요하고 가난한 자를 돕는 것도 중요하다. 그러나 그것만이 주의 일이 아니다. 가정이나 직장에서의 일이 주의 일이 될 수 있다. 여러 삶의 현장에서 그리스도인이 그리스도인답게 사는 일, 주님이 주신 생명을 힘 있게 드러내는 일 모두 주님이 주신 일이다. 그 일에도 최선을 다한다.

"너희 수고(kopos, toil)가 주 안에서 헛되지 않은 줄을 앎이라." 하나님은 우리의 일한대로 갚아주신다. 선을 행하되 낙심하지 말라. 때가 이르면 그 열매를 거두기 때문이다.

전도서 기자는 인생을 헛되다고 말한다. 그러나 성경에는 헛되지 않은 일이 있다. 그것이 무엇일까? 믿는 자에게 영생이 약속되어 있는 믿음, 하나님이 기뻐하시는 복음전도, 재림하실 주님을 기다리는 것, 구제, 기도, 주를 위한 헌신과 수고들이다.

고린도전서 16장

성도를 위한 헌금, 바울의 여행계획, 마지막 권면, 문안과 축복

1. 성도를 위한 헌금(1-4절)

"성도를 위하는 연보에 관하여는 내가 갈라디아 교회들에게 명한 것 같이 너희도 그렇게 하라."(1절).

바울은 이제 주제를 바꾸어 고린도교인들이 질문한 연보(*logeias*, collection)에 관해 답을 하고 있다. "성도를 위하는 연보"는 당시 유대에 가난한 성도가 많아 예루살렘 총회에서 헌금을 모아 돕기로 결정한 것을 말한다. 예루살렘 교인들이 가난하게 된 것은 기근 때문일 수도 있고(행 11:28), 스데반의 순교와 더불어 일어난 핍박 때문일 수도 있다(행 8:1).

바울은 이 모금에 적극적으로 동참하였다. 갈라디아서에서는 갈라디아 교회에 이 특별헌금을 하도록 한 언급은 없다. 그래서 갈라디아서 외에 다른 서신이 있을 것이라는 추측도 한다. 하지만 바울은 갈라디아서 2:10에 "우리에게 가난한 자들을 생각하는 것을 부탁하였으니 이것을 나도 본래 힘써 행하노라" 했다. 특별헌금에 대한 간접적인 언급이다.

바울은 1절에서 갈라디아 교회에도 그리하도록 했으니 고린도교회도 이들을 위한 헌금에 동참하도록 권유하고 있다.

"매주 첫날에 너희 각 사람이 수입에 따라 모아 두어서 내가 갈 때에 연보를 하지 않게 하라."(2절).

"매주 첫날"(first day of the week)은 주일을 가리킨다(행 20:7). 초대교회에서는 안식일이 아니라 주님이 부활하신 날을 주일로 지켰다. 주일 예배 모임 때 각 사람의 수입에 따라 연보를 하도록 하고, 바울이 그곳에 갈 때는 그에 대한 연보를 따로 하지 않도록 하라는 것이다.

"내가 이를 때에 너희가 인정한 사람에게 편지를 주어 너희의 은혜를 예루살렘으로 가지고 가게 하리니."(3절).

내가 고린도로 가게 되면 그 때에 교인들이 정한 사람에게 내가 편지를 써 주고, 그가 여러분의 선물을 가지고 예루살렘으로 가게 하겠다는 것이다. 연보를 전할 때 고린도교회 대표를 파견하겠다는 말이다. 바울이 그 연보를 혼자서 가져가겠다고 할 경우 받을 수 있는 의혹을 피하고자 한 것이다.

"만일 나도 가는 것이 합당하면 그들이 나와 함께 가리라."(4절).

만일 자기도 예루살렘에 가는 것이 좋다면 그들과 함께 가겠다는 말이다. 교인 대표 한 사람만 가는 것보다 바울이 함께 가면 교인들이 안심할 수 있을 것이다.

2. 바울의 여행 계획(5-11절)

"내가 마게도냐를 지날 터이니 마게도냐를 지난 후에 너희에게 가서."(5절).

8절에 따르면 바울은 지금 에베소에 있다. 바울은 에베소를 떠나 고린도교회를 방문하기 전에 먼저 마케도니아 방문 계획을 말한다. 원래는 마케도니아를 가는 길에 고린도를 거쳐 가고자 했으나(7절) 계획을 바꾼 것이다.

"혹 너희와 함께 머물며 겨울을 지낼 듯도 하니 이는 너희가 나를 내가 갈 곳으로 보내어 주게 하려 함이라."(6절).

고린도 방문 계획을 밝히고 있다. 마케도니아를 거쳐 고린도에 가게 되면 고린도에 머물며 함께 지나게 될 터인데 아마 겨울을 함께 보내게 될지도 모른다. 그렇게 되면 앞으로 자신이 어디로 가든지 고린도교인들의 도움을 받아 여행을 계속할 수 있을 것이다. 교인들의 지지와 성원이 필요함을 말하고 있다.

"이제는 지나는 길에 너희 보기를 원하지 아니하노니 이는 만일 주께서 허락하시면 얼마 동안 너희와 함께 머물기를 바람이라."(7절).

지금은 지나는 길에 여러분을 만나고 싶은 생각이 없고, 주님이 허락하시면 여러분과 함께 얼마 동안 함께 하고 싶다는 것이다. 마케도니아를 가기 전에 고린도를 거쳐 가는 것이 아니라 고린도를 기착지로 삼겠다는 것이다. 바울은 겨울을 고린도에서 지나며 로마서를 기록한 것으로 추정하고 있다.

"내가 오순절까지 에베소에 머물려 함은."(8절).

바울은 오순절 전까지 에베소에 유하고자 하는 계획을 밝힌다. 바울은 에베소에서 이 편지를 쓴 것으로 보인다.

"내게 광대하고 유효한 문이 열렸으나 대적하는 자가 많음이라."(9절).

에베소에는 복음을 효과적으로 전할 좋은 문(thyra, door, 기회의 문)이 활짝 열려있었지만 복음을 전하는 자신을 대적하는 자도 많았음을 말하고 있다. 장단점이 있었다는 말이다.

"디모데가 이르거든 너희는 조심하여 그로 두려움이 없이 너희 가운데 있게 하라 이는 그도 나와 같이 주의 일을 힘쓰는 자임이라."(10절).

바울은 먼저 디모데를 고린도교회로 보냈다(고전 4:17). 바울은 디모데가 마음이 약하고 소심한 것을 알고 있었다. 따라서 디모데가 고린도에 가거든 아무 걱정 없이 여러분과 함께 지낼 수 있게 해 달라 부탁한다. 친절히 대해 달라는 것이다. 이유는 한 가지다. 디모데도 자신처럼 주님을 위해 일하는 자이기 때문이다.

"그러므로 누구든지 그를 멸시하지 말고 평안히 보내어 내게로 오게 하라 나는 그가 형제들과 함께 오기를 기다리노라."(11절).

그러므로 아무도 디모데를 업신여겨서는 안 된다. 그리고 그가 내게 돌아올 때 평안한 마음을 가지고 올 수 있도록 부탁한다. 바울은 지금 형제들과 함께 디모데가 평안히 돌아오기를 기다리고 있다.

3. 마지막 권면(12-18절)

"형제 아볼로에 대하여는 그에게 형제들과 함께 너희에게 가라고 내가 많이 권하였으되 지금은 갈 뜻이 전혀 없으나 기회가 있으면 가리라."(12절).

바울은 아볼로에 대하여 말한다. 고린도교인들은 바울에게 편지를 보내 아볼로가 다시 그들을 방문해 주기를 바란 것으로 보인다(행 19:1). 바울은 아볼로에게 다른 형제들과 함께 고린도에게 가라고 여러 번 권했다. 하지만 지금 그는 갈 마음이 전혀 없다. 그러나 적절한 때가 오면 갈 것이다.

고린도교회에서 아볼로를 초청했으나 아볼로는 그 때 가기를 거절한 것으로 보인다. 자기가 지금 분쟁을 하고 있는 고린도교회를 방문하는 것보다 떨어져 있는 것이 문제해결에 도움이 될 것이라 생각했을 수도 있다.

"깨어 믿음에 굳게 서서 남자답게 강건하라."(13절).

13절은 "깨어라"(*gregoreite*, watch you), "믿음에 굳게 서라"(*stekete*,

stand firm), "남자답게 강하라" (*krataiousthe*, be strong) 등 3개의 명령어로 구성되어있다.

고린도 교회는 아이처럼 약한 교회였다. 서로 포용하지 못하고 헐뜯었다. 자주 유혹에 넘어갔다. 죄짓고 회개하는 일을 반복했다. 사적인 일로 교인들을 세상법정에 끌고 갔다. 부활을 의심하는 등 교리적인 확신도 부족했다. 하나님은 교인들이 약한 아이가 아니라 믿음에 굳게 서고, 남자처럼 강하기를 바라신다.

"너희 모든 일을 사랑으로 행하라." (14절).

그리고 바울은 모든 일을 사랑으로 하도록 권번했나. 모두가 사랑 안에서 서로 섬기라는 말이다.

"형제들아 스데바나의 집은 곧 아가야의 첫 열매요 또 성도 섬기기로 작정한 줄을 너희가 아는지라 내가 너희를 권하노니." (15절).

나아가 바울은 스데바나(Stephanas) 가정에 대해 언급했다. 이 가정은 아테네의 몇몇 사람들과 함께(행 17:34) 아가야(Achaia) 지방의 첫 개종자들이 된 집안으로 바울이 직접 세례를 주었다. 아가야는 고린도와 아테네를 포함하는 헬라의 남부지역이다. 바울은 이 가정은 아가야에서 맺은 첫 열매이자 성도들을 섬기는 일에 몸을 바친 가정임을 밝히고 있다. 이 같은 사실은 고린도 교인들도 잘 아는 바이다.

"이 같은 사람들과 또 함께 일하며 수고하는 모든 사람에게 순종하라." (16절).

바울은 고린도교인들에게 부탁한다. 여러분은 이런 사람들에게 순종하라. 그리고 또 그들과 더불어 일하며 함께 수고하는 모든 사람에게 순종하라. 순종하라는 것은 성도들을 섬기고 수고하는 모든 일꾼들에 대해서도 섬김으로 대하라는 말이다. 사랑은 남을 주관하기보다 서로 섬길 때 빛을 발한다.

“내가 스데바나와 브드나도와 아가이고가 온 것을 기뻐하노니 그들이 너희의 부족한 것을 채웠음이라.” (17절).

스데바나는 15절에 언급된 인물과 동일인이다. 그를 비롯해 브드나도(Fortunatus)와 아가이고(Achaicus)가 고린도교회가 바울에게 보내는 편지를 전하고, 교회에 대한 소식도 전했을 것이다. “너희의 부족한 것”은 교인들을 직접 만나지 못해서 아쉬웠던 부분을 말한다. 그들을 통해 궁금하고, 알고 싶었던 여러 소식을 잘 들었다는 말이다.

“그들이 나와 너희 마음을 시원하게 하였으니 그러므로 너희는 이런 사람들을 알아주라.” (18절).

그들이 바울 자신과 여러분의 마음을 시원하게 하였다(refreshed). 시원하게 해주었다는 것은 그들이 전한 편지와 교회 소식을 통해 바울이 그동안 고린도교회를 놓고 근심했던 것들이 시원하게 풀리게 되어 안심하게 되었다는 말이다. 그들도 또한 고린도에 돌아가 교인들에게 잘 말해 주었을 것이다. 그러니 그런 사람들에게 고맙게 생각하라는 것이다.

4. 문안과 축복(19-24절)

“아시아의 교회들이 너희에게 문안하고 아굴라와 브리스가와 그 집에 있는 교회가 주 안에서 너희에게 간절히 문안하고.” (19절).

이곳에 있는 아시아에 있는 여러 교회들이 여러분에게 문안한다. 아굴라(Aquila)와 브리스가(Prisca)와 그 집에 모이는 교회가 다 함께, 주님 안에서 진심으로 문안한다. 아시아의 교회는 에베소를 중심으로 한 소아시아 지역의 여러 교회를 말한다. 아굴라와 브리스가는 아굴라와 그의 아내 브리스길라를 말한다. 그들은 바울을 도와 복음전파와 교회개척에 힘쓴 모범적인 부부이다.

"모든 형제도 너희에게 문안하니 너희는 거룩하게 입맞춤으로 서로 문안하라." (20절).

이 곳에 있는 모든 형제가 여러분에게 문안한다. 여러분도 주님 안에서 따뜻한 인사를 서로 나누기 바란다. "거룩하게 입맞춤으로" (*en philemati hagio*, with a kiss holy)는 남자들끼리 또는 여자들끼리 주안에서 서로 사랑하고 존경하는 마음으로 입을 맞추는 것을 말한다. 당시 로마 사회에서는 남자들이 인사를 할 때 입을 맞추는 관습이 있었다. 이 관습이 교회 안에서도 행해진 것으로 보인다(롬 16:16, 살전 5:26). 따뜻한 인사 정도로 이해하면 된다.

"나 바울은 친필로 너희에게 문안하노니." (21절).

바울이 친필로 이 인사의 말을 쓴다는 것이다. 지금까지는 에베소에 가 있는 고린도 사람 소스테네(Sosthenes)가 이 편지를 바울이 부르는 대로 기록한 것으로 보인다(고전 1:1, 행 18:17). 그리고 자기 손으로 마지막 문안인사의 부분을 쓰고 서명했다는 것이다. 그것이 "친필" (*eme cheiri*, own hand)이다. 이 편지가 자신의 편지임을 입증하는 말이다. 바울은 다른 서신들에서도 이렇듯 친필로 편지를 끝맺었다(골 4:18, 살후 3:17, 몬 1:19).

"만일 누구든지 주를 사랑하지 아니하면 저주를 받을 지어다 우리 주여 오시옵소서." (22절).

누구든지 주님을 사랑하지 않으면 저주를 받으리라. "마라나타" (*maranatha*). 마라나타는 헬라어로 "우리 주여, 오시옵소서." (Our Lord, come) 라는 뜻을 가지고 있다. 주님을 사랑하고, 재림의 소망을 가지라는 말씀이다. 초대 교인들은 기도할 때 주님을 사모하는 마음으로 "마라나타" 라 외쳤다.

"주 예수 그리스도의 은혜가 너희와 함께 하고." (23절).

23, 24절은 바울의 축도이다. 먼저 주 예수 그리스도의 은혜가 여러분과 함께 하기를 기원했다.

"나의 사랑이 그리스도 예수 안에서 너희 무리와 함께 할지어다."(24절).

그리고 나의 사랑(agape)이 그리스도 안에 있는 여러분 모두에게 함께 하기를 기도했다. 이것은 그가 그리스도 예수 안에서 성도 모두를 깊이 사랑한다는 말이다.

고린도후서의 이해

2 Corinthians

고린도후서

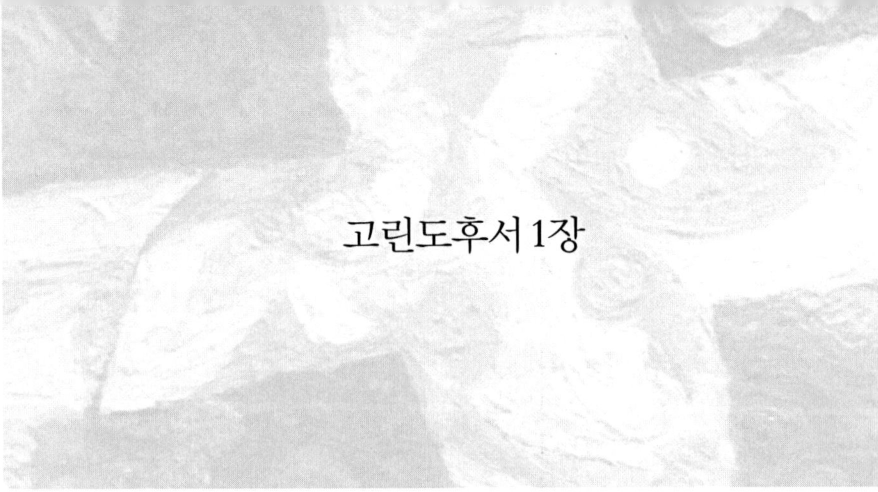

고린도후서 1장

인사, 찬미와 감사, 방문 계획의 변경과 그 이유

1. 인사의 말(1, 2절)

“하나님의 뜻으로 말미암아 그리스도 예수의 사도 된 바울과 형제 디모데는 고린도에 있는 하나님의 교회와 또 온 아가야에 있는 모든 성도에게”(1절).

바울과 디모데가 고린도교회와 아가야 지방에 있는 모든 성도들을 대상으로 이 편지를 보낸다는 말이다. 두 사람은 비록 혈족은 아니지만 믿음으로 부자관계를 유지하며 전도활동에 있어서 밀접한 관계를 가지고 있었다. 바울은 여기서 그를 “형제”(*adelphos*, brother)라 불렀는데, “그리스도 안에서 믿음을 같이 하는 사람”라는 뜻으로, 바울이 즐겨 사용하는 단어이다.

고린도전서는 소스테네가 송신자로 나오는 데, 고린도후서는 디모데가 송신자로 나온다. 고린도전서가 보내질 때 디모데는 고린도로 가고 있었다. 디모데는 고린도를 방문한 다음 마케도니아로 갔고, 그곳에서 바울과 합류하였다. 고린도후서가 쓰일 당시 디모데는 바울 곁에 있었지만 이 서신의 공동저

자는 아니다. 저자는 바울이다.

바울은 자신을 가리켜 "사도"(*apostolos*, apostle)라 하였다. 사도는 "보내심을 받은 사람"이라는 뜻이다. 그리스도의 죽으심과 부활의 증인으로 복음 전파를 위해 보내심을 받은 자를 뜻한다. 사도라는 말은 예수님의 제자들을 대상으로 쓰였지만 복음을 전하는 자로 확대되었다. 바울은 여기서 자신이 인간의 뜻이 아니라 하나님의 뜻에 따라 예수님의 사도가 되었음을 강조하고 있다.

"하나님 우리 아버지와 주 예수 그리스도로부터 은혜와 평강이 있기를 원하노라."(2절).

우리 하나님 아버지와 주 예수 그리스도께서 내려주시는 은혜와 평화가 교인 여러분에게 있기를 기원한다. 은혜(*charis*, grace)는 받은 자격이 없는 자들에게 하나님께서 값없이 내려주시는 선물이다. 평강(*eirene*, peace)은 그 은혜를 받는 자들이 누리는 하나님 나라의 평화다.

2. 위로의 하나님을 향한 찬미와 감사(3-11절)

"찬송하리로다 그는 우리 주 예수 그리스도의 하나님이시요 자비의 아버지시요 모든 위로의 하나님이시며."(3절).

바울은 하나님을 찬양한다. 그는 하나님을 "우리 주 예수 그리스도의 하나님 아버지," "자비의 아버지," "모든 위로의 하나님"이라 하였다. 그 하나님을 찬양한다는 말이다.

"우리 주 예수 그리스도의 하나님"의 원문은 "우리 주 예수 그리스도의 하나님 아버지"이다. 그런데 "아버지"(*Pater*, Father)가 빠져있다. 하나님은 우리의 주님이신 예수 그리스도의 하나님 아버지로, 우리의 주권자이시며 구원자이심을 말한다.

"자비(*oiktirmon*, compassions)의 아버지"는 하나님이 우리를 불쌍히 여기시는 하나님 아버지이심을 뜻한다. 아버지는 히브리어에서 "근원"이라는 뜻도 있어, 자비의 근원은 하나님이심을 가리키고 있다.

하나님은 "모든 위로의 하나님"이시다. 위로(*parakleseos*, comfort)는 "옆에 붙어서 도와줌"이라는 뜻을 가지고 있다. 하나님은 우리의 모든 형편을 아시고 크게 위로를 주시는 분이시다.

"우리의 모든 환난 중에서 우리를 위로하사 우리로 하여금 하나님께 받는 위로로써 모든 환난 중에 있는 자들을 능히 위로하게 하시는 이시로다."(4절).

위로의 하나님께서는 지금 복음 전파를 하면서 온갖 고난(*thlipsei*, tribulation)을 겪는 우리를 위로해 주신다. 나아가 하나님은 우리가 하나님으로부터 받은 그 위로를 통해 고난당하는 다른 사람들을 위로할 수 있게 하신다. 모든 환난 중에서 우리를 위로하심은 하나님의 큰 뜻과 목적이 담겨 있다. 다른 사람을 섬길 수 있도록 사명을 주시는 것이다. 고난을 통해서 하나님의 위로를 경험한 사람만이 다른 사람을 위로할 수 있다. 고난의 상처(scar)가 오히려 영광(star)이 된다.

"그리스도의 고난이 우리에게 넘친 것 같이 우리가 받는 위로도 그리스도로 말미암아 넘치는도다."(5절).

우리가 그리스도와 함께 당하는 고난이 많은 것처럼 그리스도로 말미암아 받는 위로도 많다. 바울과 사도들이 고난가운데서도 하늘의 위로가 넘치는 것을 볼 때 고린도교인들도 이것을 보고 은혜를 받게 되고, 고난을 기꺼이 감내할 수 있는 담력을 얻게 된다.

"우리가 환난 당하는 것도 너희가 위로와 구원을 받게 하려는 것이요 우리가 위로를 받는 것도 너희가 위로를 받게 하려는 것이니 이 위로가 너희 속에 역사하여 우리가 받는 것 같은 고난을 너희도 견디게 하느니라."(6절).

우리가 고난을 받아도 여러분의 위로와 구원을 위한 것이다. 우리가 위로를 받아도 여러분의 위로를 위한 것이다. 이 위로는 여러분이 우리가 당하는 것과 같은 고난을 견뎌내는 데 도움이 된다. 이것은 사도들이 당한 고난과 위로가 고린도 교인들에게도 유익이 된다는 말이다.

이 구절은 우리가 고통을 받을 때 어떤 시각을 가져야 하는지를 가르쳐 주고 있다. 하나님은 고통을 통해 바른 시각을 갖게 하시고, 고난을 사명이 되도록 하신다. 고난을 받을 때 위로를 주시는 하나님, 사명을 주시는 주님을 바라보라. 하나님은 고난이 은혜의 통로가 되게 하시고, 우리로 하여금 다른 사람들에게 축복의 근원이 되도록 하신다.

"너희를 위한 우리의 소망이 견고함은 너희가 고난에 참여하는 자가 된 것 같이 위로에도 그러할 줄을 앎이라."(7절).

바울은 고린도교인 여러분도 그리스도의 고난을 같이 당하고 있음을 말하고, 자기들처럼 하나님의 위로도 같이 받을 것이라 했다. 이 사실을 알고 있기 때문에 "너희를 위한 우리의 소망," 곧 여러분에 대한 기대가 확고하다는 것이다. 바울은 고린도교인들에 대한 기대를 확고히 했다. 마음이 든든하다는 말이다.

"형제들아 우리가 아시아에서 당한 환난을 너희가 모르기를 원하지 아니하노니 힘에 겹도록 심한 고난을 당하여 살 소망까지 끊어지고."(8절).

아시아에서 당한 환난은 바울이 소아시아에서 복음을 전할 때 당한 수많은 고통과 환난을 말한다. 환난이 너무 심하여 견딜 수 없는 지경까지 이르렀고, 살 소망마저 없었다는 것이다. 바울 은장색 사건으로 에베소에서 큰 환난을 겪었다(행 19:23-41).

하나님은 옥토만을 주시지 않는다. 환난과 고통이라는 광야의 길을 걷게 하신다. 이 과정을 통해 보이는 것을 의지하지 말고 보이지 않는 하나님을 의

지하게 만든다. 두려움과 공포를 주는 이 광야의 과정은 우리들로 하여금 보이는 것으로가 아니라 보이지 않는 것, 곧 믿음으로 살기를 원하시기 때문이다.

"우리는 우리 자신이 사형 선고를 받은 줄 알았으니 이는 우리로 자기를 의지하지 말고 오직 죽은 자를 다시 살리시는 하나님만 의지하게 하심이라." (9절).

그 때 우리는 이미 죽음을 선고받은(sentence of death) 몸이라고 느꼈다. 하지만 그렇게 된 것은, 우리 자신을 의지하지 않고 죽은 사람을 살리시는 하나님을 의지하게 하기(*pepoithotes*, trusting) 위함이었다. 극한의 고난의 상황에서 바울이 깨달은 것은 우리 자신이 아니라 오직 죽은 자를 다시 살리시는 하나님만을 의뢰해야만 한다는 것이었다.

"그가 이같이 큰 사망에서 우리를 건지셨고 또 건지실 것이며 이 후에도 건지시기를 그에게 바라노라." (10절).

하나님이 그처럼 큰 죽음의 위험에서 우리를 건져 주셨으니 앞으로도 건져 주실 것이며 또 건져 주시리라 믿는다. 바울은 고난의 상황에서 오직 하나님을 의뢰함으로 구원을 얻은 체험을 고백하며 사도들은 앞으로도 계속 주를 의지할 것이며, 주님께서도 그들과 함께 하실 것임을 피력하고 있다.

"너희도 우리를 위하여 간구함으로 도우라 이는 우리가 많은 사람의 기도로 얻은 은사로 말미암아 많은 사람이 우리를 위하여 감사하게 하려 함이라." (11절).

바울은 고린도 성도들을 향해 복음을 위해 고난을 받는 자들을 위해 간구함(*deesei*, supplication), 곧 기도로 도우도록 했다. 그러면 많은 사람들의 기도에 대한 응답으로 하나님께서 은혜를 베푸실 것이고, 그 은혜를 보고 많은 사람이 하나님께 감사하게 될 것이다. "기도로 얻은 은사"는 기도의 응답으로 주어진 하나님의 은혜를 가리킨다.

3. 방문 계획의 변경(12-22절)

"우리가 세상에서 특별히 너희에 대하여 하나님의 거룩함과 진실함으로 행하되 육체의 지혜로 하지 아니하고 하나님의 은혜로 행함은 우리 양심이 증언하는 바니 이것이 우리의 자랑이라."(12절).

바울은 우리가 이 세상에서 처신할 때, 특히 고린도교인들을 상대로 처신할 때 하나님이 주신 거룩함(*hagioteti*, holiness, 순박함)과 진실한 마음(*eilikrineia*, sincerity)으로 살아온 것을 우리 양심이 증거하고 있으며, 이것이 우리의 자랑이라 했다. 나아가 그는 이것을 사람의 지혜(세상의 지혜)로 하지 않고 하나님의 은혜로 그렇게 했음을 밝혔다.

바울이 이렇게 말하는 것은 바울을 모함하고 의심하는 사람들이 있었기 때문이다. 따라서 자신은 하나님의 은혜로 거룩하고 진실함으로 행동하고 있음을 밝히고, 우리의 양심이 이것을 증거 한다고 했다. 양심에 한 점 부끄럼 없이 행동해왔다는 것이다.

"오직 너희가 읽고 아는 것 외에 우리가 다른 것을 쓰지 아니하노니 너희가 완전히 알기를 내가 바라는 것은."(13절).

우리는 지금 여러분이 읽고 이해할 수 있는 것만을 써서 보낸다. 나는 여러분이 그것을 완전히 이해하기를 바란다. 이 구절은 바울이 이전에 써 보낸 편지나 지금의 생각이 같다는 말이다. "너희가 읽고 아는 것"은 바울이 고린도교회에 보낸 편지를 말한다.

"너희가 우리를 부분적으로 알았으나 우리 주 예수의 날에는 너희가 우리의 자랑이 되고 우리가 너희의 자랑이 되는 그것이라."(14절).

지금은 여러분이 우리를 부분적으로밖에는 이해하지 못한다. 하지만 우리 주 예수의 날, 곧 주님이 재림하시는 날에는 완전히 알아 우리가 여러분을 자랑하는 것처럼 여러분도 우리를 자랑할 수 있게 되리라는 것이다.

"내가 이 확신을 가지고 너희로 두 번 은혜를 얻게 하기 위하여 먼저 너희에게 이르렀다가."(15절).

바울은 이러한 확신을 가지고 있었다. 그래서 두 번 고린도교회에 가기로 마음을 먹었다. 그것은 고린도교인들을 직접 만나 영적 교제를 나누며 은혜를 받고 싶었기 때문이다.

"너희를 지나 마게도냐로 갔다가 다시 마게도냐에서 너희에게 가서 너희의 도움으로 유대로 가기를 계획하였으니."(16절).

두 번 볼 수 있는 기회에 대한 설명이다. 첫 번째는 마케도니아에 가는 길에 고린도를 방문하는 것이고, 두 번째는 마케도니아로부터 돌아오는 길에 다시 고린도를 방문한(고전 16:5) 다음 유대로 가는 것이었다. 그런데 계획이 변경되어 고린도에 가지 못하게 되었다는 말이다.

바울은 이 계획을 변경하여 고린도를 경유하지 않고 드로아를 거쳐 마케도니아로 직접 갔다. 바울은 1:23-2:1을 통해 왜 그 계획을 변경하게 되었는지 설명하고 있다.

"이렇게 계획할 때에 어찌 경솔히 하였으리요 혹 계획하기를 육체를 따라 계획하여 예 예 하면서 아니라 아니라 하는 일이 내게 있겠느냐."(17절).

바울이 고린도 방문계획을 변경하자 고린도에서 바울을 대적하는 사람들은 바울의 말과 행동을 신뢰할 수 없다고 했다. 이에 대해 바울은 이 계획 변경은 결코 경솔한 것이 아니라 말한다. 자신은 "육체를 따라," 곧 이기적인 동기를 가지고 한 입으로 두 말을 하는 사람이 아니라는 것이다. "예"(yes)라고 말해놓고선 나중에는 같은 입으로 "아니오"(no)라고 하는 변덕스러운 사람이 아니라는 것이다.

"하나님은 미쁘시니라 우리가 너희에게 한 말은 예 하고 아니라 함이 없노라." (18절).

하나님은 신실하신 분이시다. 이와 마찬가지로 우리가 여러분에게 한 말도 신실하다는 말이다. "예" 라고 했다가 금방 마음을 바꾸어 "아니오" 라고 한 것이 결코 아니다. 신실하신 하나님께 맹세코 자신이 약속을 어긴 것이 아니라는 것이다.

"우리 곧 나와 실루아노와 디모데로 말미암아 너희 가운데 전파된 하나님의 아들 예수 그리스도는 예 하고 아니라 함이 되지 아니하셨으니 그에게는 예만 되었느니라." (19절).

나와 실루아노(*Silouanou*, Silvanus)와 디모데가 여러분에게 전한 하나님의 아들 예수 그리스도께서는, "예" 도 되셨다가 동시에 "아니오" 도 되신 분이 아니었다. 그리스도 안에는 "예" 만 있을 뿐이다. 언제나 "예" 라는 신실한 응답만 있을 뿐이다. 고린도교회는 바울 일행이 전한 복음이 참됨을 이미 경험하였기에 바울은 자신 있게 이 말을 하였다.

실루아노는 실라(Silas)와 같은 인물로, 실루아노는 로마식 이름이고, 실라는 유대식 이름이다. 바울은 여기서 로마 여러 지역에 사는 사람에게 익숙한 실루아노라는 이름을 사용했다. 실루아노는 예루살렘 교회의 지도자 중의 한 사람으로 디모데와 함께 바울의 제2차 전도여행에 동참했다.

"하나님의 약속은 얼마든지 그리스도 안에서 예가 되니 그런즉 그로 말미암아 우리가 아멘 하여 하나님께 영광을 돌리게 되느니라." (20절).

하나님이 아무리 많은 약속(*epangeliai*, promises)을 하시더라도 그것이 그리스도 안에서 "예" 라는 응답으로 이루어진다. 하나님의 모든 약속이 그리스도를 통해 이루어졌다. 다시 말해 그리스도는 하나님께서 하신 모든 약속의 성취자이시다. 그래서 우리는 그를 통해서 하나님을 찬양하며 "아멘" 으로 응답한다.

"우리를 너희와 함께 그리스도 안에서 굳건하게 하시고 우리에게 기름을 부으신 이는 하나님이시니."(21절).

여러분과 우리를 그리스도 안에 굳게 세우시고 우리를 구별해 세우신 분은 하나님이시다. "그리스도 안에서 굳건하게 하시고"(*bebaion*, establishing)는 우리 모두를 주 안에서 신실한 그리스도인으로 만드신 분이 하나님이심을 말한다. "기름을 부으신"(*chrisas*, having anointed) 이는 복음을 전하도록 위임하고(commissioned), 구별하신(consecrated) 분이 하나님이시라는 말이다.

"그가 또한 우리에게 인치시고 보증으로 우리 마음에 성령을 주셨느니라." (22절).

하나님께서는 또한 우리를 자기의 것이라는 표로 인을 치시고, 그 보증으로 우리 마음에 성령을 주셨다. "인치시고"(having sealed)에서 인은 소유권의 표식(mark of ownership)이다. 우리에게 인을 치셨다는 것은 "너는 내 것이다"고 우리에 대한 소유권을 확실히 해 두신 것을 의미한다. 우리가 주님께 속했다는 "보증"(*arrabona*, pledge)으로 성령을 우리 마음에 주셨다. 그러므로 성령을 충만히 가진 것은 우리가 주님의 것임을 입증한다.

4. 방문 계획 변경의 이유(23, 24절)

"내가 내 목숨을 걸고 하나님을 불러 증언하시게 하노니 내가 다시 고린도에 가지 아니한 것은 너희를 아끼려 함이라."(23절).

내가 목숨을 걸고 하나님을 증인으로 모시고자 한다. 내가 고린도에 가지 않은 것은 여러분을 아끼는(sparing) 마음에서 나온 것이다.

바울이 두 번째 고린도를 방문할 계획을 가지고 있을 때 고린도 교인들은 무질서한 생활로 질타를 받을 수밖에 없었다. 이런 상황에서 방문을 할 경우 바울은 그들을 크게 나무라지 않을 수 없다. 바울은 교인들을 아끼는 차원에서 그런 상황을 피하고자 했고, 그런 차원에서 2차 방문계획을 취소한 것이다. 고린도 교인들의 여러 죄악에도 불구하고 바울이 목자로서 그들을 얼마나 아끼는가를 볼 수 있다.

"우리가 너희 믿음을 주관하려는 것이 아니요 오직 너희 기쁨을 돕는 자가 되려 함이니 이는 너희가 믿음에 섰음이라."(24절).

우리는 여러분의 믿음을 지배하려는 데(have dominion, lord) 목적이 있는 것이 아니다. 우리는 오직 여러분이 기쁨을 누리게 하기 위해 함께 일하는 동역사일 따름이다. 여러분은 이미 믿음에 든든히 서 있다.

고린도후서 2장

죄를 범한 자에 대한 용서와 그리스도인의 향기

1. 방문 계획 변경에 관한 이유 계속(1-4절)

1-4절은 앞장에 이어 고린도를 방문하려던 계획을 연기하려던 이유를 계속해서 설명하고 있다.

바울은 이미 고린도를 두 번 방문했었다. 첫 번째는 고린도 전도 여행 때이다(행 18:1-17). 그곳에 일 년 반을 머물며 고린도 교회를 세웠다. 두 번째는 그가 고후 12:14에서 세 번째 방문 계획을 밝힌 것으로 보아 두 번째 방문이 있었음을 알 수 있다. 두 번째는 3차 전도여행 중 에베소에 머물면서 잠시 고린도를 방문했다. 그 때 고린도교회의 악행을 크게 책망하였다(고후 2:1, 13:2).

바울이 고린도교회에 근친상간한 자들을 너희 중에서 내어 쫓으라(고전 5:13)며 징계 조치를 하도록 한 편지를 보낸 바 있다. 바울은 먼저 디모데를 파견하였다(고전 4:17, 16:10), 그러나 디모데는 소심하여 고린도 사태에 대해 징계 조치를 강하게 내리지 못한 것 같고, 오히려 문제를 일으킨 유력인사(고전 5:1-5)가 몇몇 지도자와 함께 바울을 공공연히 대항하는 소동이 일어났다.

바울의 두 번째 고린도 방문은 이 때 이루어진 것으로 추정된다. 바울은 이 서신(고린도후서)을 보내기 전에 직접 에베소에서 고린도에 가서 고린도 교회의 악행을 심하게 책망했다. 그것은 근심에 쌓인 방문이었던 것으로 보인다.

그 다음 바울은 디도를 파견하고(고후 2:13, 7:6-13, 12:18) 두 번째 편지를 보냄으로 교회는 평온해지고 반대자들은 겸손해졌다. 이 사태에서 디도는 바울의 유능한 동역자임을 보여주었다. 바울은 디도를 다시 만날 때까지 이 소동을 알지 못했던 것으로 보인다(고후 7:6-7).

"내가 다시는 너희에게 근심 중에 나아가지 아니하기로 스스로 결심하였노니."(1절).

바울은 이번에 고린도에 간다면 교인들을 책망하게 될 것을 알았다. 그는 그 책망이 교인들에게 아픔과 괴로움을 줄 것이라 생각했다. 그렇다면 그 방문은 근심(*lype*, grief)을 주는 방문하는 것이 된다. 바울은 주님 앞에 자신의 자랑인 교인들을 근심케 하는 방문이 되는 것은 좋지 않다 생각하고, 이번에는 고린도에 가지 않기로 결심했음을 밝힌다.

"내가 너희를 근심하게 한다면 내가 근심하게 한 자밖에 나를 기쁘게 할 자가 누구냐."(2절).

내가 여러분을 마음 아프게 한다 해도 나를 기쁘게 해줄 사람은 내가 마음 아프게 하는 그 사람, 곧 여러 분 외에 누가 있겠는가? 이것은 나를 기쁘게 해줄 사람은 너희들 밖에 없다는 말이다. 내가 너희 마음을 아프게 한다면 나를 기쁘게 해줄 사람에게 슬픔을 안겨주는 것이 될 것이다.

"내가 이같이 쓴 것은 내가 갈 때에 마땅히 나를 기쁘게 할 자로부터 도리어 근심을 얻을까 염려함이요 또 너희 모두에 대한 나의 기쁨이 너희 모두의 기쁨인 줄 확신함이로라."(3절).

내가 그 편지, 곧 고린도전서를 쓴 것은 내가 갈 때 당연히 나를 기쁘게 해야 할 사람들에게서 근심, 곧 마음 아픈 일을 당하지 않도록 하기 위해서였다. 또한 나의 기쁨이 여러분 모두의 기쁨이 되리라고 확신했다는 것이다.

바울은 고린도 전서에서 교회 내 분쟁, 심각한 음행을 묵인 한 일, 주의 만찬을 더럽힌 일 등을 들어 책망하였다. 이것은 그가 고린도를 방문할 때 이 문제가 해결되어 더 이상 책망과 근심 중에 만나지 않고 기쁨으로 다시 만나기 위해서였음을 밝히고 있다.

"내가 마음에 큰 눌림(*thlipseos*, affliction)과 걱정(*synoches*, anguish)이 있어 많은 눈물로 너희에게 썼노니 이는 너희로 근심하게 하려 한 것이 아니요 오직 내가 너희를 향하여 넘치는 사랑이 있음을 너희로 알게 하려 함이라."(4절).

바울은 고린도전서를 쓸 때 몹시 괴로워하며 걱정하는 마음으로, 많은 눈물을 흘리면서 썼다고 말한다. 눈물의 서신이었다는 말이다. 큰 눌림은 큰 고난을 뜻한다. 에베소에서 겪은 무서운 경험이 그를 눌렀을 것이다. 걱정은 고린도 사태에 대한 근심을 나타낸다.

그것은 성도 여러분의 마음을 아프게 하고 슬프게 하기 위한 것이 결코 아니다. 그것은 자신이 얼마나 극진히, 그리고 넘치게 고린도 교인들을 사랑하고 있는지를 알려 주기 위한 것이었다. 이 구절은 그가 목자로서 고린도교회를 향한 사랑이 얼마나 깊은가를 보여준다.

2. 죄를 범한 자를 용서하라(5-11절)

"근심하게 한 자가 있었을지라도 나를 근심하게 한 것이 아니요 어느 정도 너희 모두를 근심하게 한 것이니 어느 정도라 함은 내가 너무 지나치게 말하지 아니하려 함이라."(5절).

누가 마음을 아프게 하였다면 나의 마음을 아프게 한 것이 아니다. 어느 정도는 여러분 모두의 마음을 아프게 한 것이다. "근심하게 한(has caused grief) 자"는 음행을 범했던 교인 또는 바울을 대적하며 교인들을 괴롭히던 자일 것으로 간주된다. 바울은 구태여 그의 이름을 밝히지는 않았다.

"이러한 사람은 많은 사람에게서 벌 받는 것이 마땅하도다."(6절).

많은 사람들이 그 사람에게 가한 벌(*epitimia*, punishment)로도 이미 벌은 충분히(*hikanon*, sufficient) 받았다. 교회는 그 사람에 대해 엄하게 권징을 했다는 말이다.

"그런즉 너희는 차라리 그를 용서하고 위로할 것이니 그가 너무 많은 근심에 잠길까 두려워하노라."(7절).

그러니 이제 교인 여러분은 그 사람을 용서하고 위로하여 그가 너무 슬퍼하다가 낙심하지 않도록 하라는 것이다. 그 사람이 받은 징계가 충분하기 때문에 이제는 그를 용서하고 위로하라는 말이다.

"그러므로 너희를 권하노니 사랑을 그들에게 나타내라."(8절).

이제는 그에게 사랑을 베풀어 줄 때라는 것이다. 충분히 징계를 받았으니 이제 사랑으로 안으라는 말이다.

"너희가 범사에 순종하는지 그 증거를 알고자 하여 내가 이것을 너희에게 썼노라."(9절).

바울은 교인들이 모든 일에 순종하는지 알아보기 위해 이 편지를 쓴다 했다.

"너희가 무슨 일에든지 누구를 용서하면 나도 그리하고 내가 만일 용서한 일이 있으면 용서한 그것은 너희를 위하여 그리스도 앞에서 한 것이니."(10절).

바울은 "너희가 용서하면 나도 용서하리라" 말함으로써 자신이 고린도교회와 하나임을 나타냈다. 나아가 바울 자신이 용서한 경우가 있다면 그것은 여러분을 위해 그리스도 앞에서 한 것이라 했다.

"이는 우리로 사탄에게 속지 않게 하려 함이라 우리는 그 계책을 알지 못하는 바가 아니로라."(11절).

이것은 우리가 사단에게 이용당하지 않게 하기 위한 것이다. 우리는 사단의 계책(*noemata*, schemes), 곧 그 속셈을 다 알고 있다.

바울이 자신에게 대적한 사람을 용서한 것은 고린도교회가 사단의 계책에 빠지지 않고 영적인 승리를 거두게 하기 위함이라는 것이다. 사단은 회개하고 죄의 용서함을 받은 사람을 계속해서 괴롭힐 것이다. 그러나 일단 회개하면 죄에서 용서받고 해방된 사람은 그 사실을 깨닫고 더 이상 죄의식에 눌려 살 필요가 없다. 회개하고 돌아오는 자를 용서하지 않는다면 유익을 얻는 것은 사단뿐이다.

3. 그리스도의 향기: 그리스도 안에서의 승리(12-17절)

"내가 그리스도의 복음을 위하여 드로아에 이르매 주 안에서 문이 내게 열렸으되."(12절).

바울이 복음을 전하려고 드로아(*Troada*, Troas)로 갔을 때, 주님께서 그에게 거기에서 일할 수 있는 길을 열어 주셨다.

드로아는 소아시아에 있는 항구도시로, 마케도니아로 가는 길목에 있다. 이곳은 바울이 마케도니아 사람의 환상을 본 곳이자(행 16:8-10) 청년 유드고를 살린 곳이다(행 20:5-12). 에베소에서 약 220km 떨어져 있다. 바울은 고린도 방문을 포기하고 대신 이곳에 가서 복음을 전하고자 했다. 그런데 전도의 기회가 주어졌다는 것이다.

"내가 내 형제 디도를 만나지 못하므로 내 심령이 편하지 못하여 그들을 작별하고 마게도냐로 갔노라."(13절).

바울은 드로아에 가서 디도를 만나 고린도교회에 관한 소식을 듣고자 했다. 하지만 바울은 그를 만나지 못해 마음이 편하지 못했다. 교회 소식이 더 궁금해졌기 때문이다. 드로아에서 전도의 기회가 열렸지만 그는 디도(Titus)를 만나기 위해 마케도니아로 올라갔다. 디도는 바울로부터 신뢰를 받은 동역자 가운데 한 사람으로, 고린도후서를 고린도교회에 전한 인물이다.

"항상 우리를 그리스도 안에서 이기게 하시고 우리로 말미암아 각처에서 그리스도를 아는 냄새를 나타내시는 하나님께 감사하노라."(14절).

바울은 항상 우리를 그리스도 안에서 이기게 하시고 우리를 통해 그리스도를 아는 지식을 곳곳에 향기처럼 퍼지게 하시는 하나님께 감사를 드린다.

"그리스도를 아는 냄새"는 그리스도를 아는 지식(*gnoseos*, knowledge)의 향기(*osmen*, fragrance)를 말한다. 당시 이방종교에서는 분향을 하고 제물을 태워 예배를 드렸다. 온 도시가 그 냄새로 진동하였다. 로마군이 개선할 때는 향을 피워 그 냄새가 거리를 뒤덮었다. 그리스도를 아는 냄새는 승리의 입성 때 피우는 향으로 로마시내가 뒤덮인 것을 인용한 것이다. 바울은 그리스도 안에서 승리하는 삶을 살게 된다면 가는 곳마다 그리스도를 아는 향기로 뒤덮일 것이라 하였다.

"우리는 구원 받는 자들에게나 망하는 자들에게나 하나님 앞에서 그리스도의 향기니."(15절).

우리는 구원을 얻는 사람들 가운데서든 멸망을 당하는 사람들 가운데서든 하나님께 바치는 그리스도의 향기(*euodia*, a sweet perfume)이다.

승전한 로마 군 앞에는 전쟁에서 포로 된 자들이 가고, 그 뒤에는 전쟁에서 승리한 장수가 있다. 앞의 포로는 죽음의 냄새가 난다. 하지만, 승리한 장수에게는 향기가 뿌려져 향기가 나는 것을 보고 승리한 장수가 곧 지나간다는 것을 알게 된다. 그리스도인은 하나님 앞에서 그리스도의 향기다. 누구나 그 향기를 맡고 "아, 저 사람은 하나님의 사람이구나!" 하는 것을 알 수 있다.

"이 사람에게는 사망으로부터 사망에 이르는 냄새요 저 사람에게는 생명으로부터 생명에 이르는 냄새라 누가 이 일을 감당하리요." (16절).

같은 냄새지만 그리스도를 믿고 받아들이는 자에게는 생명(*zoe*)에 이르는 냄새(*osme*, fragrance)가 되지만 그리스도를 거부한 자에게는 사망(*thanatos*, death)에 이르는 냄새(*osme*, odor)가 된다. 바울은 묻는다. 그렇다면 누가 이런 일을 감당할 수 있겠는가? 누가 과연 이 향기가 되겠는가?

바울은 진정한 기독교 사역의 승리를 대비적으로 잘 보여주고 있다. 이 승리의 비유는 로마 군대의 개선 행진에서 나온 것이다. 이 개선 행진의 주요 인물들은 이긴 자와 패배하여 포로로 끌려나온 자들이다. 승전한 군대가 행진할 때 피우는 향의 냄새는 승리자에게는 향기로운 냄새이지만 포로들에게는 죽음을 의미하는 냄새가 되었다.

바울은 이것을 통해 복음의 향기를 생각한다. 전도자가 퍼뜨린 복음의 향기가 하나님의 은혜를 받아들이는 자에게는 생명을 가져다주는 향기가 되지만 그 은혜를 거절하는 자에게는 심판과 죽음을 가져다주는 냄새가 된다. 이것이 바울이 생각하는 복음 사역의 본질이다. 복음의 향기가 주는 이런 승리는 바울 자신도 감당치 못하는 경이로움이 있기에 그는 감히 묻는다. "누가 이것을 감당하리요."

"우리는 수많은 사람들처럼 하나님의 말씀을 혼잡하게 하지 아니하고 곧 순전함으로 하나님께 받은 것 같이 하나님 앞에서와 그리스도 안에서 말하노라." (17절).

우리는 저 많은 장사꾼들(*kapeleuontes*, the peddling)처럼 하나님의 말씀을 팔아서 먹고 사는 사람들이 아니다. 하나님이 보낸 일꾼답게 하나님 앞과 그리스도 안에서 순전함(*eilikrineias*, sincerity), 곧 진실한 마음으로 복음을 증거 하는 사람들이다.

"하나님의 말씀을 혼잡하게 하지 아니하고"의 원문은 "우리가 저 많은 장사꾼들처럼 하지 아니하고"이다. 이것은 돈을 더 벌기 위해 포도주에 물을 섞는 부정직한 장사꾼처럼 고린도교회에 들어온 거짓교사들이 하나님의 말씀에 인간적인 요소, 곧 유대의 율법과 헬라의 철학을 섞어 복음을 왜곡시켜왔는데, 자신들은 그렇게 하지 않았다 것이다. 거짓교사들은 하나님 말씀에 물을 탄다(고후 11:4). 다른 영을 전하고 하나님 말씀을 왜곡시킨다.

고린도후서 3장

새 언약에 따른 사도직의 영광됨과 그 우월성

1. 바울의 사도권(1-3절)

당시 위임장이나 신임장의 역할을 했던 추천장(행 9:2)을 갖추지 않았다며 바울을 비하하고 비난하는 사람들이 있었다. 이에 대해 바울은 자신의 사도권이 주님으로부터 온 것이며 성령의 역사로 인해 하나님의 사람으로 다시 태어난 성도들이야말로 그가 사도임을 가장 확실하게 증거 하는 것이라 했다.

"우리가 다시 자천하기를 시작하겠느냐 우리가 어찌 어떤 사람처럼 추천서를 너희에게 부치거나 혹은 너희에게 받거나 할 필요가 있느냐."(1절).

우리가 다시 우리 자신을 추천하는 말을 해야 하는가? 아니면, 어떤 사람들처럼 우리가 여러분에게 보일 추천장(letters of recommendation)이나 여러분이 주는 추천장을 필요로 하는 사람들인가? 바울은 나에게 어떤 추천장이 필요한가 묻는다. 추천장은 추천하는 사람을 주 안의 한 형제로 교회가 인정한다는 것을 나타내는 일종의 소개장이다.

당시 바울을 대적하던 거짓 사도들은 자신의 입지를 확고히 하기 위해 그리스도의 사도로 가장하고(고후 11:13-15) 추천장을 사거나 위조하기도 했다. 그러면서도 바울의 사역을 방해하고 논쟁을 하기 위해 예루살렘에서 발행한 추천장을 보여 달라고 바울에게 요청하기도 했다. 그러나 바울에게는 그러한 추천장이 필요하지 않았다. 고린도교회는 바울이 세운 교회이기 때문이다.

"너희는 우리의 편지라 우리 마음에 썼고 뭇 사람이 알고 읽는 바라."(2절).

바울은 성도 여러분이야말로 우리를 천거해주는 편지(epitole, letter), 곧 추천장이라 했다. 이 추천장은 무엇보다 우리 마음에 적혀 있고, 많은 사람들이 그것을 알고 읽고 있다. 고린도교인들은 많은 사람들에게 잘 알려진 자들이 아닌가. 이보다 더 좋은 추천장이 어디에 있을까. 교회는 복음 사역의 능력을 가장 잘 나타내는 증거이다. 고린도 교인들은 바울의 모든 활동에 대해 산 증거가 되기 때문에 다른 추천장이 필요하지 않았다.

"너희는 우리로 말미암아 나타난 그리스도의 편지니 이는 먹으로 쓴 것이 아니요 오직 살아 계신 하나님의 영으로 쓴 것이며 또 돌 판에 쓴 것이 아니요 오직 육의 마음 판에 쓴 것이라."(3절).

그렇다면 "우리의 편지"로 충분할까. 바울은 이것만으로 충분한 증거가 되지 못한다고 보았다. 그래서 여러분은 그리스도께서 쓰신 주님의 편지라 했다. 고린도교회는 세상을 향해 바울을 추천하는 그리스도의 편지라는 것이다. 이 살아있는 편지의 저자는 바로 주님이시다. 그리고 붓으로 사용된 것이 바로 사도 바울이다. 바울은 주님께서 이 편지를 쓰실 때 붓과 같은 도구가 되었다.

나아가 이 편지는 먹물로 쓴 것이 아니라 살아 계신 하나님의 영, 곧 성령에 의해 쓰인 것이라 했다. 그 계시의 내용을 나타나게 하는 먹물의 역할을 성령께서 하셨다는 말이다.

또한 이 편지는 돌 판(tablets of stone)에 쓴 것이 아니라 인간의 마음 판(tablets of human hearts)에 쓰였다. 돌 판은 옛 언약에 근거한 것이다. 하지만 마음 판은 성령에 의해 성도들의 심령 속에 새겨진 구원의 복음, 곧 새 언약에 근거한 것이다.

2. 사도직의 기원(4-6절)

바울은 1-3절의 내용을 더 심화하여 3:4-4:6까지 확충하여 다루었다. 4-6절은 사도직은 사람에게 있는 것이 아니라 하나님으로부터 온다는 것을 일깨워 주고 있다. 우리가 그럴 자격이 있기 때문이 아니라 하나님의 은혜로 되었다는 것이다.

"우리가 그리스도로 말미암아 하나님을 향하여 이 같은 확신이 있으니."(4절).

이 같은 확신(confidence)을 그리스도를 통해 하나님 앞에서 갖게 되었다는 것이다.

"우리가 무슨 일이든지 우리에게서 난 것 같이 스스로 만족할 것이 아니니 우리의 만족은 오직 하나님으로부터 나느니라."(5절).

우리가 무슨 일이든 우리가 하는 것처럼 생각할 자격은 없다. 우리가 사도직을 수행하든 그리스도의 편지가 되던 이런 일을 할 수 있는 자격이나 능력은 우리에게서 난 것이 아니다. 그 능력은 하나님으로부터 오기 때문이다. "만족"(*hikanotes*, sufficiency)은 문자적으로 "능력." "자격"이다. 우리의 자격(능력)은 우리가 아니라 하나님으로부터 온 것이다. 모든 것은 하나님의 은혜로 되었다는 말이다.

"그가 또한 우리를 새 언약의 일꾼 되기에 만족하게 하셨으니 율법 조문으로 하지 아니하고 오직 영으로 함이니 율법 조문은 죽이는 것이요 영은 살리는 것이니라."(6절).

하나님께서 우리에게 새 언약(*kaines diathekes*, new covenant)의 일꾼이 되는 자격을 주셨다. 이 새 언약은 율법 조문(*grammatos*, letter)으로 된 것이 아니라 영(*Pneumatos*, the Spirit), 곧 성령으로 된 것이다. 율법 조문은 사람을 죽이지만 영은 사람을 살린다. 모세를 통해 주신 율법은 죄를 드러내고 정죄하여 사망에 이르게 한다. 사람들이 계속 죄를 지음으로 말미암아 이 율법은 사람들을 정죄하고 죽이는 것이 되었다. 하지만 성령은 사람들의 마음에 하나님의 율법의 근본정신인 사랑을 심어줌으로써 인간을 살린다. 하나님은 우리에게 사도의 직분을 주심으로, 사람을 죽이는 것이 아니라 살리는 일을 하도록 하셨다는 것이다.

새 언약은 모세를 통해 세워진 율법, 곧 옛 언약과 대비되는 것으로, 예수 그리스도로 인해 세워진 새 언약을 가리킨다. 여기서 말하는 "새"(*kainos*, new)는 질적으로 새로움(질적인 변화)을 가리키는 것으로, 시간적인 새로움을 나타내는 "새"(*neos*, new)와는 개념이 다르다. 그리스도의 새 언약은 하나님의 풍성한 은혜로 죄인을 의롭게 하며 생명에 이르게 한다.

3. 새 언약의 직분의 우월성(7-11절)

"돌에 써서 새긴 죽게 하는 율법 조문의 직분도 영광이 있어 이스라엘 자손들은 모세의 얼굴의 없어질 영광 때문에도 그 얼굴을 주목하지 못하였거든."(7절).

모세가 돌에 새긴 율법을 받을 때 그의 얼굴에서 밝은 광채가 났다. 곧 사라질 것이었지만 그 광채 때문에 이스라엘 자손들은 그의 얼굴을 제대로 바라볼 수가 없었다. 죽음에 이르게 하는 그 율법의 직분(*diakonia*, ministry)에도 영광이 따랐다.

"하물며 영의 직분은 더욱 영광이 있지 아니하겠느냐."(8절).

그렇다면 영의 직분, 곧 성령님이 주시는 생명의 직분은 더욱 영광스럽지 않겠는가. 바울은 율법의 직분과 영의 직분을 대비시켰다. 영의 직분은 율법 조문의 직분과 비교할 수 없을 만큼 값어치가 크다.

"정죄의 직분도 영광이 있은즉 의의 직분은 영광이 더욱 넘치리라."(9절).

정죄(*katakriseos*, condemnation)의 직분은 율법 사역의 직분을 말하고, 의(*dikaiosynes*, righteousness)의 직분은 복음 사역의 직분을 말한다. 정죄의 역할만 하는 율법의 전달자인 모세의 얼굴에도 영광이 나타났는데 하물며 복음을 전하는 의의 직분, 곧 사도의 직분은 더욱 영광이 넘치지 않겠는가. 성령의 복음은 죄인들에게 생명을 주고 그들을 의롭게 하기 때문이다. 죄를 선고하던 직분이 영광스럽다면 사람을 의롭게 하는 직분은 더욱 영광스럽다.

"영광되었던 것이 더 큰 영광으로 말미암아 이에 영광될 것이 없으나."(10절).

이런 점에서 지금까지 영광스러웠던 것(율법의 직분, 정죄의 직분에 따른 영광)이 이제는 그보다 더 큰 영광, 곧 그보다 훨씬 더 빛나는 영광(영의 직분, 의의 직분에 따른 영광)이 나타났기 때문에 그 빛을 잃게 되었다. 새롭고 더 큰 영광이 나타났기 때문에 과거의 영광은 더 이상 영광이 되지 않는다는 말이다.

"없어질 것도 영광으로 말미암았은즉 길이 있을 것은 더욱 영광 가운데 있느니라."(11절).

잠시 있다가 사라질 것도 그토록 영광을 입었다면 영원히 남을 것은 더 영광스러울 것 아니겠는가.

4. 새 언약의 우월성(12-18절)

"우리가 이 같은 소망이 있으므로 담대히 말하노니."(12절).

그러므로 우리는 이런 희망이 있기 때문에 아주 담대하게 말할 수 있다.

"우리는 모세가 이스라엘 자손들에게 장차 없어질 것의 결국을 주목하지 못하게 하려고 수건을 그 얼굴에 쓴 것 같이 아니하노라."(13절).

이것은 출애굽기 34:29-35을 바탕으로 한 바울의 율법 해석이다. 바울은 모세가 백성들에게 말을 할 때는 수건(*kalymma*, veil)을 벗고, 말을 마친 다음에는 얼굴을 가린 것은 영광의 광채가 사라진 후 실망된 자기 모습을 가리기 위한 것으로 보았다. 이것은 바울의 특이한 성경 해석이다.

하지만 바울은 그와 같은 일은 하지 않는다고 말한다. 그리스도의 광채는 모세의 광채와는 달리 영원하기에 가릴 필요가 없기 때문이다.

"그러나 그들의 마음이 완고하여 오늘까지도 구약을 읽을 때에 그 수건이 벗겨지지 아니하고 있으니 그 수건은 그리스도 안에서 없어질 것이라."(14절).

사실 이스라엘 사람들의 마음은 완고해졌나. 그들은 오늘날까지도 옛 언약의 책, 곧 구약을 읽을 때 그 수건이 벗겨지지 않고 그대로 있다. 하지만 그 수건은 그리스도 안에서 없어질 것이다.

여기서 수건은 문맥상 두 가지로 해석된다. 하나는, 율법의 본질은 깨닫지 못하면서 문자만을 고집하는 이스라엘의 오해와 무지를 가리킨다. 다른 하나는, 예수 그리스도를 거부하는 불신앙을 가리킨다. 그리스도의 영광을 보지 못하도록 가리기 때문이다.

유대인들은 하나님의 율법을 소유했으면서도 장로들의 유전 등 여러 전통적인 해석 때문에 그 율법의 진정한 의미, 곧 그리스도를 향하게 하는 율법의 기능 등을 미처 깨닫지 못했다. 아직도 유대인들은 그리스도 안에서 없어질 수건을 벗어버리지 않고 그리스도의 영원한 광채로 나아오지 않는다.

"오늘까지 모세의 글을 읽을 때에 수건이 그 마음을 덮었도다."(15절).

오늘날까지 그들이 모세의 율법을 읽을 때 수건이 그들의 마음을 덮고 있다. 오늘날도 전통적인 해석과 우리 자신이 처한 상황이 수건이 되어 하나님의 말씀을 올바로 깨닫지 못할 수 있다.

"그러나 언제든지 주께로 돌아가면 그 수건이 벗겨지리라."(16절).

그러나 언제든지 주님께로 돌아가면 그 수건이 벗겨질 것이다. 주님께 돌아가는 것이 중요하다. "돌아가다"(*epistrepse*, turn)는 문자적으로 "돌이키다," "회개하다"는 뜻을 가지고 있다. 회개하고 주님께 돌아오면 달라진다는 말씀이다.

"주는 영이시니 주의 영이 계신 곳에는 자유가 있느니라."(17절).

주님은 영이시다. 주님의 영이 계신 곳에는 자유(*eleutheria*, freedom)가 있다. 이 말씀은 6절과 연결된다. 죄를 지은 자에게는 율법이 저주를 선언한다. 율법이 있는 곳에는 속박이 있다. 하지만 오직 살리는 영이신 그리스도에게 되돌아 갈 때 죄에서 자유 함을 얻을 수 있다. 그리스도는 살려주는 영으로 이 땅에 오셨기 때문이다. 주의 영이 함께 하는 곳에는 자유가 있다. 그리스도 안에서 성령의 감화를 받아 진리를 깨닫게 되면 율법의 속박에서 벗어나 죄와 사망으로부터 벗어나 영적 해방을 누리게 된다. 이것은 경건의 비밀, 복음의 진리에 대한 깨달음에서 오는 영적인 해방이다. 주 안에서만 이렇듯 완전한 자유를 얻을 수 있다. 율법이 줄 수 없는 자유다.

"우리가 다 수건을 벗은 얼굴로 거울을 보는 것 같이 주의 영광을 보매 그와 같은 형상으로 변화하여 영광에서 영광에 이르니 곧 주의 영으로 말미암음이니라."(18절).

이제 우리는 모두 수건을 벗어버리고, 얼굴로 거울을 보듯 주님의 영광을 보게 된다. 이렇게 해서 우리는 주님과 같은 모습으로 변화하여, 점점 더 큰 영광에 이르게 된다. 이것은 주의 영, 곧 성령님께서 하시는 일이다.

"주의 영광"은 부활하시어 영화롭게 되신 그리스도의 영광을 가리킨다. 그리스도는 영원히 쇠하지 않는 하나님의 영광이다. 믿는 자들이 점점 더 그리스도의 형상(*eikona*, image)을 닮아갈 때 그리스도의 영광에 참예하게 된다. 믿는 자들로 하여금 그리스도의 형상을 닮아가도록 성화시키는 분은 성령님이시다.

고린도후서 4장

복음의 빛, 질그릇에 담긴 보배, 겉 사람과 속사람

1. 복음의 빛(1-6절)

“그러므로 우리가 이 직분을 받아 긍휼하심을 입은 대로 낙심하지 아니하고.”(1절).

그러므로 우리가 하나님의 자비하심(mercy)으로 이 직분을 받아 일하게 되었기 때문에 낙심하지 않는다. 하나님의 은혜로 이 고귀한 직분을 맡게 되었으므로 낙심할 이유가 하나도 없다는 말이다. 감사할 것뿐이다.

“이에 숨은 부끄러움의 일을 버리고 속임으로 행하지 아니하며 하나님의 말씀을 혼잡하게 하지 아니하고 오직 진리를 나타냄으로 하나님 앞에서 각 사람의 양심에 대하여 스스로 추천하노라.”(2절).

오히려 우리는 은밀하고 부끄러운 일, 곧 부끄러워서 드러내지 못할 일들은 하지 않았다. 또한 간사한 행동도 하지 않았다. 우리는 하나님의 말씀을 왜곡하지도 않았고 오직 진리(*aletheias*, truth)를 분명하게 드러내고 전했다. 이것은 고린도교회에 들어와 신자들을 속이고 자기 이익만 챙기던 거짓 교사들과는 다르게 행동했다는 말이다. 자신들은 하나님의 말씀, 곧 복음을 바르게 전했다.

그렇게 함으로써 하나님 앞에서 뿐 아니라 모든 사람의 양심 앞에서 아무 거리낌이 없음을 말하고자 한다. 하나님 앞과 사람 앞에서 떳떳하다는 말이다.

"만일 우리의 복음이 가리었으면 망하는 자들에게 가리어진 것이라."(3절).

만일 우리가 전하는 복음이 가려있다면(be concealed) 그것은 멸망하는 자들에게 가려있는 것이다. "망하는 자들"(those who are perishing)은 그리스도께로 돌아오기를 거절함으로써 불신앙의 수건이 벗어지지 않아 복음의 진리를 바로 깨닫지 못하는 자들을 가리킨다. 자신들이 바르게 전한 복음이 그들에게 이해되지 않은 것은 복음에 문제가 있는 것이 아니라 복음을 거부하는 자들의 문제라는 말이다.

"그 중에 이 세상의 신이 믿지 아니하는 자들의 마음을 혼미하게 하여 그리스도의 영광의 복음의 광채가 비치지 못하게 함이니 그리스도는 하나님의 형상이니라."(4절).

그들의 경우를 두고 말하면, 이 세상의 신인 사단이 믿지 않는 사람들의 마음을 어둡게 했기 때문에 그들은 하나님의 형상이신 그리스도의 영광에 대한 복음의 빛을 볼 수가 없다. 사단이 불신자의 마음을 어둡게 하여 복음의 진리를 깨닫지 못하게 했다는 말이다.

"이 세상의 신"(the god of this age)은 사단을 가리킨다. 사단은 불신앙과 죄악을 조장한다. "그리스도는 하나님의 형상"이라는 것은 육신을 입고 이 땅에 오신 예수 그리스도는 보이지 않는 하나님을 우리의 눈에 보이도록 나타나신 분이시라는 것이다(요 1:18). 그리스도를 본 자는 보이지 않는 하나님을 본 것이다(요 14:9).

"우리는 우리를 전파하는 것이 아니라 오직 그리스도 예수의 주 되신 것과 또 예수를 위하여 우리가 너희의 종 된 것을 전파함이라."(5절).

우리는 우리 자신을 전파하지 않는다. 자기를 자랑하고 자기 이익을 추구하며 신자들 위에 군림하려 한 거짓 교사들과는 다르다는 말이다.

우리가 전하는 것은 두 가지이다. 하나는, 예수 그리스도가 주님(*Kyrion*, Lord)이 되신다는 것이다. 예수님을 우리 생명의 주권자로 인정하는 것이다. 복음 사역자는 오직 주되신 예수 그리스도, 우리의 생명이신 예수를 전파해야 한다. 전파하면 생명의 역사가 나타난다. 다른 하나는, 우리는 다만 예수님을 위한 여러분의 종(*doulous*, servants)이라는 사실이다. 주의 종으로서 여러분을 겸손히 섬기는 자라는 것이다.

"어두운 데에 빛이 비치라 말씀하셨던 그 하나님께서 예수 그리스도의 얼굴에 있는 하나님의 영광을 아는 빛을 우리 마음에 비추셨느니라."(6절).

태초의 어둠 가운데 "빛(*phos*, light)이 있으라."고 말씀하신 그 하나님이 이제 새 창조의 역사를 수행하셨다. 우리 마음속에 하나님의 영광을 아는 지식의 빛(*photismon*, radiance)을 비추시고 그리스도의 얼굴에 나타난 하나님의 영광을 깨닫게 하신 것이다. 죄로 어두워진 세상에 예수 그리스도를 보내시고 복음의 빛을 비추신 것이다. 그리고 자기의 택한 백성을 구원하셨다.

2. 질그릇에 담긴 보배(7-15절)

"우리가 이 보배를 질그릇에 가졌으니 이는 심히 큰 능력은 하나님께 있고 우리에게 있지 아니함을 알게 하려 함이라."(7절).

우리는 이 보물을 질그릇에 간직하고 있다. 질그릇 같은 우리 속에 이 보화를 가졌다는 말이다. 보배(*thesauron*, treasure)는 예수 그리스도를, 질그릇(earthen vessels)은 우리를 의미한다. 로마시대 땐 보물을 토기그릇에 담았다. 보화를 담고 있기 때문에 그 그릇을 귀하게 다뤘다. 바울은, 우리를 가리켜 보배를 가진 질그릇이라 했다. 우리는 보잘 것 없지만 우리 안에 있는 보배, 곧 예수 그리스도는 그렇지 않다는 것이다. 보배는 복음의 거룩한 빛으로 가장 가치 있는 것을 말한다. 가장 가치 있는 것은 바로 예수 그리스도이다. 우리가 이렇게 된 것은 엄청난 능력이 아니고서는 불가능한 일이다. 이 능력은 하나님에게서 나온 것이지, 우리에게서 나온 것이 결코 아니다.

우리는 질그릇이 아니라는 사실을 잊어서는 안 된다(질그릇 의식). 질그릇은 볼품없고 약하며 깨어지기 쉽다. 깨어지기 쉬운 존재, 연약한 존재가 바로 우리다. 하지만 우리는 주님의 그릇이다. 그릇은 쓰임을 받기 위해 지어진 존재다. 하나님이 쓰시기에 합당한 그릇, 보배를 담아도 괜찮은 그릇이 되자. 이러한 인식이 있을 때 우리는 더욱 주님께 의지하게 된다.

"우리가 사방으로 우겨 쌈을 당하여도 싸이지 아니하며 답답한 일을 당하여도 낙심하지 아니하며."(8절).

질그릇에 보배를 담은 사람은 사방으로 우겨 쌈을 당해도(being hard pressed) 싸이지 않고, 답답한 일을 당해도(being perplexed) 낙심치 않는다. 그 어떤 상황에서도 주님은 우리가 일어날 수 있도록 힘과 능력을 주신다. 예수의 생명력은 이처럼 우리 안에서 역사한다.

우겨 쌈은 괴로움을 주며 위협을 가하고, 두려움과 공포에 쌓이게 한다. 그런 어려움을 당했음에도 불구하고 믿음의 사람은 꺾이지 않는다. 답답함은 억울하게 난처한 일을 당하게 하고 분노와 낙심을 유발한다. 그런 상황 속에서도 보배를 담은 질그릇은 실망하지 않는다. 주님이 함께 하시기 때문이다. 답답한 일을 당해도 낙심하지 않는 것은 바로 이 믿음을 갖고 있기 때문이다.

"박해를 받아도 버린바 되지 아니하며 거꾸러뜨림을 당하여도 망하지 아니하고."(9절).

핍박을 받아도(being persecuted) 버림을 받지 않게 되고 거꾸러뜨림, 곧 맞아서 쓰러져도(being struck down) 죽지 않는다.

핍박이나 거꾸러뜨림은 앞 절의 우겨 쌈이나 답답한 일처럼 보배를 그릇에 담은 성도들이 당하는 온갖 고난을 말한다. 이것들은 우리를 무너뜨리려 한다. 그러나 보배를 담은 질그릇은 다르다. 박해가 심할수록 복음은 강해진다. 하나님은 자기의 자녀들이 절대 망하지 않도록 하신다.

"우리가 항상 예수의 죽음을 몸에 짊어짐은 예수의 생명이 또한 우리 몸에 나타나게 하려 함이라."(10절).

우리가 이렇게 언제나 예수님의 죽으심을 우리 몸에 짊어지고 다니는 것(*peripherontes*, carrying around), 곧 몸소 체험하는 것은 예수님의 생명이 우리 몸에 나타나게 하려는 것(*phanerothe*, should be manifested)이다.

죽을 것 같은 고난의 순간들, 그 위기의 순간은 바로 하나님의 생명력이 나타날 수 있는 기회의 순간들이다. 복음을 위해 고난을 받는 순간은 예수의 생명력이 나타날 수 있는 기회의 순간이 된다. 우리는 이 같은 "생명의식"을 가지고 있어야 한다. 그리스도인은 현재만을 보고 비관하는 사람이 아니라 미래를 바라보며 낙관하는 사람이다.

"우리 살아 있는 자가 항상 예수를 위하여 죽음에 넘겨짐은 예수의 생명이 또한 우리 죽을 육체에 나타나게 하려 함이라."(11절).

살아 있는 우리가 예수님을 위해 언제나 죽음에 넘겨짐(*paradidometa*, be being delivered), 곧 죽을 위험을 당하는 것은 우리의 죽을 몸에 예수의 생명(*zoe*, life)이 나타나도록 하기 위한 것이다. 우리 산자가 그리스도의 고난에 참여하게 되는 것은 영광스럽다. 예수의 생명을 우리 몸에 나타내는 기회가 되기 때문이다.

예수의 생명은 살아있는 예수의 부활생명이다. 그 생명이 우리 몸에 나타나게 해야 한다. 예수는 생명의 물이요 생명의 떡이다. 기준은 내 스타일이 아니다. 예수 그리스도의 생명이다. 우리가 항상 예수를 짊어지고 살면 예수의 생명이 우리 속에 나타난다. 그리스도인은 바로 "살아있는 그리스도"(living Christ)를 우리 속에 나타내는(manifest) 삶을 살아야 한다. 날마다 예수의 죽음을 경험하며 살 때 비로소 고난 받는 것도 기뻐하고 자랑할 수 있다. 바울은 그런 삶을 살았다.

"그런즉 사망은 우리 안에서 역사하고 생명은 너희 안에서 역사하느니라."(12절).

그러므로 우리는 죽을 위험을 당하지만 여러분은 영원할 생명을 얻게 되었다는 것이다. 예수님이 십자가에서 고난을 받고 죽으심으로 우리가 생명을 얻듯 바울이 전도를 하기 위해 죽을 고비를 겪지만(face death) 고난을 받음으로 인해 오히려 고린도 교인들이 영원한 생명을 얻게 되었다는 것이다.

"기록된바 내가 믿었으므로 말하였다 한 것 같이 우리가 같은 믿음의 마음을 가졌으니 우리도 믿었으므로 또한 말하노라."(13절).

성경에 "내가 크게 고통을 당하였다고 말할 때에도 나는 믿었도다."(시 116:10)는 말씀이 있다. 그 말씀처럼 우리도 그와 똑같은 믿음의 영을 가지고 있어 말한다. "내가 크게 고통을 당하였다고 말할 때에도 나는 믿었도다." 바울은 여기서 이 시편의 말씀을 자유롭게 사용하고 있다.

"주 예수를 다시 살리신 이가 예수와 함께 우리도 다시 살리사 너희와 함께 그 앞에 서게 하실 줄을 아노라."(14절).

주 예수를 살리신 하나님께서 예수와 함께 우리도 다시 살리시고, 여러분과 함께 우리를 그분 앞에 세워주실 것을 우리는 알고 있다. 현재의 고난은 죽음이 아니라 영원한 삶을 위한 하나의 과정임을 보여준다. 우리는 모두 하나님 앞에 영광스럽게 서게 될 것이다.

"이는 모든 것이 너희를 위함이니 많은 사람의 감사로 말미암아 은혜가 더하여 넘쳐서 하나님께 영광을 돌리게 하려 함이라."(15절).

이 모든 것은 다 여러분의 유익을 위한 것이다. 그리하여 더 많은 사람이 은혜를 풍성히 받아 감사가 넘치게 하고, 하나님께 영광을 돌리게 하려는 것이다. 바울이 고난을 당하는 것은 작게는 고린도교인들이 그가 전한 복음을 통해 하나님의 구속의 은혜를 더 깊이 깨닫는데 있다. 하지만 더 큰 목적은 더 많은 사람들이 그 은혜를 깨달아 감사함으로 하나님께 더 큰 영광을 돌리게 하는 데 있다는 것이다.

3. 겉 사람과 속사람(16-18절)

"그러므로 우리가 낙심하지 아니하노니 우리의 겉 사람은 낡아지나 우리의 속사람은 날로 새로워지도다."(16절).

그러므로 우리는 낙심하지 않는다. 격심한 고난, 환난과 핍박으로 인해 비록 우리의 겉(*exo*, outward) 사람, 곧 육신은 약해지고 쇠하여 가지만 우리의 속(*eso*, inner) 사람, 곧 성령으로 거듭난 우리의 영은 날마다 새로워지고 있다. 성령으로 새로운 힘을 공급받고 있기 때문이다.

"우리가 잠시 받는 환난의 경한 것이 지극히 크고 영원한 영광의 중한 것을 우리에게 이루게 함이니."(17절).

우리가 이 땅에서 잠시 받는(*parautika*, momentary) 가벼운 고난은 그 무엇과도 비교될 수 없는 크고 엄청난 영원한 영광을 우리에게 가져다 줄 것이다. 바울은 전도를 하면서 끊임없이 환난을 겪었다. 어떤 때는 이제 죽었구나 생각될 할 때도 있었다. 그럼에도 불구하고 그 환난은 잠시요 가벼운 것(*elaphron*, lightness)이라고 말한다. 그가 이렇게 말할 수 있었던 것은 환난 가운데서 그가 앞으로 누릴 영광을 바라보았기 때문이다. 이 영광은 영원한 것(*aionion*, eternal)이며 그 무엇과도 비교될 수 없는 크고 엄청난 무게(excessiveness of weight)를 가지고 있다. 장차 누릴 이 큰 영광에 비하면 지금 당하는 고난은 잠시 받는 것이자 가벼운 것에 불과하다. 예수님께서도 "그 앞에 있는 기쁨을 인하여," 즉 부활 이후 누리실 영광을 앞서 보시면서 십자가를 참으셨다(히 12:2). 바울도 주님의 모범을 따랐다.

"우리가 주목하는 것은 보이는 것이 아니요 보이지 않는 것이니 보이는 것은 잠깐이요 보이지 않는 것은 영원함이라."(18절).

그래서 우리는 보이는 것을 바라보는 것이 아니라 보이지 않는 것을 바라본다. 보이는 것은 잠깐(*proskaira*, temporary)이지만 보이지 않는 것은 영원하기(*aionia*, eternal) 때문이다.

"우리가 주목하는 것은." 이 말은 우리가 믿음 생활을 하면서 바라보아야 할 것(look at)이 있다는 것을 말해준다. 이것은 우리의 눈을 고정시켜 정신차리고 집중해서 봐야 할 것(fix our eyes on)들이다. 바울은 두 가지가 있다고 말한다.

첫째, 보이는 이 세상이 아니라 보이지 않는 그 나라이다. 세상은 보이는 것(seen, visible)을 추구한다. 보이는 것이 모두라 생각하기 때문이다. 그러나 그리스도인의 소망은 보이지 않는 것(unseen, invisible)에 있다. 그것은 하나님의 나라이다. 그리스도인은 이 땅에 살면서도 보이지 않는 나라를 소망하며 살아가는 사람들이다. 이런 점에서 세상 사람들과 다르다. 그 다름을 추구하는 것이 우리의 삶이다. 다름이 없다면 그리스도인이라 말할 수 없을 것이다.

둘째, 잠깐보다 영원함이다. 우리는 보이는 잠깐의 세상을 영원한 것으로 착각하며 살아간다. 그러나 우리 각자에게 주어진 이 세상에서의 삶은 잠깐이다.

"잠깐"은 어떤 것일까? 성경은 그것을 한 순간(a moment), 한 시간(a time), 길어야 한 계절(a season)의 지나감 같다고 말한다. 오랜 사는 것 같지만 눈 깜짝 할 사이(temporal)이며 머물 수 있는 곳이 아니라 잠시 쉬었다 가는 것(transitory) 이다. 이 땅에서 우리의 생명은 바로 그런 것이다.

우리가 지금 이 시간 바라보아야 하는 것은 영원함이다. 그것은 시간적으로는 영원무궁하며(for ever), 없어질 것이 아니며(imperishable), 우리가 영원히 거주할 곳(permanent)이다. 그 나라는 영원하고 견실하고 진실하다(real). 잠시가 진짜가 아니라 영원한 것이 진짜다. 잠깐을 영원한 것으로 생각하도록 하는 것은 우리를 가짜의 삶을 살도록 하는 사단의 올무일 뿐이다.

고린도후서 5장

하늘에 있는 영원한 집, 화목하게 하는 직분

1. 하늘에 있는 영원한 집(1-10절)

"만일 땅에 있는 우리의 장막 집이 무너지면 하나님께서 지으신 집 곧 손으로 지은 것이 아니요 하늘에 있는 영원한 집이 우리에게 있는 줄 아느니라."(1절).

우리는 땅에 있는 우리의 장막 집(earthly tent), 곧 육체의 집이 무너지면 우리가 사람의 손으로 지은 것이 아니라 하나님이 지으신 하늘의 영원한 집을 소유하게 될 것을 안다.

"장막 집"은 현재 우리가 지니고 있는 육체를 말한다(벧후 1:13). 인간이 지은 장막처럼 우리의 육체도 낡아져 가고 무너지기 쉽다. "무너지다"(be destroyed)는 것은 우리 육체가 다시 흙으로 돌아가는 것을 말한다. 하늘에 있는 영원한 집은 신령한 몸, 곧 주의 재림 때 입게 될 부활의 몸을 가리킨다(고전 15:44).

"참으로 우리가 여기 있어 탄식하며 하늘로부터 오는 우리 처소로 덧입기를 간절히 사모하노라."(2절).

믿는 자들은 하늘로부터 오는 우리의 집, 곧 하나님께서 입혀주시는 신령한 몸을 덧입기를 갈망하면서, 이 장막 집에서 탄식하고 있다. 이 육체의 집에서 탄식하며 하늘의 몸을 입게 될 날을 고대하고 있다는 말이다. 탄식한다(*stenazomen*, groan)는 것은 "신음하다," "피로에 지쳐가고 있다"는 말이다.

"이렇게 입음은 우리가 벗은 자들로 발견되지 않으려 함이라."(3절).

우리가 신령한 몸을 덧입고자 하는 것은 우리들로 벗은 자로 존재하는 것처럼 보이지 않게 하기 위함이다. 여기서 "벗은(*gymnoi*, naked) 자"는 하늘로부터 오는 영광스러운 부활체를 입지 못하고 죽은 자를 가리킨다. 죽음으로써 육신의 장막을 벗었으나 구속을 받지 못해 하나님이 주시는 신령한 몸을 입지 못한 자들의 부끄러운 상태를 말한다. 우리가 벗은 자들로 발견되지 않는 것은 우리가 신령한 몸을 덧입게 되면 벗은 자처럼 되지 않는다는 말이다. 바울은 육신을 장막 집으로 비유하였다. 우리의 장막 집, 곧 육신이 무너지면 그것으로 끝나지 않고 신령한 몸으로 덧입게 된다. 우리는 죽음으로 모두 끝나는 삶이 아니다.

"참으로 이 장막에 있는 우리가 짐 진 것 같이 탄식하는 것은 벗고자 함이 아니요 오히려 덧입고자 함이니 죽을 것이 생명에 삼킨바 되게 하려 함이라."(4절).

우리가 이 육체의 장막 속에 사는 동안 육체의 제한성과 살면서 당하는 많은 고통과 역경으로 인해 마치 무거운 짐을 진 것처럼 살아가며 탄식하는 이유가 있다. 그것은 이 몸을 벗고 싶어서가 아니라 신령한 몸을 입어서 죽을 몸이 영원히 살기 위한 것이다.

"생명에 삼킨바 되게 하려 함이라." 예수 부활의 삶에 참여함을 통해 성도의 육신은 죽음이 아니라 생명에 삼키게 될 것(*katapothe*, may be swallowed up), 곧 영생을 얻으리라는 말씀이다. 바울은 그의 죽을 몸이 사망이나 음부에 삼킨바 되지 않고 그리스도 부활의 생명에 삼킨바 되기를 원했다. 주님이 부활하심과 같이 성도들이 부활할 때는 사망의 이김이 생명에게 삼키게 된다(고전 15:54).

"곧 이것을 우리에게 이루게 하시고 보증으로 성령을 우리에게 주신 이는 하나님이시니라."(5절).

이런 일을 우리에게 이루어 주시고, 그 보증(*arrabona*, pledge)으로 성령을 우리에게 주신 분은 바로 하나님이시다. 하나님은 성령을 보내주심으로써 믿는 자들이 생명에 삼킨바 되고 신령한 몸을 입게 될 것을 보증하셨다.

"그러므로 우리가 항상 담대하여 몸으로 있을 때에는 주와 따로 있는 줄을 아노니."(6절).

그러므로 우리는 확신하며 아는 것이 있다. 그것은 바로 우리가 육신의 장막에 머물러 사는 동안에는 하늘에 계신 주님과 얼굴을 대하고 살지 못한다는 사실이다. 하지만 주님은 보혜사 성령을 통하여 영적으로 우리와 늘 함께 하신다(마 28:20). 그러므로 몸은 떨어져 있지만 영으로는 하나가 되어 있다.

"이는 우리가 믿음으로 행하고 보는 것으로 행하지 아니함이로라."(7절).

그것은 우리가 보는 것(*eidous*, sight)으로 살지 않고 믿음(*pisteos*, faith)으로 살고 있기 때문이다. 지금 얼굴과 얼굴을 대하지는 못한다 할지라도 믿음으로 확신하고 영적으로 교제하며 살아간다. 우리는 언제나 기도로 주님과 대화할 수 있다.

"우리가 담대하여 원하는 바는 차라리 몸을 떠나 주와 함께 있는 그것이라."(8절).

우리가 확신하고 원하는 것은 차라리 몸을 떠나 주님과 함께 사는(*endemesai*, be at home) 그것이다. 바울은 개인적으로 육체의 몸을 입고 사는 현재보다 죽어 육체를 떠나 주님과 함께 사는 것을 더 바랐다. 그것은 결코 낯선 것이 아니라 고향과 같다.

바울은 특이한 신앙체험을 가진 사람이다(고후 12:1-4). 그는 천국경험을 했고 하나님 나라의 삶을 확신했다. 그래서 그는 이 세상에 매달리기보다 오히려 주와 함께 거하고자 했다. 그의 시선은 잠정적인 이 세상에 고정되어 있지 않다. 바울의 마음은 이미 천국에 가 있기 때문에 이 세상에서 그 어떤 고통을 받아도 그것은 별 것 아니다.

"그런즉 우리는 몸으로 있든지 떠나든지 주를 기쁘시게 하는 자가 되기를 힘쓰노라."(9절).

그래서 우리가 이 육체의 장막에 머물러 있든지 떠나든지, 다시 말해 살든지 죽든지 주님을 기쁘시게 하는(*euarestoi*, well-pleasing) 것이 우리의 목표로 삼고 있다는 말이다(빌 1:20).

"이는 우리가 다 반드시 그리스도의 심판대 앞에 나타나게 되어 각각 선악간에 그 몸으로 행한 것을 따라 받으려 함이라."(10절).

우리는 모두 그리스도의 심판대(*bematos*, judgement seat) 앞에 나타나야 하고 그곳에서 심판을 받게 된다. 믿는 자도 마지막 날에 주님의 심판대 앞에 선다. "나타나게 되어"(*phanerothenai*, be revealed)는 "벌거벗게 되다," "드러나게 되다"는 뜻을 가지고 있다. 평가받게 될 것을 말한다. 각 사람은 육체에 머물러 있는 동안 몸으로 행한 모든 일, 곧 자기가 행한 일에 따라 그에 합당한 보응을 받게 된다. 선한 일을 한 사람은 상을 받고 악한 일을 한 사람은 벌을 받게 된다. 여기에서는 하나님으로부터 인정을 받고 칭찬 받는 것이 중요하다.

신자들에 대한 주님의 심판은 거듭난 이후 자신의 행실에 따라 상을 받기도 하고 부끄럼을 당하기도 한다. 하지만 그것으로 구원 여부가 결정되는 것은 아니다. 구원은 우리의 행함으로 얻는 것이 아니고 하나님의 은혜와 믿음으로 얻는 것이기 때문이다(롬 3:21-28, 엡 2:8). 성도들에게는 죄에 대한 용서와 구원이 보장되어 있다(히 10:17, 고전 3:11-15).

2. 화목하게 하는 직분(11-21절)

"우리는 주의 두려우심을 알므로 사람들을 권면하거니와 우리가 하나님 앞에 알리어졌으니 또 너희의 양심에도 알리어지기를 바라노라."(11절).

주님은 심판의 주로서 우리를 행위대로 심판하실 분이시다. 우리는 주님이 얼마나 두려운 분이신가를 알고 있다. 그러므로 우리는 사람들에게 권한다.

우리는 이미 하나님에게 알려진 사람들이다. 하나님 앞에서 환히 드러났다. 마찬가지로 우리가 여러분의 양심에도 알려지고 환히 드러나기를 바란다. 이것은 자신들이 사도의 직분을 맡은 자로서 하나님과 사람 앞에서 부끄럼 없이 늘 진실 되게 행동하고 있음을 보여주는 말이다.

"우리가 다시 너희에게 자천하는 것이 아니요 오직 우리로 말미암아 자랑할 기회를 너희에게 주어 마음으로 하지 않고 외모로 자랑하는 자들에게 대답하게 하려 하는 것이라."(12절).

이것은 우리가 우리 자신을 다시 여러분에게 추천하려는 것이 아니다. 우리 자신을 여러분들에게 자랑하려는 것이 아니라는 말이다. 우리는 되레 우리를 자랑할 기회(*aphormen*, occasion)나 근거를 고린도교인들에게 드리려는 것이다. 그래서 속에는 자랑할 것이 없으면서도 겉으로만 자랑하는 사람들, 곧 거짓 교사들에게 여러분이 대답할 말을 가지게 하려는 것이다. 거짓 교사들은 사도들과의 친분관계, 유대인의 혈통, 할례, 추천서 등 외적인 것만을 늘어놓으며 자기를 자랑할 뿐 실제 영적인 능력은 없었다(고전 4:19-20).

"우리가 만일 미쳤어도 하나님을 위한 것이요 정신이 온전하여도 너희를 위한 것이니."(13절).

우리가 만일 미쳤다고 하면 하나님을 위한 것이다. 하나님께 미친 것이다. 만일 정신이 온전하다고(sober-minded) 하면 그것은 여러분을 위한 것이다. 여러분을 두고 온전한 것이다.

바울의 삶은 핍박받는 것이었다. 백조새끼가 털 색깔이 다르다 하여 미운 오리새끼 취급을 받았던 것처럼 그는 복음에 대한 열정이 남다르다 하여 미치광이 취급을 받았다. 거짓 교사들은 바울의 열정적인 태도를 보며 미친 자의 행동으로 몰아붙였다. 바울은 고린도전서 2:1-5을 통해 이런 비판이 아무 근거 없음을 보여주었다.

"그리스도의 사랑이 우리를 강권하시는 도다 우리가 생각하건대 한 사람이 모든 사람을 대신하여 죽었은즉 모든 사람이 죽은 것이라."(14절).

그것은 그리스도의 사랑이 우리를 지배하고 있기 때문이다. 한 사람, 곧 예수 그리스도께서 모든 사람을 대신하여 죽었으므로 모든 사람이 죽은 것이라고 우리는 확신한다.

나아가 바울은 고난과 수고를 마다하지 않고 열정적으로 복음을 전한 이유는 그리스도의 사랑이 그를 강권했기 때문임을 이 구절을 통해 밝혔다. "강권하다"(*synechei*, compel)는 "안할 수 없게 한다."는 뜻을 가지고 있다. 우리를 향한 그리스도의 사랑이 너무 크므로 그 사랑을 아는 사람은 어찌하든지 그 사랑을 100분의 1이라도 닮고, 그 사랑을 갚고자 한다. 그리스도인의 헌신, 선교에 대한 열정은 바로 우리를 강권하시는 그리스도의 사랑 때문이다.

"그가 모든 사람을 대신하여 죽으심은 살아 있는 자들로 하여금 다시는 그들 자신을 위하여 살지 않고 오직 그들을 대신하여 죽었다가 다시 살아나신 이를 위하여 살게 하려 함이라."(15절).

그리스도께서 모든 사람을 대신하여 죽으신 것은 살아있는 사람들이 다시는 자기를 위해 살지 않고 그들을 대신하여 죽었다가 다시 사신 분을 위해 살도록 하기 위해서였다. 주님이 우리를 위해 죽으심은 우리로 우리 자신, 곧 죽을 것을 위해 살지 아니하고 영원한 생명을 위해 살도록 하기 위함이라는 말씀이다.

미국의 필립스 아카데미는 "논 시비"(*non sibi*) 정신을 가르친다. 이것은 "자기 자신을 위하여 살지 않는다"(not for self)는 말이다. 열심히 공부해서 지역과 국가, 세계를 위해 헌신하라는 것이다.

믿는 자가 더 이상 자기 자신을 위해 살지 않고 다른 사람을 위해 사랑하며 사는 것은 예수 부활의 능력이 우리 안에서 작용하기 때문이다. 헨리 나우웬이 교수직을 버리고 중증 장애인을 위해 나머지 인생을 바쳤다. 자기를 버리고 예수님을 따른 것이다. 그의 봉사를 통해 예수 그리스도를 보게 된다. 그리스도인의 삶은 나 자신을 위해 사는 것이 아니라 주님을 위해 사는 것이다. 우리가 남을 위해 살 때 그 때 이를 통해 주님이 영광을 받게 된다. 주님이 우리를 위해 죽으신 뜻이 이 땅에서 더욱 살아나게 된다.

"그러므로 우리가 이제부터는 어떤 사람도 육신을 따라 알지 아니하노라 비록 우리가 그리스도도 육신을 따라 알았으나 이제부터는 그같이 알지 아니하노라."(16절).

육신(*sarka*, flesh)을 따라 안다는 것은 세속적인 관점, 곧 외모나 족보, 혈통, 자랑거리로 판단하는 것을 말한다. 바울 자신도 회심하기 전에는 다른 사람들처럼 예수를 세속적 관점에서 보았다. 즉 유대교를 파괴하는 거짓 지도자 정도로 여긴 것이다. 그러나 이제는 그렇지 않다는 것이다. 더 이상 육신을 따라 알려고 하지 않기 때문이다. 세상적인 관점에서 벗어나야 영안이 열린다. 예수님을 보는 눈도 달라지고, 교인들을 보는 눈도 달라진다.

"그런즉 누구든지 그리스도 안에 있으면 새로운 피조물이라 이전 것은 지나갔으니 보라 새 것이 되었도다."(17절).

그러므로 누구든지 그리스도 안에 있으면 새로운 피조물(*kaine ktisis*, new creation)이다. 예수를 믿으면 우리는 예수 안에 사는 존재로 변한다. 옛 것(*archaia*, old things)은 지나가고 새 것(*kaina*, the new)이 되었다. 거듭나기 이전의 옛 사람이 지녔던 모든 성품과 욕망은 없어지고 새 사람이 되었다. 삶 전체에 변화가 일어난 것이다.

"누구든지"에 주목하자. 그리스도의 문은 누구에게나 열려있다. 문제는 그리스도 안에 들어오려 하지 않는 데 있다. "새로운 피조물이라." 놀라운 선언이다. 누구든지 그리스도를 믿으면 인간의 내면에 변화가 일어난다. 이것은 영적인 변화가 있음을 말한다. 새롭게 창조되는 것이다. 이것을 재창조라 한다. 새롭게 창조된 사람은 더 이상 과거의 속성과는 다른 새로운 삶을 살게 된다.

그 변화를 우리 몸으로는 어느 정도 변했는지 감지하지 못한다. 그러나 그것은 대단한 변화다. 우리를 하나님의 아들, 그분의 자녀, 왕 같은 제사장 등 높은 신분으로 세우셨다. 그 변화는 우리가 알고 있는 것보다 훨씬 위대하고 영광스럽다.

내가 변했다는 증거는 무엇일까? 무엇보다 나의 옛 사람이 죽었다는 사실이다. 옛 자아는 자기만을 위해 인생을 사는 존재였고, 교만했다. 그 옛 사람을 십자가에 못 박아 완전히 처형시키고 새로운 나로 다시 태어난 것이다. 그리고 인생의 목적이 달라진다. 나 자신이 아니라 예수님이 인생의 목적이 되었다.

그리스도인은 세상에 대해서는 죽은 자요 그리스도에 대해서는 산자다. 산자는 새 생명을 얻은 자들이다. 다시 살아난 존재들이다. 새 생명을 가지고 신앙생활을 한다. 이 생명을 가진 자는 옛 사람, 곧 나 자신만을 위해 살지 않는다. 나를 살리신 예수를 위해 산다. 주안에서 새롭게 태어난 피조물이기 때문이다.

"모든 것이 하나님께로서 났으며 그가 그리스도로 말미암아 우리를 자기와 화목하게 하시고 또 우리에게 화목하게 하는 직분을 주셨으니." (18절).

이 모든 것은 하나님이 하시는 일이다. 새로운 피조물로 거듭나게 하는 이 모든 일은 하나님의 주권아래 이루어진다. 하나님은 그리스도를 통해 먼저 우리를 자신과 화목하게 하셨다. 그리고 우리에게 화목(*katallages*, reconciliation)하게 하는 직분(*diakonian*, ministry)을 맡겨주셨다. 이 직분은 복음 전파를 통해 하나님과 화목하게 하는 길을 알려주는 일이다. 이런 책무를 부여 받았다는 말이다.

"곧 하나님께서 그리스도 안에 계시사 세상을 자기와 화목하게 하시며 그들의 죄를 그들에게 돌리지 아니하시고 화목하게 하는 말씀을 우리에게 부탁하셨느니라." (19절).

18절에 대한 부연 설명이다. 하나님은 그리스도 안에서 세상을 자기와 화해시키심으로 사람들의 죄를 그들에게 돌리지 않으셨다. 나아가 하나님과 화목하게 하는 길을 사람들에게 전하도록 하는 임무를 우리에게 맡기셨다.

"그러므로 우리가 그리스도를 대신하여 사신이 되어 하나님이 우리를 통하여 너희를 권면하시는 것 같이 그리스도를 대신하여 간청하노니 너희는 하나님과 화목하라." (20절).

그러므로 우리는 그리스도를 위한 대사들(*presbeuomen*, ambassadors)이다. 하나님은 우리를 통해 여러분에게 말씀하고 계신다. 우리가 그리스도를 대신하여 여러분에게 간청한다. "여러분, 하나님과 화목 하라." (*katallagete*, be reconciled).

"하나님이 죄를 알지도 못하신 이를 우리를 대신하여 죄로 삼으신 것은 우리로 하여금 그 안에서 하나님의 의가 되게 하려 하심이라." (21절).

하나님이 죄를 알지도 못하신 그리스도에게 우리 죄를 대신 지우신 것은 우리가 그리스도 안에서 하나님에게 의롭다는 인정을 받도록 하기 위한 것이다. 의로운 그리스도께서 우리를 위해 대신 죽으심으로, 우리가 그리스도의 의(*dikaiosyne*, righteousness)를 덧입게 되었다. 이것은 우리의 공로로 된 것이 아니다. 전적으로 하나님의 은혜이다.

고린도후서 6장

바울의 수고와 관용,
믿지 않는 자와의 교제에 대하여

1. 바울의 수고(1-10절): 많은 사람을 부요하게 하는 자

"우리가 하나님과 함께 일하는 자로서 너희를 권하노니 하나님의 은혜를 헛되이 받지 말라."(1절).

우리가 하나님과 함께 일하는 사람으로서 여러분에게 권한다. 하나님의 은혜(charin, grace)를 헛되이 받지 말라.

바울은 5장에서 언급한 모든 내용을 "하나님의 은혜"로 압축시켰다. 하나님이 그리스도를 통해 화해를 이루시고, 우리의 죄를 용서하시며, 우리를 의롭다하신 그 모든 것이 하나님의 은혜이니 그것을 잊지 말고 하나님의 뜻대로 살라는 것이다.

"이르시되 내가 은혜 베풀 때에 너에게 듣고 구원의 날에 너를 도왔다 하셨으니 보라 지금은 은혜 받을 만한 때요 보라 지금은 구원의 날이로다."(2절).

바울은 이사야 49:8 상반절의 말씀(여호와께서 이같이 이르시되 은혜의 때에 내가 네게 응답하였고 구원의 날에 내가 너를 도왔도다)을 인용한 다음 바로 지금이야말로 은혜(*euprosdektos*, favor)를 받을 만한 때이며 구원(soterias, salvation)의 날이라 하였다. 신약 시대는 하나님께서 약속하신 구원이 그리스도를 통하여 성취되었다. 모두 하나님의 은혜이다. "지금"(*nyn*, now)은 그리스도의 초림과 재림 사이의 기간을 말한다.

"우리가 이 직분이 비방을 받지 않게 하려고 무엇에든지 아무에게도 거리끼지 않게 하고."(3절).

섬기는 직분(*diakonia*, ministry)을 수행하면서 비난을 받지 않기 위해 우리는 아무에게도 거침돌(*proskopen*, obstacle)이 되지 않도록 노력하고 있다. 사도의 직분을 수행하는 자가 생활에서 모범을 보이지 않는다면 그것을 보고 실망하고 쉽게 복음을 포기하게 되기 때문이다. 사역자에게는 솔선수범이 필수다. 4-10절은 자신들이 보여 온 모범의 내용을 소개하고 있다.

"오직 모든 일에 하나님의 일꾼으로 자천하여 많이 견디는 것과 환난과 궁핍과 고난과."(4절).

우리는 모든 일에 하나님의 진실할 일꾼임을 보이려고 많은 환난(tribulations)과 궁핍(hardships)과 고난(distresses, calamities)을 견디었다. 환난, 궁핍, 고난은 육체적, 정신적, 물질적 어려움을 말한다.

"매 맞음과 갇힘과 난동과 수고로움과 자지 못함과 먹지 못함 가운데서도."(5절).

두들겨 맞고 갇히기도 하며 난폭한 사람들에게 에워싸이기도 하고 고된 일에 시달리며 잠도 못자고 굶주리기도 했다. 매 맞음, 갇힘, 난동은 다른 사람들로부터 주어지는 어려움을 가리킨다. 난동(riots, tumults)은 무리들의 소요와 폭동(행 17:5, 19:29)을 말한다. 수고로움, 자지 못함, 먹지 못함은 바울이 복음을 전파하면서 겪은 고생이기도 하다(행 20:31, 살후 3:8).

"깨끗함과 지식과 오래 참음과 자비함과 성령의 감화와 거짓이 없는 사랑과." (6절).

그런 가운데서도 우리는 순결(purity)과 지식과 인내(patience)와 친절(kindness)과 성령님의 감화와 거짓 없는 사랑(genuine love)으로 살아왔다. 여기서 지식(*gnosei*, knowledge)은 학문적 지식이 아니라 구원을 가져다주는 지식, 곧 영적 통찰력(spiritual insight)을 말한다.

"진리의 말씀과 하나님의 능력으로 의의 무기를 좌우에 가지고." (7절).

또한 이 직분을 수행할 때 진리의 말씀(the word of truth)을 붙잡고, 하나님의 능력(the power of God)을 힘입으며 살아왔다. 그리고 언제나 오른손과 왼 손에 정의(righteousness)를 무기로 삼았다. 무기를 좌우에 가졌다고 하는 것은 당시 로마군인들이 오른 손에 칼을, 왼손에는 방패를 가지고 전투에 나섰던 모습에서 나온 것이다. 그리스도를 위해 악과 싸워야 하는 복음의 전사들은 주의 의를 높이 들고 싸움에 나서야 한다.

"영광과 욕됨으로 그러했으며 악한 이름과 아름다운 이름으로 그러했느니라 우리는 속이는 자 같으나 참되고." (8절).

영광(honor)을 얻든 수치(dishonor)를 당하든, 욕을 얻어먹든 칭찬을 받든 그렇게 했다. 다른 사람들이 우리를 존경하든 경멸하든, 우리에 대해 나쁜 말(evil report)을 하던 좋은 말(good report)을 하던 항상 하나님의 일꾼임을 보여 주었다는 말이다. 우리는 때로 속이는 자(deceivers) 취급을 받기도 했지만 사실은 진실한 사람들이다. 바울을 대적하던 자들은 바울을 속이는 자라며 헐뜯고 욕했지만 자신은 오직 진리만을 전했다는 말이다.

"무명한 자 같으나 유명한 자요 죽은 자 같으나 보라 우리가 살아 있고 징계를 받는 자 같으나 죽임을 당하지 아니하고." (9절).

바울을 대적하는 자들은 우리를 무시하고 사도의 자격도 없는 자라며 헐뜯고, 세상은 우리를 이름 없는 사람으로 인식하지만 하나님과 그의 백성들에게는 잘 알려진 사람이다. 우리는 다 죽어가는(dying, close to death) 사람 같지만 이렇게 살아 있고, 매를 많이 맞았지만 죽지 않았다. 바울은 많은 역경과 핍박을 당하고 죽음의 고비를 수없이 넘겼다.

"근심하는 자 같으나 항상 기뻐하고 가난한 자 같으나 많은 사람을 부요하게 하고 아무 것도 없는 자 같으나 모든 것을 가진 자로다."(10절).

우리는 근심하는 사람 같지만 항상 기뻐하고, 가난한 사람 같지만 많은 사람을 부요하게 하고, 아무것도 가지지 않은 사람 같지만 모든 것을 가진 사람이다.

바울에게도 슬픔과 근심이 있었다. 하지만 그에게는 장차 누릴 영광과 구원의 기쁨이 더 컸다. 자비량 선교를 했기에 가난해 보였지만 남을 구제하는 데는 앞장섰다. 그는 참된 부의 기준을 세상 재물에 두지 않고 하나님에 대해 얼마나 부요한가에 두었다(눅 12:15-21). 믿는 자는 재물을 갖지 못했다 해도 모든 것의 주인 되시는 그리스도 안에서 모든 것을 소유한 자이다(고전 3:21, 빌 4:19).

2. 바울의 관용: 너희도 마음을 넓히라(11-13절)

"고린도인들이여 너희를 향하여 우리의 입이 열리고 우리의 마음이 넓어졌으니."(11절).

바울은 고린도교인들을 향해 말한다. 우리는 여러분에게 숨김없이 다 말했고, 여러분을 향해 우리 마음을 활짝 열어 놓았다.

"너희가 우리 안에서(*en hemin*, by us) 좁아진 것(be restrained)이 아니라 오직 너희 심정(*splanchnois*, affections)에서 좁아진 것이니라."(12절).

우리가 여러분을 옹졸하게 만든 것이 아니라 여러분의 마음이 옹졸한 것이다. 우리가 여러분에게 마음을 닫은 것이 아니라 여러분이 우리에게 마음을 닫은 것이라는 말이다.

"내가 자녀에게 말하듯 하노니 보답하는 것으로 너희도 마음을 넓히라." (13절).

내가 자녀들에게 타이르듯이 말한다. 여러분도 보답하는 셈 치고 마음을 넓히라(be expanded).

3. 믿지 않는 자와의 교제에 대하여(14-18절): 너희는 살아계신 하나님의 성전이다

"너희는 믿지 않는 자와 멍에를 함께 메지 말라 의와 불법이 어찌 함께 하며 빛과 어둠이 어찌 사귀며." (14절).

여러분은 불신자들과 연합하지 말라. 의와 악이 어떻게 하나가 되며, 빛과 어두움이 어떻게 어울릴 수 있겠는가?

율법에 따르면 한 멍에에 다른 종류의 가축을 함께 매는 것, 예를 들어 소와 나귀를 같은 멍에에 매는 것을 금했다. 두 짐승의 체격이나 힘이 서로 달라 힘이 약해지고 두 짐승 모두에게 고통을 주기 때문이다. 성과를 낼 수도 없다. 마찬가지로 신자가 불신자와 어울리는 것(having partnership)을 금했다. 그렇다고 그들과 내왕하거나 교제하지 말라는 말은 아니다. 그들의 악습, 곧 음행, 탐욕, 호색, 우상숭배 행위를 따르지 말라는 것이다. 신자는 세상에 살지만 악에 속한 자가 아니다.

"그리스도와 벨리알이 어찌 조화되며 믿는 자와 믿지 않는 자가 어찌 상관하며." (15절).

그리스도와 마귀가 어떻게 조화될 수 있고, 믿는 사람과 믿지 않는 사람이 어떻게 같은 것을 소유할 수 있겠는가? 벨리알(*Beliar*, Belial)은 히브리어로는 "무가치함," "악함"을 뜻하며, 사단을 가리킨다. 사단에 의해 조종되는 불신자들과 그리스도의 통치를 받는 신자는 조화(*symphonesis*, harmony)를 이룰 수 없다는 것이다.

"하나님의 성전과 우상이 어찌 일치가 되리요 우리는 살아 계신 하나님의 성전이라 이와 같이 하나님께서 이르시되 내가 그들 가운데 거하며 두루 행하여 나는 그들의 하나님이 되고 그들은 나의 백성이 되리라."(16절).

또 어떻게 하나님의 성전과 우상이 하나가 되겠는가? "일치가 되다"(*synkatathesis*, sit together)는 말은 "같이 앉는다"는 뜻이다. 이것은 하나님의 성전에 우상이 세워질 수 없다는 말이다. 성전에 우상을 세우는 것은 가장 큰 죄악이다.

우리는 살아 계신 하나님의 성전(*naos*, temple)이다. 하나님께서도 말씀하셨다. "내가 그들과 함께 살며 그들과 함께 하여 나는 그들의 하나님이 되고 그들은 내 백성이 될 것이다." 이것은 레위기 26:12, 출애굽기 6:7, 예레미아 31:33을 인용한 것이다.

"그러므로 너희는 그들 중에서 나와서 따로 있고 부정한 것을 만지지 말라 내가 너희를 영접하여."(17절).

하나님의 말씀이 계속 이어진다. "그러므로 너희는 그들 가운데서 나와(come out from the midst of them) 따로 있고(be separated) 더러운 것을 만지지 말라(nothing touch unclean). 그러면 내가 너희를 맞아들이겠다(I will receive you)." 이것은 이사야 52:11을 인용한 말씀이다.

"그들"은 불신자들을 가리킨다. "그들 중에서 나와서"는 불신자와 멍에를 같이 메지 못할 뿐 아니라 그 멍에를 벗고 나와야 한다는 것이다. "따로 있고"는 그들과 분리(성별)하라는 것이다. 악과 공모하거나 악에 복종하는 것으로부터의 분리다. 그리고 더러운 것은 만지지도 않아야 한다. 그러면 주님이 우리를 영접하신다.

"너희에게 아버지가 되고 너희는 내게 자녀가 되리라 전능하신 주의 말씀이니라 하셨느니라." (18절).

계속 인용하고 있는 하나님의 말씀이다. "나는 너희 아버지(*Patera*, a Father)가 되고 너희는 내 자녀(sons and daughters)가 될 것이다. 전능한 주(the Lord Almighty)의 말이다."

고린도후서 7장

화해의 호소와 화해로 인한 기쁨

1. 자신을 깨끗하게 하자(1절)

"그런즉 사랑하는 자들아 이 약속(*epangelias*, promises)을 가진 우리는 하나님을 두려워하는 가운데서 거룩함(*hagiosyne*, holiness)을 온전히 이루어(*epiteleountes*, perfecting) 육과 영의 온갖 더러운 것에서 자신을 깨끗하게 하자."(1절)

6:14-18에서 바울은 이미 믿는 자가 믿지 않는 자와 성별되는 삶을 살아야 할 것을 말했다. 그는 1절에서 교인들을 향해 우리가 하나님으로부터 이런 약속을 받았기 때문에 몸과 영혼을 더럽히는 모든 것에서 우리 자신을 깨끗하게 하고 하나님을 두려워하는 마음으로 온전히 거룩한 생활을 하자고 말한다. 이 구절은 결론적인 말씀으로 우리 모두는 하나님의 약속을 가진 자이며 영적으로 깨끗하고 거룩한 삶을 살아야 마땅하다.

"거룩함을 온전히 이루어"는 성화(sanctification)를 말한다. 성화는 단번에 이루어지는 것이 아니므로 지속적인 노력이 필요하다. 바울은 그 성화가 완전히 이루어지기를 바라고 있다. 온전한 성화다. "육과 영의 온갖 더러운 것"은 몸과 심령을 더럽히는 모든 것을 말한다. 그런 것들로부터 벗어나라는 말이다.

2. 화해의 호소(2-4절)

"마음으로 우리를 영접하라 우리는 아무에게도 불의를 행하지 않고 아무에게도 해롭게 하지 않고 아무에게서도 속여 빼앗은 일이 없노라."(2절).

"마음으로"(*choresate*, make room)는 "마음을 넓혀"다. 바울은 고린도교인을 향해 마음을 넓혀 우리를 받아달라고 말한다. 화해의 요청이다. 그리고 자신들은 아무에게도 부당한 일(have wronged, 나쁜 짓)을 한 적이 없고, 해친 적도(have corrupted) 없고, 속여서 빼앗은 일도(have exploited) 없다고 했다.

"내가 이 말을 하는 것은 너희를 정죄하려고 하는 것이 아니라 내가 이전에 말하였거니와 너희가 우리 마음에 있어 함께 죽고(*synapothanein*, die together) 함께 살게 하고자(*syzen*, live together) 함이라."(3절).

내가 이 말을 하는 것은 여러분을 책망(condemnation)하려는 것이 아니다. 내가 전에도 말했지만 우리는 여러분을 늘 생각하고 있으며 사나 죽으나 여러분과 함께 하려고 한다. 사나 죽으나 함께 하겠다는 것은 주 안에서 이미 한 몸을 이룬 관계라는 말이다. 그리스도 안에서 참된 교제는 처한 환경과 죽음을 넘어서는 것임을 보여준다.

"나는 너희를 향하여 담대한 것도 많고 너희를 위하여 자랑하는 것도 많으니 내가 우리의 모든 환난 가운데서도 위로가 가득하고 기쁨이 넘치는 도다."(4절).

"나는 너희를 향하여 담대한 것도 많고"(my boldness is great toward you)는 바울이 고린도교인들을 크게 신뢰한다는 말이다. 그뿐 아니라 그들을 매우 자랑스럽게 생각한다. 그러다보니 자신이 온갖 환난을 당하는 가운데서도 고린도교인들을 생각하면 크게 위로를 받고 기쁨이 넘친다는 것이다.

그 이유는 디도로부터 받은 편지 때문이다. 이 편지에는 고린도교인들이 바울의 서신을 받고 자신들의 죄악을 뉘우쳤다는 내용이 담겨있다. 그 소식을 접한 뒤 크게 위로를 받고 기뻤다는 말이다. 5-16절은 그 이유에 대해 자세히 설명하고 있다.

3. 화해로 인한 기쁨(5-16절)

"우리가 마게도냐에 이르렀을 때에도 우리 육체가 편하지 못하였고 사방으로 환난을 당하여 밖으로는 다툼이요 안으로는 두려움이었노라."(5절).

바울은 이야기를 마케도니아 전도 여행에 갔을 때로 돌렸다. 이것은 2:12-13절에 언급되어 있다. 우리가 마케도니아에 갔을 때에도 우리 몸이 편치 않았다. 조금도 쉬지 못했다는 말이다. 가는 곳마다 환난을 겪었다. 크게 어려움을 당했다는 것이다. 밖으로는 다툼이 있었고, 안으로는 두려움이 있었다. 밖의 "다툼"(*machai*, conflicts)은 바울이 전도 여행에서 부딪혔던 온갖 반대와 박해, 그로 인한 갈등을 가리킨다. 안의 "두려움"(*phoboi*, fears)은 바울 자신의 안전 문제라기보다 고린도교인들의 영적 상태에 관련된 것으로 보인다. 바울은 고린도교회의 소식을 가져올 디도를 만나기 위해 드로아에 갔지만 그를 만나지 못하고 근심어린 마음을 가지고 마케도니아로 갔기 때문이다. "과연 그들이 어찌 될 것인가." 이것은 바로 목자의 마음이다.

"그러나 낙심한 자들을 위로하시는 하나님이 디도가 옴으로 우리를 위로하셨으니."(6절).

그러나 하나님은 낙심한 자들(*tapeinous*, downcast)을 위로하시는 분이시다. 우리가 받는 환난이 클수록 주님이 주시는 위로도 크다. 하나님은 마침내 디도(*Titou*, Titus)를 보내 우리에게 용기를 주셨다. 하나님은 바울이 그토록 만나기를 원했던 디도를 마케도니아에서 만나게 하셨다.

"그가 온 것뿐 아니요 오직 그가 너희에게서 받은 그 위로로 위로하고 너희의 사모함과 애통함과 나를 위하여 열심 있는 것을 우리에게 보고함으로 나를 더욱 기쁘게 하였느니라."(7절).

디도가 마케도니아로 온 것만이 다가 아니었다. 여러분이 그를 위로해 주었다는 말을 듣고 우리도 큰 위로를 받았다. 우리와 관련해서는 여러분이 나를 그리워하고(your earnest desire), 내게 잘못한 일을 깊이 뉘우치며(your mourning), 또 나를 위해 열심을 내고 있다(열렬히 변호한다)는 소식(your zeal for me)을 디도에게서 듣고 나는 더욱 기뻤다.

"그러므로 내가 편지로 너희를 근심하게 한 것을 후회하였으나 지금은 후회하지 아니함은 그 편지가 너희로 잠시만 근심하게 한 줄을 앎이라."(8절).

바울은 고린도교회에 책망의 편지를 보냄으로 교인들의 마음을 아프게 한 것을 후회했다. 하지만 지금은 후회하지 않고 있다. 그 편지가 여러분을 잠시 근심하게 한 것은 사실이다. 하지만 죄를 깨닫고 회개의 자리로 이끌었으니 도리어 유익이 되지 않았는가.

"내가 지금 기뻐함은 너희로 근심하게 한 까닭이 아니요 도리어 너희가 근심함으로 회개함에 이른 까닭이라 너희가 하나님의 뜻대로 근심하게 된 것은 우리에게서 아무 해도 받지 않게 하려 함이라."(9절).

오히려 지금 나는 기뻐한다(*chairo*, I rejoice). 그것은 여러분이 아픔을 당했기 때문이 아니다. 오히려 아픔을 당함으로써 회개(*metanoian*, repentance)에 이르게 되었기 때문이다. 회개는 하나님으로부터 떠난 인간이 하나님의 뜻에 순종하고 용서를 비는 행위이다. 여러분이 근심한 것도 하나님의 뜻대로 된 것이므로 우리 때문에 손해 본 것은 없다. 고린도교인 여러분들이 하나님의 뜻에 맞게 아파하였으니 결국 여러분은 우리로 말미암아 손해를 본 것은 하나도 없다는 말이다.

"하나님의 뜻대로 하는 근심은 후회할 것이 없는 구원에 이르게 하는 회개를 이루는 것이요 세상 근심은 사망을 이루는 것이니라."(10절).

하나님의 뜻대로 하는 근심, 곧 하나님의 뜻에 맞게 마음 아파하는 것은 죄를 뉘우치고 구원(*soterian*, salvation)에 이르게 하므로 후회할 것이 없다. 그러나 세상 근심, 곧 세상 일로 마음 아파하는 것은 죽음(*thanaton*, death)에 이르게 한다.

하나님의 뜻대로 하는 근심(*lype*, grief)은 죄를 회개하게 하고 그 회개를 통해 구원에 이르게 한다. 회개는 하나님께서 주시는 은혜이다. 그러나 세상 근심은 후회와 사망을 가져다준다. 죄의 결과로 고통이 일자 슬퍼하고 후회한다. 이것은 자기중심의 근심일 뿐이고, 근심이 심하면 죽게 된다.

"보라 하나님의 뜻대로 하게 된 이 근심이 너희로 얼마나 간절하게 하며 얼마나 변증하게 하며 얼마나 분하게 하며 얼마나 두렵게 하며 얼마나 사모하게 하며 얼마나 열심 있게 하며 얼마나 벌하게 하였는가 너희가 그 일에 대하여 일체 너희 자신의 깨끗함을 나타내었느니라."(11절).

바울은 하나님의 뜻대로 하는 근심이 가져다주는 복 일곱 가지를 열거하고 있다.

첫째, 간절하게 한다(earnestness). 하나님의 진리를 간절히 사모하고, 그것을 가르친 바울을 간절하게 사모하게 되었다.

둘째, 변증하게 한다(eagerness to clear yourself). 전에는 그들이 범했던 죄악에 대해 무관심했지만 이제는 그 죄에 대해 간과하지 않는 마음을 갖게 되었다. 잘못된 것은 잘못되었다고 말할 수 있게 된 것이다.

셋째, 분하게 했다(indignation to sin). 교회의 죄를 회개하며 죄인에 대해 분노를 느끼게 한다. 정의의 분노이자 긍정적인 분노다.

넷째, 두렵게 했다(*alarm*, frightened). 그들이 죄를 계속 범함으로써 하나님의 심판을 받지 않을까 두려워하게 되었다.

다섯째, 사모하게 했다(longing for me). 그들에게 복음을 바르게 전해준 바울을 다시 만나 이전에 가졌던 관계를 회복하고자 하는 간절한 마음을 불러일으켰다.

여섯째, 열심 있게 했다(zeal to do justice). 바울을 대적하던 자들을 물리치고 정의를 바로 세움으로써 교회를 개혁하려는 열심이다.

끝으로, 벌하게 하였다(punish man who sinned). 바울의 가르침에 따라 죄를 범한 자를 징계함으로써 교회의 순결을 지키고자 하였다. 이 모든 일에 있어서 여러분 자신이 깨끗하다는(guiltless, cleared) 것을 보여주었다.

"그런즉 내가 너희에게 쓴 것은 그 불의를 행한 자를 위한 것도 아니요 그 불의를 당한 자를 위한 것도 아니요 오직 우리를 위한 너희의 간절함이 하나님 앞에서 너희에게 나타나게 하려 함이로라."(12절).

내가 여러분에게 편지(고린도전서)를 보낸 것은 잘못을 범한 사람(아비의 첩을 취한 음행자)과 그 피해자(그 음행자의 아버지) 때문이 아니다. 그것은 우리를 위한 여러분의 간절함(spouden, earnestness)이 어떠했는가를 하나님 앞에서 여러분에게 분명히 알려 주기 위한 것이었다.

"이로 말미암아 우리가 위로를 받았고 우리가 받은 위로 위에 디도의 기쁨으로 우리가 더욱 많이 기뻐함은 그의 마음이 너희 무리로 말미암아 안심함을 얻었음이라."(13절).

"이로 말미암아"는 "고린도교인들의 마음이 바울에 대해 간절함이 드러남으로 인하여"라는 것이다. 이것으로 우리는 많은 위로(*paraklesei*, comfort)를 받았다. 이 위로 외에도 다른 것이 또 하나 있다. 디도가 기뻐하는 것(*chara*, joy)이다. 바울은 이것을 보고 무척 기뻤다. 디도는 고린도교인들로부터 환대를 받았고 마음에 안정을 얻었기 때문이다. 디도가 고린도교인들을 통해 새로운 힘을 얻은 것이다(be refreshed).

"내가 그에게 너희를 위하여 자랑한 것이 있더라도 부끄럽지 아니하니 우리가 너희에게 이른 말이 다 참된 것 같이 디도 앞에서 우리가 자랑한 것도 참되게 되었도다."(14절).

내가 디도에게 여러분을 자랑한 적이 있는데 여러분은 나를 실망시키지 않았다. 우리가 여러분에게 모든 것을 진실하게 말한 것처럼 우리가 디도에게 여러분을 자랑한 것(*kauchesis*, boasting)도 진실하다(사실이다)는 것이 드러났기 때문이다.

"그가 너희 모든 사람들이 두려움과 떪으로 자기를 영접하여 순종한 것을 생각하고 너희를 향하여 그의 심정이 더욱 깊었으니."(15절).

디도는 여러분 모두 두려움(*phobou*, fear)과 떪(*tromou*, trembling), 곧 두렵고 떨리는 마음, 존경하는 마음으로 자기를 맞아주고 순종(*hypakoen*, obedience)한 것을 기억하며 여러분을 더욱더 사랑하고 있다. 고린도교회를 사랑하는 디도의 마음이 깊어졌다는 말이다.

"내가 범사에 너희를 신뢰하게 된 것을 기뻐하노라."(16절).

나도 이제 모든 일에 있어서 여러분을 신뢰할 수 있게 되어 기쁘다. 바울은 마음 놓고 고린도교인들을 신뢰할 수 있게 된 것에 대해 기뻐했다.

고린도후서 8장

구제의 모범을 보인 마케도니아 교회들,
연보의 원리와 목적, 연보를 위한 절차

1. 구제의 모범을 보인 마케도니아 교회들(1-5절)

바울은 8:1-9:15을 통해 당시 모 교회라 할 수 있는 예루살렘 교회의 가난한 성도를 돕기 위해 연보를 하는 문제를 다루었다. 구제에 관한 것이다. 바울은 궁핍한 가운데서도 최선을 다해 연보를 한 마케도니아 교인들이 보여준 모범 사례를 고린도교회에 소개하고 있다.

"형제들아 하나님께서 마게도냐 교회들에게 주신 은혜를 우리가 너희에게 알리노니." (1절).

바울은 고린도교인들에게 하나님께서 마케도니아 여러 교회에 큰 은혜를 베풀어 어떻게 구제헌금을 많이 하게 되었는가를 알려주고 싶었다. 마케도니아는 헬라(아가야)의 북쪽에 위치한 로마의 한 속주로, 그곳에는 빌립보 교회, 데살로니가 교회, 베뢰아 교회 등이 있었다. 이곳 교회들이 열심히 구제헌금을 했는데, 그 가운데서도 빌립보 교회는 모범 사례로 꼽히고 있다. 바울은 이 구절을 통해 연보는 하나님의 은혜를 많이 받아야 할 수 있는 것임을 보여주고 있다.

"환난의 많은 시련 가운데서 그들의 넘치는 기쁨과 극심한 가난이 그들의 풍성한 연보를 넘치도록 하게 하였느니라."(2절).

마케도니아 교회들은 기뻐할 수 없는 상황 속에서 놀랍게도 넘치는 기쁨을 얻고, 극심한 가난 속에서도 오히려 풍성히 연보를 할 수 있었다는 것이다. 이것은 하나님으로부터 받은 은혜가 넘쳤기 때문이다. 바울은 그들이 "극심한 가난" 속에서도 풍성한 연보를 했다고 했다. 마케도니아 지역도 로마 식민지였기 때문에 세금을 많이 내야 했고, 그리스도인들은 박해로 인해 경제적으로 더 어려웠다.

연보(*haplotetos*, generosity, liberality)는 문자적으로 "단순한 마음," "한 마음," "신실함"을 뜻한다. 신약에서는 연보에 대해 여러 단어를 사용하고 있는데, 여기서 사용한 단어는 다른 사람들의 필요를 채워주기 위한 단일 목적으로 하나 되어 거두었음을 보여준다. 이를 위해서는 "관대한 마음," "인색하지 않은 마음"이 필요하다. "풍성한 연보"는 이런 마음이 컸음을 말하는 것으로, 이것은 연보하는 자가 주 안에서 자기 자신만 생각하지 않고, 보다 어려운 처지의 사람들을 더 생각했음을 보여준다. 이것은 하나님이 주시는 마음이다.

"내가 증언하노니 그들이 힘대로 할 뿐 아니라 힘에 지나도록 자원하여." (3절).

바울은 증언하고 있다. 마케도니아 교회들은 힘껏 힘이 닿은 대로(*kata dynamin*, according to their ability) 구제했다. 아니, 오히려 힘에 겹도록(*para dynamin*, beyond their ability) 자발적으로(*authairetoi*, willing of themselves, entirely on their own) 헌금했다. 힘에 겹도록 헌금했을 뿐 아니라 그것은 자원하는 헌금이었다는 것이다. 그들은 가난했음에도 불구하고 능력에 넘치도록 기쁨으로 드렸다.

"이 은혜와 성도 섬기는 일에 참여함에 대하여 우리에게 간절히 구하니."(4절).

"이 은혜"(*ten charin*, the grace)는 구제를 위해 헌금하는 행위를 가리킨다. 은혜는 성령이 주시는 것으로, 이 헌금이 성령의 감화로 된 것임을 보여주고 있다. "성도 섬기는 일"은 현재 고난을 당하고 있는 예루살렘 성도들을 구제하는 일을 말한다. 마케도니아 교인들은 예루살렘 성도들을 구제하는 일에 동참할 수 있게 해 달라고, 우리에게 간절히 부탁했다.

"우리가 바라던 것뿐 아니라 그들이 먼저 자신을 주께 드리고 또 하나님의 뜻을 따라 우리에게 주었도다."(5절).

"우리가 바라던 것뿐 아니라." 이것은 바울 일행이 바라던 일이 일어났을 뿐 아니라 그들이 기대한 이상의 일, 곧 기대도 하지 못했던 일이 마케도니아 교회들에서 일어났다는 것이다. 그것은 마케도니아 교인들이 먼저 그 자신들을 주님께 바치고, 나아가 하나님의 뜻을 따라서 우리에게도 헌신했다는 사실이다. 그들이 넘치도록 풍성한 연보를 할 수 있었던 것은 먼저 자신들을 주님께 드렸기 때문이고, 나아가 하나님의 뜻에 순종하여 우리들에게도 그리했다는 것이다.

2. 연보의 원리와 목적(6-15절): 그리스도의 모범

바울은 연보의 모범 사례를 든 다음 연보의 원리와 목적을 제시했다. 연보는 마지못해서 하는 것이 아니라 형제의 궁핍을 나의 그것으로 느끼는 뜨거운 사랑과 지체의식을 가질 때 가능하다. 바울은 헌신적 사랑의 모범을 보이신 그리스도의 자기희생이 헌금의 근본원리가 되며, 여유가 있는 자가 가난한 자를 도울 때 물질적 불균형도 해결될 수 있다고 보았다.

"그러므로 우리가 디도를 권하여 그가 이미 너희 가운데서 시작하였은즉

이 은혜를 그대로 성취하게 하라 하였노라."(6절).

그래서 우리는 디도가 이미 여러분 가운데서 시작한 이 은혜로운 일, 곧 연보로 도우는 일을 계속하여 마무리 짓도록 격려했다. 고린도 교회는 이미 일 년 전 디도의 권고를 통해 예루살렘 교회를 위한 모금 운동이 시작되었다(10절). 하지만 교회 내의 여러 문제로 지체되었다. 이제 바울은 이 편지와 함께 디도 일행을 보내 다시 그 일을 마무리 짓고자 한 것이다.

"오직 너희는 믿음과 말과 지식과 모든 간절함과 우리를 사랑하는 이 모든 일에 풍성한 것 같이 이 은혜에도 풍성하게 할지니라."(7절).

고린도교인들이 성령의 은사를 받아 믿음(기적을 일으키는 믿음)과 말(*logo*, speech, 방언보다는 예언)과 지식과 모든 간절함(*pase spoude*, all earnestness, 열심)과 우리를 사랑하는 이 모든 일에 풍성한 것처럼 헌금하는 이 은혜로운 일에도 그렇게 해 주기를 바란다는 말이다. 바울은 고린도교인들이 하나님 안에서 성령님이 주시는 은사를 풍성하게 누렸듯이 이 구제 활동에도 최선을 다하도록 했다.

"내가 명령으로 하는 말이 아니요 오직 다른 이들의 간절함을 가지고 너희의 사랑의 진실함을 증명하고자 함이로라."(8절).

내가 이 말을 명령(*epitagen*, command)으로 하는 것이 아니다. 연보는 명령을 한다고 되는 일이 아니다. 마케도니아 교인들이 얼마나 열성적으로 헌금했는가를 말해줌으로써, 구제 활동에 참여하려는 여러분의 사랑도 진실하다는 것을 입증하려고 하는 것뿐이다. 바울은 고린도교회의 연보가 진실 된 사랑의 표현이 되기를 바라고 있다.

"우리 주 예수 그리스도의 은혜를 너희가 알거니와 부요하신 이로서 너희를 위하여 가난하게 되심은 그의 가난함으로 말미암아 너희를 부요하게 하려 하심이라."(9절).

"우리 주 예수 그리스도의 은혜를 너희가 알거니와." 여러분은 우리 주 예수 그리스도의 은혜를 알고 있다는 말이다. 성도들이 구제를 위해 연보를 하는 것은 그리스도의 은혜를 알기 때문이라는 것이다.

그리스도께서는 부요하셨지만 여러분을 위해 가난하게 되신 것이다. 그분 자신이 가난해지심(*ptocheia*, poverty)으로 인해 여러분을 부요하게 하시려는(*ploutesete*, be enriched) 것이다. 주님은 그 모든 부요와 영광을 버리고 우리를 구속하시기 위해 십자가에 달려 죽으셨다. 바울은 이것을 우리를 위해 가난하게 되셨다고 하였다. 우리의 죄를 대속했을 뿐 아니라 가난을 대속하셨다는 것이다. 바울은 부요하신 주님이 자신을 비어 우리를 대속하신 것처럼 우리가 하는 연보도 이런 차원으로 승화시켜야 한다는 것을 말해주고 있다.

"이 일에 관하여 나의 뜻을 알리노니 이 일은 너희에게 유익함이라 너희가 일 년 전에 행하기를 먼저 시작할 뿐 아니라 원하기도 하였은즉"(10절).

바울은 구제헌금을 모으는 일에 대해 자신의 의견을 말한다. 구제를 위한 모금 활동은 여러분에게도 도움이 되는(*sympherei*, profitable) 일이다. 여러분은 지난해부터(*perysi*, a year ago) 이미 이 일을 시작했을 뿐 아니라 그렇게 하기를 원하기도 했다.

"이제는 하던 일을 성취할지니 마음에 원하던 것과 같이 완성하되 있는 대로 하라"(11절).

이제 그 일을 끝내라. "마음에 원하던 것과 같이"는 그 일을 시작할 때 자원을 했을 뿐 아니라 열성을 보인 것과 같이 하라는 것이다. 그렇게 해서 마무리를 잘 지으라는 말이다. 바울은 고린도교인들이 시작을 잘 했을 뿐 아니라 마무리도 잘 할 것으로 기대했다.

"할 마음만 있으면 있는 대로 받으실 터이요 없는 것은 받지 아니하시리라"(12절).

기쁜 마음으로 각자의 형편에 맞게 자원하는 마음으로 바치면, 하나님께서는 그것을 기쁘게 받으실 것이다. 하나님께서는 없는 것까지 바치는 것을 바라지 않으신다. 헌금은 얼마나 많이 바치는가 하는 것이 중요한 것이 아니라 얼마나 자원하는 마음으로 드리느냐가 중요하다(막 12:41-44). 양보다 마음이다. 연보나 봉사에서 중요한 것은 양이 아니라 질, 곧 자원해서 기쁨으로 드리는 것이다.

"이는 다른 사람들은 평안하게 하고 너희는 곤고하게 하려는 것이 아니요 균등하게 하려 함이니."(13절).

이것은 내가 여러분에게 짐을 지워 괴롭게 하고 그 대신 다른 사람을 편안하게 하려는 것이 아니다. 골고루 나누어 가짐으로 평형(*isotetos*, equality, fairness)을 이루게 하려는 것이다. 구제를 통해 가난한 자를 보호함으로써 사회가 균형을 이루며 살아가도록 하기 위함이라는 것이다.

"이제 너희의 넉넉한 것(*perisseuma*, abundance)으로 그들의 부족한 것(*hysterema*, need)을 보충함은 후에 그들의 넉넉한 것으로 너희의 부족한 것을 보충하여 균등하게 하려 함이라."(14절).

지금 넉넉하게 사는 여러분이 가난한 사람들을 도와준다면 그들의 살림이 넉넉해질 때에 여러분을 도와 여러분의 궁핍을 채워 줄 수도 있을 것이다. 필요할 때 이렇듯 서로 도움을 주고받음으로써 평형이 이루어진다. 균등은 강제(명령)가 아니라 자발적인 상부상조를 통해 아름답게 이루어져야 성경적이다.

"기록된 것 같이 많이 거둔 자도 남지 아니하였고 적게 거둔 자도 모자라지 아니하였느니라."(15절).

이 구절은 출애굽기 16:18을 인용한 것이다. 광야에서 만나를 거둘 때 많이 거둔 사람도 남지 아니하였다. 남겨둔 만나는 썩고 말았기 때문이다. 늙고 병든 사람은 적게 거두었을 것이다. 하지만 남게 거둔 자가 적게 거둔 사람을 도움으로써 남는 것도 모자라는 것도 없었다. 광야의 생활을 했던 이스라엘이 그랬던 것처럼 이 땅에서 하나님의 나라를 살아가는 우리도 서로 나누는 삶을 살아야 한다는 것을 가르쳐주고 있다.

3. 연보를 위한 절차(16-24절): 디도 일행을 파견함

"너희를 위하여 같은 간절함을 디도의 마음에도 주시는 하나님께 감사하노니."(16절).

고린도교회를 위한 나의 간절함, 곧 나의 열성과 열심을 디도에게도 주신 하나님께 감사드린다.

"그가 권함을 받고 더욱 간절함으로 자원하여 너희에게 나아갔고."(17절).

디도가 우리의 부탁을 기꺼이 받아들였을 뿐 아니라 더욱 열심을 내어 자진해서 여러분에게로 갔다.

"또 그와 함께 그 형제를 보내었으니 이 사람은 복음으로써 모든 교회에서 칭찬을 받는 자요."(18절).

그리고 우리는 디도와 함께 한 형제(*adelphon*, brother)를 보냈다. 그는 복음을 전하는 일로 모든 교회에서 칭찬이 자자한 사람이다. 바울은 그가 누구인지 밝히지는 않았다. 학자들은 누가나 바나바일 것이라 주장하기도 한다.

"이뿐 아니라 그는 동일한 주의 영광과 우리의 원을 나타내기 위하여 여러 교회의 택함을 받아 우리가 맡은 은혜의 일로 우리와 동행하는 자라."(19절).

그뿐 아니다. 그 형제는 우리가 주님께 영광을 돌리고 우리의 좋은 뜻을 이루고자 이 사랑의 헌금을 가지고 갈 때 우리와 동행하도록 여러 교회가 뽑은 사람이다. 신실한 형제라는 말이다. "우리가 맡은 은혜의 일"은 모은 구제헌금을 예루살렘에 전하는 일을 말한다. 그 일에 바로 그가 동행하게 되어있다는 말이다.

"이것을 조심함은 우리가 맡은 이 거액의 연보에 대하여 아무도 우리를 비방하지 못하게 하려 함이니."(20절).

우리는 모금한 거액의 헌금을 다룸(관리함)에 있어서 누구에게도 비난을 받지 않으려고 조심하고 있다. 거액의 연보를 운반하는 일에 어떤 의심도 받지 않고 깨끗하게 마무리 지으려는 바울의 태도를 읽을 수 있다. 이것은 교회의 재정을 어떻게 다루어야 하는가를 보여준다. "거액의 헌금"은 문자적으로 "풍성한 헌금," "아낌없는 헌금"을 가리킨다.

"이는 우리가 주 앞에서 뿐 아니라 사람 앞에서도 선한 일에 조심하려 함이라."(21절).

우리는 주님 앞에서(*enopion Kyriou*, before the Lord)뿐만 아니라 사람들 앞에서도(*enopion anthropon*, before men) 좋은 일(*kala*, what is right)을 바르게 하려고 한다. 주님의 영광을 위해 하는 일에는 언제나 사단의 방해가 따른다. 따라서 더욱 세심한 주의가 필요하다.

"또 그들과 함께 우리의 한 형제를 보내었노니 우리는 그가 여러 가지 일에 간절한 것을 여러 번 확인하였거니와 이제 그가 너희를 크게 믿으므로 더욱 간절하니라."(22절).

그들과 함께 또 다른 형제 한 사람을 보냈다. 우리가 그를 여러 번 시험해 보았지만 모든 일에 열심이 대단했다. 이제 그는 여러분을 크게 신뢰하고 있기 때문에 더욱 열심을 내고 있다. 디도의 일행에 열심히 충만한 동역자 한 사람을 추가했다는 말이다. 이로써 바울은 디도를 포함해 모두 세 사람을 고린도교회에 파견했다. 바울은 디도에게 신실한 일꾼, 열심을 다하는 일꾼을 붙여 이 모든 일이 아름답게 마무리되도록 했다.

"디도로 말하면 나의 동료요 너희를 위한 나의 동역자요 우리 형제들로 말하면 여러 교회의 사자들이요 그리스도의 영광이니라."(23절).

디도 일행에 대한 바울의 소개다. 디도는 바울의 동료이자 여러분을 위한 나의 동역자이다. 그리고 그와 동행한 형제들은 여러 교회가 파견한 대표들이자 그리스도의 영광이다.

"동료"(*koinonos*, partner)는 동등한 자격으로 하나님의 부르심을 받은 자라는 뜻이다. "동역자"(*synergos*, fellow worker)는 함께 일하는 파트너를 뜻한다. 하나님의 사역은 한 사람의 재능과 헌신으로만 하기엔 너무나 버겁다. 따라서 동역자들이 필요하다. 바울에게는 바나바, 아볼로, 누가, 디모데, 디도, 실라와 같은 동역자들이 있었다. "여러 교회의 사자들(*apostoloi*, apostles)"은 여러 교회가 택하여 보낸 대표들(representatives)이라는 뜻이다. 바울은 그들을 향해 "그리스도의 영광"(*doxa Christou*, the glory of Christ)이라 했다. 그리스도의 영광을 드러낼 귀한 인물들이라는 뜻이다.

"그러므로 너희는 여러 교회 앞에서 너희의 사랑과 너희에 대한 우리 자랑의 증거(*endeixin*, proof)를 그들에게 보이라."(24절).

그러므로 고린도교인 여러분은 디도 일행을 사랑으로 대하라. 그리하면 그들을 파송한 교회들이 그들을 대하는 여러분의 사랑과 풍성한 헌금을 보고서, 우리가 그들에게 여러분을 자랑한 것이 다 사실이었다는 것을 알게 될 것이다.

고린도후서 9장

예루살렘교회를 위한 헌금 준비의 필요성과 기쁨으로 드리는 자

1. 예루살렘교회를 위한 헌금 준비의 필요성(1-5절)

이 단락은 바울이 고린도교회가 예루살렘교회를 위한 구제헌금을 왜 미리 준비할 필요가 있는가에 대해 설명하고 있다.

"성도를 섬기는 일에 대하여는 내가 너희에게 쓸 필요가 없나니."(1절).

어려움에 처한 예루살렘 성도들을 돕기 위해 연보하는 일에 대해서 나는 더 이상 여러분에게 글을 써 보낼 필요가 없다. 이것은 이미 예루살렘 총회 때에 결정된 사항이기 때문이다(갈 2:10).

"이는 내가 너희의 원함을 앎이라 내가 너희를 위하여 마게도냐인들에게 아가야에서는 일 년 전부터 준비하였다는 것을 자랑하였는데 과연 너희의 열심이 퍽 많은 사람들을 분발하게 하였느니라."(2절).

나는 여러분의 열심을 잘 알기 때문에 아가야 지방에 있는 여러분이 지난 해부터 이 일을 준비했다고 마케도니아 사람들에게 자랑까지 했다. 그러자 그곳에 있는 많은 교인들이 여러분의 열심(*zelos*, zeal)에 자극을 받아 헌금을 하게 되었다. 아가야는 고린도와 아테네를 포함하는 헬라 남부 지역이다. 여기서는 고린도교회를 가리킨다.

"그런데 이 형제들을 보낸 것은 이 일에 너희를 위한 우리의 자랑이 헛되지 않고 내가 말한 것 같이 준비하게 하려 함이라."(3절).

그런데(*de*, however) 내가 이 형제들, 곧 디도 일행을 보낸 것은 우리가 이 일로 여러분을 자랑한 것이 헛되지 않게 하려는 것이고, 내가 말한 때로 여러분이 헌금을 미리 준비하도록 하기 위한 것이다.

"혹 마게도냐인들이 나와 함께 가서 너희가 준비하지 아니한 것을 보면 너희는 고사하고 우리가 이 믿던 것에 부끄러움을 당할까 두려워하노라."(4절).

혹시(*pos*, perhaps) 마케도니아 사람들이 나와 함께 그리로 갔을 때 여러분이 준비하지 않은 것을 보면 여러분은 말할 것도 없고 우리가 그처럼 믿었던 일에 크게 부끄러움을 당하게 될 것이다.

3절의 "그런데"와 4절의 "혹"은 고린도교인들의 구제헌금이 준비되지 않으며 어떡하나 하는 바울의 불안감을 반영하고 있다.

"그러므로 내가 이 형제들로 먼저 너희에게 가서 너희가 전에 약속한 연보를 미리 준비하게 하도록 권면하는 것이 필요한 줄 생각하였노니 이렇게 준비하여야 참 연보답고 억지가 아니니라."(5절).

그러므로 나는 디도 일행을 나보다 먼저 여러분에게 보내, 여러분이 전에 약속한 헌금을 미리 준비해 놓도록 하는 것이 필요하다고 생각하였다. 이렇게 미리 준비해야 연보가 참 연보답고, 마지못해서 낸 억지 헌금이 아니라 기쁜 마음으로 드린 것이 될 것이다.

"연보"(*eulogian*, blessing)의 원문은 "축복"이다. 이에 반해 "억지"(*pleonexian*, covetousness)의 원문 "탐심"이라는 뜻을 가지고 있다. 기쁨으로 드리면 축복을 받지만 억지로 하면 탐심이 있는 것으로 간주된다. 참 연보는 아낌없이 드리는 헌금을 뜻한다.

2. 기쁨으로 드리는 자(6-15절)

"이것이 곧 적게 심는 자는 적게 거두고 많이 심는 자는 많이 거둔다 하는 말이로다."(6절).

요점은 적게 뿌리는 사람은 적게 거두고 많이 뿌리는 사람은 많이 거둔다는 것이고, 이 사실을 기억하라는 말이다. 바울은 구제를 심는 것, 곧 씨를 뿌리는 것으로 보았다. 가난한 형제에게 베푸는 것은 마치 농부가 밭에 씨를 심는 것과 같으며, 그 결과 풍성한 수확으로 되돌아온다.

중요한 것은 심는 대로 거둔다는 사실이다. 인색한 마음으로 적게 심으면 거두는 수확은 적게 될 것이고, 많이 심으면 많은 수확을 얻게 된다. 결코 빈손으로 오지 않는다. "적게"(*pheidomenos*, sparingly)는 문자적으로 "인색하게"라는 뜻이다. 인색하게 심으면 그 수확도 인색한 결과를 얻을 수밖에 없다. "많이"(*eulogiais*, blessing)는 문자적으로 "축복"라는 뜻을 가지고 있다. 축복으로 심는 자는 축복을 거둔다.

잠언 기자는 말한다. "흩어 구제하여도 더욱 부하게 되는 일이 있나니 과도히 아껴도 가난하게 될 뿐이니라 구제를 좋아하는 자는 풍족하여질 것이요 남을 윤택하게 하는 자는 자기도 윤택하여지리라."(잠 11:24, 25). "선한 눈을 가진 자는 복을 받으리니 이는 양식을 가난한 자에게 줌이니라."(잠 22:9).

"각각 그 마음에 정한 대로 할 것이요 인색함으로나 억지로 하지 말지니 하나님은 즐겨 내는 자를 사랑하시느니라."(7절).

각자 마음에 작정한 대로(*proeretai*, he purposes) 바치라. 아까워하거나 억지로 하지 말라. 하나님은 기쁜 마음으로 내는 사람을 사랑하신다.

"각각 그 마음에 정한대로 할 것이요." "각각" (*hekastos*, each)은 연보도 구원, 은혜, 복과 마찬가지로 각각임을 보여준다. 연보는 기도하는 가운데 정한다. 처음 먹었던 그 마음을 실천한다.

"인색함이나 억지로 하지 말지니." 인색하게(*ek lypes*, out of regret)은 문자적으로 헌금을 내고도 구두쇠 같이 적게 낼 걸 후회하는 것을 의미한다. 마지못해(reluctantly) 내는 것이다. 인색은 마귀가 주는 마음이다. 시간이 갈수록 기도로 정한 연보의 액수도 깎인다. 우리가 인색하면 하나님도 우리에게 인색하실 것이다. 억지로(*ex anankes*, of necessity, under compulsion) 하지 말라는 것은 강요에 못 이겨 인색하고 불만스러운 마음으로 드리지 말고 정성을 다하라는 것이다. 하나님은 중심을 보신다. 과부의 엽전 두 푼을 풍성한 가운데 드린 부자의 연보보다 귀하게 보신다.

"하나님은 즐겨내는 자를 사랑하시느니라." 하나님은 마지못해 내는 자보다 기쁨으로 드리는 자(*hilaron doten*, cheerful giver)를 좋아하신다.

"하나님이 능히 모든 은혜를 너희에게 넘치게 하시나니 이는 너희로 모든 일에 항상 모든 것이 넉넉하여 모든 착한 일을 넘치게 하게 하려 하심이라." (8절).

하나님께서는 여러분에게 온갖 은혜가 넘치게 하실 수 있는(*dynatei*, able) 분이시다. 그러하므로 여러분은 모든 일에 있어서 언제나 넉넉하게 쓸 것(*pasan autarkeian*, all sufficiency)을 가지게 되고, 온갖 선한 일을 넘치게 할 수 있게 된다. 은혜가 풍성하신 하나님께서 성도들에게 모든 은혜를 풍성하게 주실 수 있고, 주신 은혜로 우리도 선한 일을 많이 할 수 있게 된다.

"기록된바 그가 흩어 가난한 자들에게 주었으니 그의 의가 영원토록 있느니라 함과 같으니라." (9절).

이 구절은 시편 112:9을 인용한 것으로, 재물을 빈궁한 자에게 주어 구제하면 그의 의가 영원토록 있고 그 뿔이 영광 중에 높이 들릴 것이라 했다. 여기서 의(*dikaiosyne*, righteousness)는 가난한 이웃에게 은혜를 베푸는 의를 가리킨다.

"심는 자에게 씨와 먹을 양식을 주시는 이가 너희 심을 것을 주사 풍성하게 하시고 너희 의의 열매를 더하게 하시리니."(10절).

하나님은 농부에게 뿌릴 씨와 먹을 양식을 주신다. 하나님은 또한 여러분에게도 뿌릴 씨, 곧 구제할 것을 주시고 자라게 하셔서 의의 열매(*genemata*, fruits)를 더 많이 맺게 하실 것이다. 의의 열매를 더하게 하신다는 것은 영적으로 풍성한 추수를 거두게 하실 것을 말한다. 하나님은 후히 보상하신다.

"너희가 모든 일에 넉넉하여 너그럽게 연보를 함은 그들이 우리로 말미암아 하나님께 감사하게 하는 것이라."(11절).

하나님은 여러분을 모든 일에(in every way) 부요하게 하심으로(enriching you) 여러분은 후하게 헌금(*pasan haploteta*, all generosity)을 하게 될 것이다. 그리고 그 헌금이 우리를 통해 전해질 때 많은 사람들이 하나님께 감사하게 될 것이다.

"이 봉사의 직무가 성도들의 부족한 것을 보충할 뿐 아니라 사람들이 하나님께 드리는 많은 감사로 말미암아 넘쳤느니라."(12절).

이와 같이 어려움을 당한 예루살렘교회를 돕는 일은 그곳 성도들의 부족한 것(*hysteremata*, needs)을 채워 줄 뿐만 아니라 하나님께 대한 감사도 넘치게 한다(overflowing). 여기서 이 봉사(*leitourgias*, service)의 직무(*diakonia*, ministry)는 연보를 통해 성도를 돕는 일을 가리킨다.

"이 직무로 증거를 삼아 너희가 그리스도의 복음을 진실히 믿고 복종하는 것과 그들과 모든 사람을 섬기는 너희의 후한 연보로 말미암아 하나님께 영광을 돌리고."(13절).

여러분이 하고 있는 이 봉사의 직무(구제헌금 수행)로 인해 그들은 하나님께 영광을 돌리게 될 것이다. 그것은 여러분의 고백처럼 여러분이 그리스도의 복음에 순종(*hypotage*, submission)하고 있다는 것과 그들뿐만 아니라 다른 모든 사람에게 후한 헌금(*haploteti*, generosity)을 한다는 사실이 입증되기(*dokimes*, proof) 때문이다.

"또 그들이 너희를 위하여 간구하며 하나님이 너희에게 주신 지극한 은혜로 말미암아 너희를 사모하느니라."(14절).

또한 그들, 곧 도움을 받은 예루살렘 성도들은 여러분에게 주신 하나님의 넘치는 은혜(surpassing grace)를 보고 여러분에 대한 애정(a longing)을 안고 여러분을 위해 기도할 것이다. 이 구절은 형제애의 모습을 보여준다.

"말할 수 없는 그의 은사로 말미암아 하나님께 감사하노라."(15절).

말로 다할 수 없는(indescribable, inexpressible) 선물(*dorea*, gift)을 주시는 하나님께 감사를 드린다. "그의 은사"는 하나님의 은혜이다. 그 은혜는 하나님께서 예수 그리스도를 우리에게 아낌없이 내어주신 것이다. 이 은혜는 말로 형용할 수 없을 만큼 감격스러운 것이다. 그 은혜에 감격한 성도들이 이제는 자기의 것을 기꺼이 내어주는 삶을 살게 되었으나 진정 감사하지 않을 수 없다.

고린도후서 10장

사도직에 대한 바울 자신의 변호

1. 바울의 겸비와 담대함(1, 2절)

"너희를 대면하면 유순하고 떠나 있으면 너희에 대하여 담대한 나 바울은 이제 그리스도의 온유와 관용으로 친히 너희를 권하고."(1절).

이제 나 바울은 그리스도의 온유하심(meekness)과 관대하심(gentleness)을 힘입어 여러분에게 권면한다. 사람들은 내가 얼굴을 마주 대하고 있을 때에는 여러분에게 유순하지만(*tapeinos*, humble) 떠나 있을 때에는 여러분에게 강경하다고들(*tharro*, bold) 한다.

이 말은 바울을 비방하는 자들, 특히 거짓 교사들이 하는 말이었다. 그런데 바울은 여기서 자기에 대한 그들의 비방을 풍자적으로 사용하고 있다. 그들은 바울이 고린도교인들 앞에서는 마치 상전 앞의 종처럼 유순해보이지만 떠나 있을 때는 강성 발언으로 강한 척한다며 바울을 모함하였다. 같이 있을 때는 온유하지만 떠나 있을 때는 질책한다는 것이다.

바울은 교인과의 관계에서는 그리스도의 온유와 관용, 겸손을 본받기 위해 온유한 태도를 견지했다. 온유는 통제(절제)된 힘. 성령의 지배를 받는다. 하지만 복음 전파에 들어가서는 사람들이 비성경적인 태도를 취할 때 담대하게 훈계했다. 바울은 온유함과 담대함을 무기로 삼았다.

"또한 우리를 육신에 따라 행하는 자로 여기는 자들에 대하여 내가 담대히 대하는 것 같이 너희와 함께 있을 때에 나로 하여금 이 담대한 태도로 대하지 않게 하기를 구하노라."(2절).

내가 여러분에게 청하는 것이 있다. 그것은, 내가 가서 여러분을 대할 때에 강경하게 대해야 할 일이 없게 해 달라는 것이다. 그러나 우리가 육적인 욕망을 따라 이기적으로 산다고 생각하는 사람들에 대해서는 나는 확신을 가지고 엄하게 대하려고 한다.

바울은 자신을 대적하는 사람들의 생각과는 달리 육체의 소욕을 따라 사는 자들에 대해서는 엄하게 다스리겠다고 말한다. 하지만 자신이 고린도교인들을 대할 때 엄한 태도를 취하지 않도록 믿음 생활 잘하며 신실한 성도가 되어줄 것을 부탁하고 있다. 특히 교인들이 거짓 교사들의 유혹에서 벗어나기를 바랐다.

2. 우리는 육체에 속하지 않은 병기(3-6절)

"우리가 육신으로(*en sarki*, in flesh) 행하나 육신에 따라(*kata sarka*, according to flesh) 싸우지 아니하노니."(3절).

비록 우리가 육신을 지니고 살지만 육신의 생각대로 싸우고 있는 것은 아니다. 바울은 자신이 연약한 육신을 입은 존재임을 인정했다. 그러나 세속적인 방법으로 속된 싸움을 하지 않는다. 자신은 주안에서 새로워진 존재이기 때문에 더 이상 육체의 본성에 따라 행동하지 않는다는 것이다. 주를 믿는 자로서 성령에 따라 살아가는 존재이다.

"우리의 싸우는 무기는 육신에 속한 것이 아니요 오직 어떤 견고한 진도

무너뜨리는 하나님의 능력이라 모든 이론을 무너뜨리며."(4절).

우리가 영적 싸움에서 사용하는 무기(*hopla*, weapons)는 육적인 무기가 아니라 마귀의 견고한 요새도 파괴할 수 있는 하나님의 강력한 무기이다. 우리는 그 무기로 모든 이론(*logismus*, arguments)을 무너뜨린다.

"견고한 진"(*ochyromaton*, strongholds)은 파괴하기 어려운 난공불락의 견고한 요새들이다. 이 진을 파괴하는 바울의 무기는 영적인 것이다. 우리가 무너뜨려야 할 첫 번째 요새는 "모든 이론"이다. 진리를 외면하기 위한 불신자들이 만들어놓은 모든 합리화 내지 궤변, 곧 헛된 이론을 말한다. NLT는 이것을 "인간의 추론(human reasoning)과 거짓 논쟁(false arguments)"이라 하였다.

견고한 진은 악한 자가 세워놓은 것이다. 이것을 무너뜨리기 위해서는 세상의 무기(방법)를 사용하지 않는다. 이것을 파할 수 있는 것은 하나님의 강력한 능력이다. 이 강력은 무엇일까? 첫째, 진리의 무기다. 진리 자체 이신 우리 주님의의 말씀을 사수하고 진리를 삶으로 보여주는 것이다. 이 시대는 증명이 요구되는 시대다. 둘째, 사랑의 무기다. 상대방을 감동시켜야 한다. 예수님의 사랑을 실천하는 길밖에 없다. 끝으로, 믿음의 기도다. 나를 통하여 하나님의 역사가 일어나도록 기도하자.

"하나님 아는 것을 대적하여 높아진 것을 다 무너뜨리고 모든 생각을 사로잡아 그리스도에게 복종하게 하니."(5절).

이 무기로 우리는 여러 가지 헛된 이론뿐 아니라 하나님을 아는 지식을 가로막는 모든 교만을 다 쳐부수고 사람들의 모든 생각을 사로잡아서 그리스도에게 복종하게 한다.

두 번째 무너뜨려야 할 견고한 진은 "하나님을 아는 것을 대적하여 높아진 것"들이다. 이것은 하나님을 아는 지식(*gnoseos*, knowledge), 곧 복음을 대적하기 위해 인간 스스로 교만하게 쌓아올린 온갖 교만한 사상과 지식을 가리킨다.

이 두 견고한 진을 파괴한 다음 해야 할 일이 있다. 그것은 "모든 생각"(pan noema, every thought)을 사로잡아 주님께 복종하게 하는 일이다.

"너희의 복종이 온전하게 될 때에 모든 복종하지 않는 것을 벌하려고 준비하는 중에 있노라."(6절).

여러분이 완전히 순종하게 되면 우리는 불순종하는 모든 사람들을 처벌할 준비를 하고 있다. 이것은 견고한 진을 무너뜨리는 작업을 한 뒤에도 끝까지 남아 대항하는 자들에 대하서는 처벌을 하겠다는 것이다. 고린도교회에도 끝까지 불순종하는 무리가 남아있을 것이다. 바울은 이런 사람들을 벌하려 마음먹고 있다. 앞으로 교회에서 그들을 징계할 것인데, 출교일 가능성이 높다.

3. 자기로써 자기를 비교하니 지혜가 없도다(7-12절)

"너희는 외모만 보는도다 만일 사람이 자기가 그리스도에게 속한 줄을 믿을진대 자기가 그리스도에게 속한 것 같이 우리도 그러한 줄을 자기 속으로 다시 생각할 것이라."(7절).

여러분은 외모(*prosopon*, appearance)만 보고 있다. 만일 어떤 사람이 자기가 그리스도에 속한 사람이라고 자부한다면 우리도 그에 못지않게 그리스도에 속한 사람이라는 것을 알아야 한다는 것이다.

이 구절은 두 가지 해석이 있다. 하나는, 예수의 열두 제자만이 진정한 사도이고 바울은 그들보다 낮고 그들의 명령을 받는 자라고 선동하며 다니는 사람들에 대한 바울의 책망으로 보는 것이다. 눈앞에 있는 선동자의 말만 믿고 피상적으로 신앙생활하지 말라는 것이다. 다른 하나는, 거짓 교사들이 자신들의 영적 우월성을 내세우기 위해 자신들은 그리스도에게 속한 자라 주장하며 다녔는데, 그렇다면 부활하신 주님을 직접 만나 뵙고 복음 전파자로서의 사명을 받은 바울 자신은 더욱 그리스도께 속한 자가 아니냐는 것이다. 그러니 겉모양만 보지 말라는 말이다.

"주께서 주신 권세는 너희를 무너뜨리려고 하신 것이 아니요 세우려고 하신 것이니 내가 이에 대하여 지나치게 자랑하여도 부끄럽지 아니하리라."(8절).

주님께서 우리에게 주신 권한(*exousias*, authority)은 여러분을 무너뜨리라고(*kathairesin*, tearing down) 주신 것이 아니라 세우라고(*oikodomen*, building up) 주신 것이다. 그러므로 내가 이것을 좀 지나치게 자랑했다고 해도 부끄러울 것이 없다. 바울이 가신 사도적 권세는 사람에게서 나온 것이 아니라 하나님으로부터 주어진 것이다. 그 권위는 교회를 징계하여 깨뜨려는 데 있는 것이 아니라 교회를 든든하게 세우는 데 있다.

"이는 내가 편지들로 너희를 놀라게 하려는 것 같이 생각하지 않게 함이라."(9절).

나는 편지로만 여러분을 놀라게 한다는(*ekphobein*, frighten) 인상을 받고 싶지 않다. 바울은 편지로 고린도교인들에게 겁을 주려고 하는 것처럼 보이고 싶지는 않다는 말이다.

"그들의 말이 그의 편지들은 무게가 있고 힘이 있으나 그가 몸으로 대할 때는 약하고 그 말도 시원하지 않다 하니."(10절).

바울을 대적하던 거짓교사들은 화려한 웅변술과 수사법을 사용했다. 그들은 교인들로부터 금품을 갈취하기 위해 그 같은 방법을 배우고 사용했다. 그런 그들이 바울의 편지는 무게가 있고 힘이 있는데 직접 대해 보면 볼품이 없고 말도 시원치 않다고 말한 것이다. 말이 시원치 않다는 것은 지식이 부족하다는 것이 아니라 말이 부족하다는 것으로 수사학이 부족하고 웅변 능력이 없다는 말이다. 자기방식대로 바울을 폄훼한 것이다. 복음 전파는 세상의 언변과 지혜, 외모로 하는 것이 아니다.

"이런 사람은 우리가 떠나 있을 때에 편지들로 말하는 것과 함께 있을 때에 행하는 일이 같은 것임을 알지라." (11절).

그런 사람들은 우리가 편지로 쓴 말과 우리의 실제 행동이 같다는 것을 알아야 한다. 바울은 자신의 언행이 일치하다는 사실을 강조하고 있다.

"우리는 자기를 칭찬하는 어떤 자와 더불어 감히 짝하며 비교할 수 없노라 그러나 그들이 자기로써 자기를 헤아리고 자기로써 자기를 비교하니 지혜가 없도다." (12절).

바울은 자신이 거짓교사들과는 다르다는 것을 말하고 있다. 그들은 스스로 자기들보다 더 우월한 지식을 가진 자가 없고, 언변에 능한 자도 없다며 스스로를 높이고 자화자찬했다. 바울은 이런 그들을 향해 자기들이 정한 표준에 따라 자기를 평가하고 비교하므로 지혜가 없는 자라 하였다. 바울은 자신이 그런 사람들과 같은 부류가 되고 싶지 않으며 그들과 견주고 싶지도 않다고 했다.

4. 옳다 인정함을 받는 자는 오직 주께서 칭찬하시는 자(13-18절)

"그러나 우리는 분수 이상의 자랑을 하지 않고 오직 하나님이 우리에게 나누어 주신 그 범위의 한계를 따라 하노니 곧 너희에게까지 이른 것이라." (13절).

그러나 우리는 선의의 자랑이라 할지라도 정도에 지나치지는(*ametra*, beyond measure) 않는다. 하나님이 우리에게 정해 주신 범위 내에서 자랑을 한다. 여기에는 우리가 여러분 가운데서 일한 것도 포함되어 있다. 바울은 하나님이 허락하신 한도 내에서 복음을 전하였으며 그런 가운데 고린도에 이르러 교회를 세우게 되었음을 말하고 있다.

"우리가 너희에게 미치지 못할 자로서 스스로 지나쳐 나아간 것이 아니요 그리스도의 복음으로 너희에게까지 이른 것이라."(14절).

우리는 너희, 곧 고린도교회에게까지 가서 복음을 전했다. 우리는 여러분에게로 가지 못할 사람이 아니다. 이 또한 우리가 한계를 벗어나 행동한(over-extending) 것이 아니다. 이에 반해 거짓교사들은 한계를 벗어난 행동을 많이 했다. 그들은 바울이 세운 교회에까지 손을 뻗혔고, 사도로서의 바울의 권위마저 깎아내리려 했으며, 바울이 이룬 일을 마치 자기들이 한 것인 것처럼 자랑했다.

"우리는 남의 수고를 가지고 분수 이상의 자랑을 하는 것이 아니라 오직 너희 믿음이 자랄수록 우리의 규범을 따라 너희 가운데서 더욱 풍성하여지기를 바라노라."(15절).

우리는 거짓교사들처럼 주제넘게 남이 수고한 것을 내 것인 양 자랑하려는 것이 아니다. 다만 여러분의 믿음이 자람에 따라 우리의 활동범위(*kanona*, area)도 주어진 한계 안에서 여러분 가운데서 더욱 확장되기를(be enlarged) 바라는 것뿐이다.

"이는 남의 규범으로 이루어 놓은 것으로 자랑하지 아니하고 너희 지역을 넘어 복음을 전하려 함이라."(16절).

그것은 남들이 자기네 지역(another's area)에서 이미 이루어 놓은 일을 가지고 마치 내가 한 것처럼 자랑하려는 것이 아니다. 여러분의 영역을 넘어 더 멀리까지 복음을 전하려는 것이다. 바울은 로마를 넘어 스페인까지 복음을 전하고자 했다.

"자랑하는 자는 주 안에서 자랑할지니라."(17절).

자랑하려는(boasting) 사람은 주님 안에서 자랑해야 한다. 이것은 예레미야 9:24을 인용한 것으로 바울의 자랑과 바울을 적대하는 자들의 자랑이 대조

적임을 보여준다.

"옳다 인정함을 받는 자는 자기를 칭찬하는 자가 아니요 오직 주께서 칭찬하시는 자니라."(18절).

주님이 인정하는(*dokimos*, approved) 사람은 스스로 자기를 칭찬하는 사람이 아니라 주님께서 칭찬해 주는 사람이다. 사람이 아니라 주님으로부터 인정을 받는 것이 최고의 인정이자 칭찬이다.

고린도후서 11장

바울과 거짓사도들, 사도로서 바울이 겪은 고난

1. 바울과 거짓사도들(1-15절): 거짓교사들에 대한 바울의 경고

“원하건대 너희는 나의 좀 어리석은 것을 용납하라 청하건대 나를 용납하라.”(1절).

자신이 좀 어리석어 보이더라도 참고 자기의 말을 들어달라는 것이다. “어리석은 것”(*aphrosynes*, foolishness)은 바울이 자기 자신을 거짓 교사들과 비교하여 자신을 자랑하는 것을 가리킨다. 이런 말을 할 때 고린도교인들의 눈에 자신이 다소 어리석게 보일 수도 있다. 하지만 이것은 그들의 믿음을 바로 세우기 위한 것이어서 어쩔 수 없었다.

“내가 하나님의 열심으로 너희를 위하여 열심을 내노니 내가 너희를 정결한 처녀로 한 남편인 그리스도께 드리려고 중매함이로다 그러나 나는”(2절).

“내가 하나님의 열심으로 너희를 위하여 열심을 내노니”의 원문은 “나는 하나님이 여러분을 시기하듯이 여러분을 시기하고 있다.”이다. 원문에서 열심(zelo, jealousy)은 시기, 질투로 표현되고 있다. 너희를 위한 이 열심, 곧 거룩한 질투심은 사랑에서 나온 것이라는 말이다. 질투에는 상대가 있다. “하나님의 열심"은 그리스도와 그의 복음에 대한 열심을 가리킨다. 바울도 그 열심을 본받았음을 말하고 있다.

바울이 열심을 내는 목적과 이유가 있다. 내가 여러분을 순결한 처녀(pure virgin)로 그리스도께 드리려고 남편 되실 그리스도와 약혼시켰기(betrothed) 때문이라는 것이다. "중매함이로다"의 본문은 "약혼시키다"이다. 복음 전도자의 역할은 사람을 죄와 어둠 가운데서 빛과 생명 되시는 그리스도께 인도하는 것이다. 이것을 중매, 약혼시키는 것으로 표현하였다. 신약 성경은 자주 그리스도를 신랑으로, 교인들 그의 신부로 묘사하고 있다.

"뱀이 그 간계로 하와를 미혹한 것 같이 너희 마음이 그리스도를 향하는 진실함과 깨끗함에서 떠나 부패할까 두려워하노라."(3절).

그러나 바울은 염려하고 있다. 이브가 뱀의 간사한 거짓말에 속아 넘어갔다. 그처럼 교인 여러분이 거짓교사들의 유혹을 받아 마음이 부패해져서 그리스도를 향한 진실함(*haplotetos*, simplicity, 올곧은 충성심)과 순결함(*hagnotetos*, purity)을 잃지 않을까 염려된다는 것이다.

"만일 누가 가서 우리가 전파하지 아니한 다른 예수를 전파하거나 혹은 너희가 받지 아니한 다른 영을 받게 하거나 혹은 너희가 받지 아니한 다른 복음을 받게 할 때에는 너희가 잘 용납하는구나."(4절).

바울이 교인들을 염려하는 이유가 있다. 그것은 누가 여러분에게 와서 우리가 전하지 않은 다른 예수나 여러분이 받지 않은 다른 영이나 다른 복음을 전할 때 여러분이 그것들을 너무도 쉽게 받아들이기 때문이다.

"다른 예수"는 유대주의자들이 전하는 예수로, 그들은 예수의 신성과 구주되심을 부인했다. 그러므로 "다른 예수"(another Jesus)는 잘못 주장되는 예수를 가리킨다. "다른 영"(different spirit)은 성령이 아닌 악령, 세상의 영을 가리킨다. "다른 복음"(different gospel)은 율법주의자들이 주장하는 복음을 가리킨다. 바울은 이 같은 것들이 아니라 오직 예수를 전했다.

"나는 지극히 크다는 사도들보다 부족한 것이 조금도 없는 줄로 생각하노라."(5절).

자신은 저 위대하다는 사도들보다 조금도 부족하지 않다고 생각한다고 말한다. 여기서 "지극히 크다는 사도들"은 예수님의 12제자들이 아니라 실제는 사도가 아니면서도 자신들을 큰 사도라 자처하는 거짓 교사들을 풍자적으로 가리키는 말이다. 그들은 고린도교회에 몰래 들어와 마치 진짜 사도처럼 행사하며 거만한 생각들을 함부로 주장하였다.

"내가 비록 말에는 부족하나 지식에는 그렇지 아니하니 이것을 우리가 모든 사람 가운데서 모든 일로 너희에게 나타내었노라."(6절).

내가 말에는 능하지 못할지는 모르지만 지식(*gnosei,* knowledge)에서는 그렇지 않다. 우리는 이것을 모든 일에서 여러 가지로 여러분에게 보여 주었다. 바울은 거짓교사들처럼 웅변술이나 수사법을 사용하지 않기 때문에 말 재주가 없어 보일 수 있다. 그러나 그는 그리스도에 관한 참된 지식을 가지고 있다.

"내가 너희를 높이려고 나를 낮추어 하나님의 복음을 값없이 너희에게 전함으로 죄를 지었느냐."(7절).

내가 여러분을 높이려고 나를 낮추어 하나님의 기쁜 소식을 값없이 전한 것이 죄였단 말인가? 바울을 대적하는 자들은 바울이 전하는 복음은 가치가 없는 것이기에 값없이 전하는 것이 아니겠느냐며 바울을 비난했다. 이것은 돈을 받고 가르치는 자신들이 행위를 미화하기 위한 것이었다. 우리는 주님으로부터 십자가의 은총을 값없이 받았다. 그러니 값없이 복음을 전하는 것이다. 값을 따져 받아야 한다면 그것을 받을 사람은 아무도 없다.

"내가 너희를 섬기기 위하여 다른 여러 교회에서 비용을 받은 것은 탈취한 것이라."(8절).

바울은 고린도교회를 목회하면서 다른 교회로부터 비용(*opsonion*, support), 곧 사례를 받았다. 이런 일은 있을 수 있다. 고린도교회가 아직 약했기 때문이다. 그러나 바울 편에서 볼 때 사역하지 않는 교회로부터 사례를 받는 것은 사실 탈취(robbed)나 다름이 없었다.

"또 내가 너희와 함께 있을 때 비용이 부족하였으되 아무에게도 누를 끼치지 아니하였음은 마게도냐에서 온 형제들이 나의 부족한 것을 보충하였음이라 내가 모든 일에 너희에게 폐를 끼치지 않기 위하여 스스로 조심하였고 또 조심하리라."(9절).

나는 고린도 교인 여러분과 함께 있을 때 쓸 것이 부족해 생활이 어려웠다. 하지만 아무에게도 신세를 지지 않았다. 마케도니아에서 온 형제들이 내가 필요로 하는 것(*hysterema*, need)을 완전히 채워 주었기(completely filled up) 때문이다. 나는 모든 일에 여러분에게 경제적으로 짐이 되지 않으려고(unburdensome) 애썼고, 앞으로도 그렇게 할 것이다.

"그리스도의 진리가 내 속에 있으니 아가야 지방에서 나의 이 자랑이 막히지 아니하리라."(10절).

내 속에 있는 그리스도의 진실을 두고 말하지만 아가야 지방에서는 아무도 나의 이 자랑을 막지 못할 것이다.

"어떠한 까닭이냐 내가 너희를 사랑하지 아니함이냐 하나님이 아시느니라."(11절).

내가 왜 이렇게 한다고 생각하는가? 내가 여러분을 사랑하지 않기 때문인가? 결코 그렇지 않다. 내가 여러분을 사랑한다는 것은 하나님께서 알고 계신다.

"나는 내가 해 온 그대로 앞으로도 하리니 기회를 찾는 자들이 그 자랑하는 일로 우리와 같이 인정 받으려는 그 기회를 끊으려 함이라."(12절).

나는 지금까지 해온 일을 그대로 계속 밀고 나갈 것이다. 거짓교사들의 비난과 방해에도 불구하고 값없이 복음을 전하는 일을 계속하겠다는 말이다. 이것은 거짓교사들이 노리는 기회(*aphormen*, opportunity)를 주지 않겠다는 것이다. 그 기회는 무엇일까? 만약 바울이 고린도교회로부터 보수를 받는다면 거짓교사들은 보수를 받고 가르친 자기들의 행위를 정당화할 기회를 얻게 된다. 그들은 그 기회가 빨리 오기를 기대하면서 무보수로 일하는 바울을 맹렬히 비난하였다. 하지만 바울은 그들에게 그런 기회를 주고자 하지 않았다. 그것은 잘못된 것이기 때문이다.

"그런 사람들은 거짓 사도요 속이는 일꾼이니 자기를 그리스도의 사도로 가장하는 자들이니라."(13절).

이런 사람들은 자칭 사도라 하지만 거짓 사도(false apostles)이고, 하나님의 일꾼이라 말하지만 실상은 속이는 일꾼들(deceitful workers), 곧 사단의 일꾼들이고, 그리스도의 사도라 말하지만 그렇게 가장하는(disguising) 자들이다. 그들은 거짓된 자요 속이는 자요 가장된 자일뿐이라는 말이다.

"이것은 이상한 일이 아니니라 사탄도 자기를 광명의 천사로 가장하나니."(14절).

이것은 놀랄 일이 아니다(*ou thauma*, no wonder). 어두움의 세력인 사탄도 자기를 빛(*photos*, light)의 천사로 가장한다. 사탄은 성도를 미혹하기 위해 빛의 천사로 자처하며 성도들을 속인다.

"그러므로 사탄의 일꾼들도 자기를 의의 일꾼으로 가장하는 것이 또한 대단한 일이 아니니라 그들의 마지막은 그 행위대로 되리라."(15절).

그러므로 사탄의 종들이 의의 종으로 가장한다고 해서 조금도 놀랄 것은 없다(*ou mega*, not surprising). 당연한 일이다. 하지만 그들의 마지막은 자기들의 행위(*erga*, deeds)대로 될 것이다. 결국 그들의 악한 정체가 드러나게 된다.

2. 사도로서 바울이 겪은 고난(16-33절): 바울의 참된 자랑

바울은 인간적으로 약점도 많고 부족하게 뵈는 점도 있었다. 풍채도 없고 말도 잘 하지 못했고 권위도 없어 보였다. 성경은 성도들 사이에 그의 권위가 그만큼 추락한 때가 있었음을 보여준다. 바울은 자신에 대한 어떤 비난도 참을 수 있었지만 복음에 대한 비판만큼은 양보할 수 없었다.

“내가 다시 말하노니 누구든지 나를 어리석은 자로 여기지 말라 만일 그러하더라도 내가 조금 자랑할 수 있도록 어리석은 자로 받으라.”(16절).

내가 거듭 말하지만 누구든지 나를 어리석은 사람(*aphrona*, fool)으로 생각하지 말라. 만일 여러분이 나를 어리석은 사람으로 생각하더라도 어리석은 사람 그대로 나를 받아 내가 조금이라도(*mikron*, little) 자랑할 수 있게 해 달라. 고린도교회는 어리석게도 거짓교사들을 받아들였다. 바울은 교회의 이런 모습을 자신과 결부시켜 자신이 어리석게 보이더라도 조금 자랑할 것이니 봐달라며 풍자적으로 말하고 있다.

“내가 말하는 것은 주를 따라 하는 말이 아니요 오직 어리석은 자와 같이 기탄없이 자랑하노라.”(17절).

내가 지금 말하는 것은 주님이 시켜서 하는 말은 결코 아니다. 그저 어리석은 사람처럼 어리석음에 빠져서 자랑하는 말에 지나지 않는다.

거짓교사들이 어리석게도 자기를 자랑하듯 바울 자신도 지금 자랑하고자 한다. 어리석지만 말할 수박에 없다. 거짓교사들은 자신의 외모를 자랑하고, 혈통을 자랑하고, 출신을 자랑하고, 학벌을 자랑하고, 자기의 명예를 드러내는 등 온갖 외적인 것들을 들어내 자랑했다. 인간적으로 따지자면 바울도 자랑할 것이 많다. 그러나 그러한 자랑을 접어 두며 살아왔다. 하지만 지금은 조금 자랑을 하려 한다.

"여러 사람이 육신을 따라 자랑하니 나도 자랑하겠노라."(18절).

많은 사람들이 육적인 것(*sarka*, flesh)으로 자랑하므로 바울 자신도 자랑해보겠다는 것이다.

"너희는 지혜로운 자로서 어리석은 자들을 기쁘게 용납하는구나."(19절).

지혜롭다는 고린도교인 여러분은 어리석은 사람들을 기쁘게(*hedeos*, gladly) 용납하고 있다. 이것은 이지적이고 현명한 고린도교인들이 거짓교사들의 거짓교훈을 기꺼이 참고 받아들이는 것이 참으로 한심스럽다는 것을 풍자하는 말이다.

"누가 너희를 종으로 삼거나 잡아먹거나 빼앗거나 스스로 높이거나 뺨을 칠지라도 너희가 용납하는도다."(20절).

누가 여러분을 종으로 부려도(enslave) 그만, 누가 여러분을 잡아먹어도(devour) 그만, 누가 여러분의 것을 빼앗아가도(take from you) 그만, 누가 여러분 앞에서 거만을 떨어도(exalt himself) 그만, 누가 여러분의 뺨을 때려도(strike you) 그만, 여러분은 잘 참고 견딘다.

여기서 "누가"(*tis*, anyone)는 거짓교사들을 가리킨다. "종으로 삼는" 것은 율법이나 사람이 만든 규칙에 얽매이게 하는 것을 말한다. "잡아먹는" 것은 재산을 삼키듯 착취하는 것을 말한다. "빼앗는" 것은 간교한 술책을 써서 재산을 빼앗는 것을 말한다. "스스로 높이는" 것은 그들 앞에서 거만을 떠는 것을 말한다. 거짓교사들은 근거도 없는 권위를 내세우며 교인들을 지배하려 했다. "뺨을 때리는" 것은 교인들을 자신들에게 복종시키기 위해 위협하거나 폭력을 사용했음을 말해준다. 그렇게 해도 잘 참고 견디고 있으니 말도 안 된다는 것이다.

"나는 우리가 약한 것 같이 욕되게 말하노라 그러나 누가 무슨 일에 담대하면 어리석은 말이나마 나도 담대하리라."(21절).

부끄럽게도 나는 너무 약해서 차마 그런 욕된(dishonor) 짓까지는 할 수 없다. 그러나 누가 담대히(daring, 감히) 무슨 자랑을 한다면 나도 그와 똑같이 담대히 자랑을 해보겠다. 이것은 물론 내가 어리석은 사람이라 치고 하는 말이다.

"그들이 히브리인이냐 나도 그러하며 그들이 이스라엘인이냐 나도 그러하며 그들이 아브라함의 후손이냐 나도 그러하며."(22절).

그들이 히브리 사람인가? 나도 히브리 사람이다. 그들이 이스라엘 사람인가? 나도 이스라엘 사람이다. 바울은 자신도 그들과 같이 히브리인이며 이스라엘 사람이라고 말한다. 그는 다소라는 먼 지역에 살면서도 조국의 언어인 히브리어를 잊지 않은 사람이며, 민족어인 아람어를 잊지 않은 사람이다. 민족적으로나 언어적으로 볼 때 그들과 하등 뒤지지 않는다는 뜻이다.

그들이 아브라함의 후손(*sperma*, descendents)인가? 나도 아브라함의 후손이다. 아브라함의 후손이란 하나님이 복을 주시겠다고 약속하신 아브라함의 자손이라는 뜻이다. 종교적으로나 영적으로 택함을 받은 사람을 의미한다.

"그들이 그리스도의 일꾼이냐 정신없는 말을 하거니와 나는 더욱 그러하도다 내가 수고를 넘치도록 하고 옥에 갇히기도 더 많이 하고 매도 수없이 맞고 여러 번 죽을 뻔하였으니."(23절).

그들이 그리스도의 일꾼(*diakonoi*, servants)이냐 나는 더욱 그러하다. 바울은 그리스도인의 일꾼으로서 얼마나 일했는가를 말한다. 수고하고, 옥에 갇히고, 매 맞고, 여러 번이나 죽을 뻔했다. 그러나 이것들은 약과다.

"유대인들에게 사십에서 하나 감한 매를 다섯 번 맞았으며."(24절).

유대 율법에 따른 매질(lashes)이다. 원래 40대까지 매질할 수 있도록 허용되었지만(신 25:1-3) 계수를 잘못 세어 율법을 범하는 것이 두려워 39대를 때리도록 했다. 40에 하나 감한 매를 다섯 번이나 맞았다는 것은 39x5번 맞았음을 의미한다. 상체를 벗긴 후 가죽으로 엮은 채찍으로 내리침을 당하는 것이다. 이것은 로마식 태장과는 다르다. 자신은 로마시민권을 가진 사람이었지만 유대인들이 자기식대로 때리면 맞았다. 자기를 위한 것이 아니라 그리스도의 일꾼으로서 복음을 위한 것이기 때문이다.

"세 번 태장으로 맞고 한 번 돌로 맞고 세 번 파선하고 일주야를 깊은 바다에서 지냈으며."(25절).

세 번 태장(beaten with rods)으로 맞았다. 태장은 몽둥이로 가하는 매질, 또는 채찍 끝에 납을 달아 때리는 매질로, 로마시민권을 가진 사람에게는 금지된 것이었다. 그러나 바울은 로마시민권을 가졌지만 때리면 맞았다. 또한 바울은 전도여행을 할 때 배를 이용하는 경우가 많았는데, 세 번이나 파선을 당하여 밤낮 꼬박 하루를 망망한 바다를 떠다니기도 했다. 사도행전에는 한 번의 파선 기록이 소개되어있다(행 27:29-44).

"여러 번 여행하면서 강의 위험과 강도의 위험과 동족의 위험과 이방인의 위험과 시내의 위험과 광야의 위험과 바다의 위험과 거짓 형제 중의 위험을 당하고."(26절).

나는 여러 번 여행하면서 강의 위험과 강도의 위험과 동족의 위험과 이방인들의 위험과 도시의 위험과 광야의 위험과 바다의 위험과 거짓 신자들의 위험을 당했다. 온갖 종류의 위험에 처했었다는 말이다.

동족의 위험은 유대인들로부터 당한 위험으로, 바울이 가는 곳마다 쫓아다니며 선동과 핍박을 일삼았다. 이방인들의 위험은 이방인들이 다른 종교가 자기네 도시에 들어오는 것을 막기 위해 과격하게 행동하는 것을 말한다. 그들은 유대인의 선동을 받아 바울의 전도사역을 위협했다. 시내의 위험은 도시에서의 위험을 말한다. 거짓 형제들의 위험은 거짓교사들에 의한 위험으로, 거짓복음을 들고 와 바울의 복음사역을 무너뜨리려 했기 때문에 바울로서는 견디기 힘든 위험이었다.

“또 수고하며 애쓰고 여러 번 자지 못하고 주리며 목마르고 여러 번 굶고 춥고 헐벗었노라.” (27절).

노동(*kopo*, labor)도 하고 고역(*mochto*, toil)에 시달리고, 밤을 지새우기도 여러 번 했다. 그뿐 아니다. 주리고 목마르고 여러 번 굶고 추위에 떨고 헐벗었다. 바울이 전도 여행을 하면서 겪은 고생에 대해서는 고린도전서 4:11-13에도 소개되어 있다.

“이 외의 일은 고사하고 아직도 날마다 내 속에 눌리는 일(*epistasis*, pressure)이 있으니 곧 모든 교회를 위하여 염려하는 것이라.” (28절).

이런 외적인 것(*parektos ton*, external things) 외에도 날마다 여러 교회(*ekklesion*, churches)에 대한 염려(*merimna*, care) 때문에 내 마음은 무거웠다. 바울에게 있어서는 교회에 대한 염려가 그 어느 것보다 컸다. 거짓교사들이 준동하여 교인들의 마음을 어지럽히기 때문이다.

“누가 약하면 내가 약하지 아니하며 누가 실족하게 되면 내가 애타지 아니하더냐.” (29절).

교인 중에 누가 약해지면(be weak), 나도 약해지지 않겠는가(be weak)? 교인 중 누가 약해지면 자신도 약해지는 느낌이 든다는 말이다. 누가 실족하여 넘어지면 나도 애타지 않겠는가? 실족하여 넘어진다는(*skandalizetai*, be led into sin) 것은 죄를 짓게 되는 것을 말한다. 교인 중 누가 죄를 지으면 자기 마음도 아팠다. 교인들에 대한 바울의 목자의 심정을 보여주고 있다.

“내가 부득불 자랑할진대 내가 약한 것을 자랑하리라.” (30절).

내가 꼭 자랑을 해야 한다고 하면 나는 나의 약한 것들(*ta tes astheneias*, the things of weakness)을 자랑하겠다. 거짓교사들은 자신들의 잘난 점들을 자랑하지만 바울 자신은 그렇지 않다는 것이다.

바울의 이 말은 하나님이 능력을 주시지 않으시면 별 볼 일없는 연약한 인간임을 고백하는 말이다. 자신이 약하다는 것을 자랑한다는 것은 하나님만이 오직 강하시다는 것을 뜻한다. 하나님을 자랑하면 하나님은 나를 들어 쓰신다. 힘은 우리에게서 나오는 것이 아니라 하나님으로부터 온다. 주님이 우리 속에 일할 때 비로소 우리는 강해질 수 있다.

"주 예수의 아버지 영원히 찬송할 하나님이 내가 거짓말 아니 하는 것을 아시느니라."(31절).

영원히 찬송을 받으실 주 예수님의 아버지 하나님은 내가 거짓말하지 않는 것을 알고 계신다. 자신의 말이 거짓이 아님을 강조하는 말이다.

"다메섹에서 아레다 왕의 고관이 나를 잡으려고 다메섹 성을 지켰으나." (32절).

다마스쿠스에서 일어난 일을 말해주고 있다. 다마스쿠스를 치리하던 아레다(Aretas) 왕의 고관, 곧 행정장관이 바울을 잡으려고 다마스쿠스 성을 지키고 있었다.

아레다 왕은 다마스쿠스 동남쪽 아라비아 지방(나바티아 왕국)을 통치했던 아레다 4세를 가리킨다. 분봉왕 헤롯 안티파스의 장인이었다. 헤롯 안티파스는 아레다의 딸과 결혼했다가 이혼하고 헤로디아와 결혼했다. 로마 황제 칼리굴라(Caligula)는 그곳을 아레다에 주어 통치하도록 했다.

"나는 광주리를 타고 들창문으로 성벽을 내려가 그 손에서 벗어났노라." (33절).

그곳 교우들이 바울 자신을 광주리에 담아 성벽의 창문으로 내려 주어서, 그의 손에서 벗어날 수 있었다는 말이다. 하나님께서 성도들을 동원하여 약한 자신을 위기에서 건져주셨다는 고백이다. 또한 이 고백이 사실임을 강조하고 있다. 하나님은 자신의 일꾼들을 하나님의 방법으로 보호하고 도우신다.

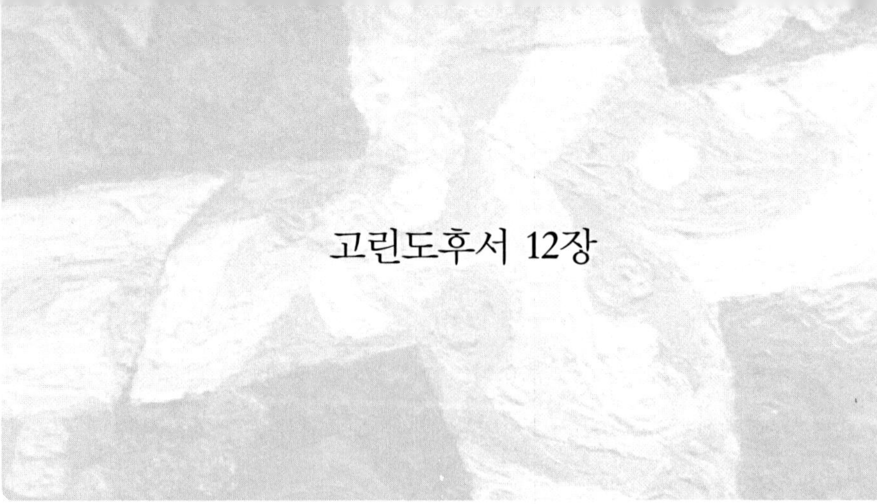

고린도후서 12장

바울의 환상과 육체의 가시,
바울의 세 번째 방문계획, 회개의 촉구

1. 바울의 환상과 육체의 가시(1-13절)

"무익하나마 내가 부득불 자랑하노니 주의 환상과 계시를 말하리라."(1절).

거짓교사들은 자기들의 지식이 하나님의 환상과 계시를 통해 온 것이라 자랑을 한다. 바울은 자랑해서 이로울 것은 없지만 주님께서 자신에게 보여 주신 환상(*optasias*, visions)과 계시(*apokalypseis*, revelations)에 대해서는 자랑하지 않을 수 없다고 한다. 주의 환상은 주님께서 현실이 아닌 광경으로 자신의 뜻이나 미래의 일을 깨닫게 하는 것을 말한다. 초자연적이며 기적적으로 어떤 실체를 보는 것이다. 주의 계시는 사람의 지혜로써는 알 수 없는 진리를 하나님께서 가르쳐 알게 하는 것을 말한다.

"내가 그리스도 안에 있는 한 사람을 아노니 그는 십사 년 전에 셋째 하늘에 이끌려 간 자라 (그가 몸 안에 있었는지 몸 밖에 있었는지 나는 모르거니와 하나님은 아시느니라)."(2절).

나는 그리스도를 믿는 사람 하나를 알고 있다. 그는 십사 년 전에 셋째 하늘에까지 이끌려 올라갔다. 그 때에 그가 몸 안에 있었는지 몸 밖에 있었는지, 나는 알지 못하지만, 하나님께서는 아신다.

여기서 '그는' 바울이다. 그는 자신을 3인칭으로 표현하고 있다. 바울은 자신임에도 불구하고 이것을 자랑하지 않고 오히려 겸손함을 나타내었다.

셋째 하늘(*tritou ouranou*, third heaven)은 하늘을 셋으로 나뉘어 보는 유대인들의 관념을 반영하고 있다. 첫째 하늘은 공중, 곧 구름과 대기를 포함하는 하늘로, 그 안에 나무와 새가 있는 공간이다(대기권). 둘째 하늘은 별과 달과 해가 있는 하늘, 곧 뭇별의 공간이다(궁창). 그리고 셋째 하늘은 하나님과 천사들이 거하시는 '별 위의 하늘,' 곧 별을 뛰어넘어 하나님의 보좌가 있는 공간이다(하나님이 계시는 영적인 공간). 고대랍비문헌이나 조로아스터교에서는 7층천을 말하기도 한다. 칼뱅은 3을 수적인 개념으로 사용한 것이 아니라 가장 높고 완전함을 상징하는 것으로 보았다. 이 모두는 바울이 하나님이 계신 보좌에까지 이끌려 올라가 말로 표현할 수 없는 계시를 받았다는 말이다.

"그가 몸 안에 있었는지 몸 밖에 있었는지"는 "몸 째 올라갔는지 몸을 떠나서 올라갔는지"이다. 이것은 자신은 모르지만 하나님만 아신다는 것이다. 바울 자신은 14년 전 셋째 하늘에 올라가는 영적인 체험을 한 사람이었다(고후 12:6). 영적으로는 거짓교사들과 비교가 되지 않은 체험을 가진 사람이다.

"내가 이런 사람을 아노니 (그가 몸 안에 있었는지 몸 밖에 있었는지 나는 모르거니와 하나님은 아시느니라)."(3절).

2절의 반복이다. "이런 사람"은 바울 자신을 가리킨다.

"그가 낙원으로 이끌려가서 말로 표현할 수 없는 말을 들었으니 사람이 가히 이르지 못할 말이로다."(4절).

이 사람이 낙원(*paradeison*, paradise)에 이끌려 올라가서, 말로 표현할 수도 없고 어느 누구에게도 말해서도 안 되는 말씀을 들었다. "그가"는 바울이다. 계속 3인칭을 사용하고 있다. 낙원은 하나님이 계시는 곳을 가리킨다(눅 23:43). "사람이 가히 이르지 못할(not being permitted to speak to man) 말"은 말로 표현할 수 있다 하더라도 말하는 것이 사람에게 허락되지 않은 말을 가리킨다.

"내가 이런 사람을 위하여 자랑하겠으나 나를 위하여는 약한 것들 외에 자랑하지 아니하리라."(5절).

나는 이런 사람을 자랑하려고 한다. 그러나 나 자신을 두고서는 내 약한 것 밖에는 자랑하지 않겠다. 바울은 3인칭 속에 자신을 숨기고 자신을 드러내려 하지 않았다. 이런 경험이야말로 얼마나 큰 자랑거리가 되겠는가. 하지만 자기는 자신의 약한 것만을 자랑하기로 했다고 말한다. 그 이유가 있다. 그 영적인 체험은 인간의 능력을 초월한 것이므로 하나님에 대한 자랑은 될 수 있어도 자기 자랑으로 삼을 수 없기 때문이다. 자신은 하나님의 능력 앞에 전적으로 약한 존재이기 때문이다.

"내가 만일 자랑하고자 하여도 어리석은 자가 되지 아니할 것은 내가 참말을 함이라 그러나 누가 나를 보는 바와 내게 듣는 바에 지나치게 생각할까 두려워하여 그만두노라."(6절).

내가 만일 자랑을 한다고 해도 나는 사실을 말할 것이기 때문에 어리석은 사람이 되지는 않을 것이다. 하지만 사람들이 내게서 보거나 들은 것 이상으로 나를 높이 평가할까 두렵다. 따라서 자랑은 그만 두겠다. 사실을 벗어난 과대평가는 원치 않는다는 말이다. 자만해지기 쉽기 때문이다.

바울을 대적한 거짓교사들은 자신들이 본 환상을 이용해 고린도교회에서 자신의 위상을 높이는 데 사용했다. 하지만 바울은 그 환상과 계시를 통해 영광 받아야 할 분은 오직 하나님이시지 인간이 아니라 생각했다. 따라서 그는 영광이 자신에게 돌아갈 것을 염려하며 이 정도에서 자랑을 멈추고자 한 것이다.

"여러 계시를 받은 것이 지극히 크므로 너무 자만하지 않게 하시려고 내 육체에 가시 곧 사탄의 사자를 주셨으니 이는 나를 쳐서 너무 자만하지 않게 하려 하심이라." (7절).

그리고 내가 받은 계시가 너무나 크고 놀라운 것(*hyperbole*, surpassingness)이기 때문에 하나님은 내가 너무 교만해지지 않도록 내 몸에 가시(*skolops*, a thorn), 곧 병을 주셨다. 이 가시는 나를 괴롭히는 사탄의 사자(*angelos*, messenger), 곧 사탄의 하수인이다. 이것은 내가 교만하지 않도록 나를 치신 것이다. "나를 쳐서" (*kolaphize*, buffet)는 문자적으로 "주먹으로 강타하다," "뒤흔들다," "고통을 주다"는 뜻이다.

바울에게는 육적으로 가시가 있었다. 그 가시가 무엇인가에 대해서는 여러 추측이 있다. 복음 전파를 방해하는 자로 보기도 하고, 핍박당한 것을 가리킨다는 주장도 있다. 하지만 대부분 자신의 육체적 질병, 곧 병약함으로 보기도 한다. 특히 다마스쿠스 사건 이후 그가 가진 안질이었을 것으로 추정하고 있다. 눈이 안 좋아져 큰 글자만 보이고, 글을 쓰는 데도 고통을 느꼈다. 따라서 그의 서신도 대필되었다. 그래서 사람들은 그가 전하는 말도 혹시 거짓이 아닌가 하는 의구심을 갖게 되었다. 하지만 하나님이 그에게 가시를 주는 이유가 있다. 그것은 그로 하여금 교만하지 않도록 하기 위한 것이다. 자기를 의지하지 않고 하나님만 의지하게 하신 것이다.

바울은 육체의 가시를 왜 사탄의 사자라 했을까? 모든 병이 사탄으로 말미암은 것은 아니다. 하지만 이 세상에 고통과 질병이 존재하는 것은 사탄의 유혹, 죄로 인한 결과라는 인식에서 볼 때 사단의 사자라 말할 수 있다.

"이것이 내게서 떠나가게 하기 위하여 내가 세 번 주께 간구하였더니." (8절).

바울은 이 고통이 떠나게 해달라고 하나님께 세 번이나 간절히 기도했다.

"나에게 이르시기를 내 은혜가 네게 족하도다 이는 내 능력이 약한 데서 온전하여짐이라 하신지라 그러므로 도리어 크게 기뻐함으로 나의 여러 약한 것들에 대하여 자랑하리니 이는 그리스도의 능력이 내게 머물게 하려 함이라."(9절).

그러나 주님께서는 " 내 은혜가 너에게 충분하다. 내 능력은 약한 데서 완전하게 된다." 라고 말씀하셨다. 그러므로 그리스도의 능력(*dynamis*, power)이 내게 머무르게 하기 위하여 나는 더욱더 기쁜 마음으로 내 약한 것들(*asthen-eiais*, weaknesses)을 자랑하려고 한다.

그리스도의 능력은 자신의 약함을 깨닫고 인정하는 자들에게 주어진다. 하나님의 나라는 능력에 있다. 가시는 우리를 강하게 한다. 바울은 이 귀한 진리를 깨닫게 되었다.

"그러므로 내가 그리스도를 위하여 약한 것들과 능욕과 궁핍과 박해와 곤고를 기뻐하노니 이는 내가 약한 그 때에 강함이라."(10절).

그러므로 나는 그리스도를 위하여 병약한 것과 모욕당함과 궁핍과 박해와 곤란 겪는 것을 기뻐한다. 내가 약할 그 때에, 오히려 내가 강하기 때문이다. 우리가 약할 때 오히려 하나님을 더 의지하게 되며, 그 때 하나님의 능력이 강력하게 나타난다.

이 구절은 자신이 어떻게 이 가시를 이기게 되었는가를 보여준다. 초점은 "그리스도를 위하여"(hyper Christou, for Christ)에 있다. 주님의 십자가를 생각하는 것이다. 그리고 주님과 그의 나라를 위해서(For Him and His Kingdom) 살겠다는 각오를 다진다. 그 때 박해를 기뻐하는 수준까지 간다. 예수님은 십자가 위에서 마취제 역할을 하는 신포도주를 거절하셨다. 가시를 기쁨으로 받으신 것이다. 존 번연은 감옥에서 '천로역정' 을 썼다. 찬송작가 페니 크로스비(Fanny Crosby, 정식 이름은 Frances Jane van Alstyne)는 자신을 실명하게 한 의사에게 쓴 편지에서 "내가 소경이 되어 주님을 생각하게 하고, 찬송시를 쓰게 하셨으니 감사하다." 고 하였다. 감사는 아무나 할 수 있는 것이 아니다. 주의 능력이 임할 때 우리는 기쁨으로 나아가고 감사할 수 있다.

"내가 어리석은 자가 되었으나 너희가 억지로 시킨 것이니 나는 너희에게 칭찬을 받아야 마땅하도다 내가 아무 것도 아니나 지극히 크다는 사도들보다 조금도 부족하지 아니하니라." (11절).

교인들에게 자랑을 하게 됨으로써 나는 어리석은 사람이 되어버렸다. 이것은 여러분이 나를 그렇게 하도록 만든 것이다. 고린도교인들이 바울의 사도적 권위에 도전하는 거짓교사들의 주장에 미혹되어있었기 때문에 교인들이 그 미혹으로부터 벗어나도록 하기 위해 자신을 자랑할 수밖에 없었다. 교인들은 당연히 나를 인정해주었어야 했고, 나는 여러분으로부터 칭찬을 받았어야 했다. 나는 비록 보잘것없는 사람이라 할지라도, 스스로 사도인체 하며 그것도 큰 사도라 자랑하는 거짓교사들보다 부족한 것이 하나도 없다.

"사도의 표가 된 것은 내가 너희 가운데서 모든 참음과 표적과 기사와 능력을 행한 것이라." (12절).

바울은 자신이 진정한 사도임을 나타내는 증거로, 고린도교인들 가운데서 일일이 참고 견딘 일, 놀라운 일과 기적을 행한 것이라 하였다. 그것이 바로 참 사도임을 보여주는 표징(*semeia*, signs)이라는 것이다. 사도의 표는 하나님이 사도에게 부여하신 초자연적인 자격이나 행위를 일컫는다.

"내 자신이 너희에게 폐를 끼치지 아니한 일밖에 다른 교회보다 부족하게 한 것이 무엇이 있느냐 너희는 나의 이 공평하지 못한 것을 용서하라." (13절).

내가 여러분에게 폐를 끼치지 않았다는 것을 제외하고 여러분이 다른 교회에 비해 불공평하게 대한 점이 무엇인가? 내가 여러분에게 부담을 주지 않은 것이 불공평한 처사라면 나를 용서해 주기 바란다.

"너희에게 폐를 끼치지 아니한 일"은 바울은 복음을 전한 대가로 다른 교회, 곧 마케도니아에 있는 교회들로부터는 생활비를 받았지만 고린도교회에서는 아무 것도 받지 않았음을 말한다. 그가 이렇게 한 것은 자신이 거짓 교사들과는 다르다는 것을 보이기 위한 것이었다. 그렇게 하는 것이 고린도교회에 유익이 된다고 본 것이다. 하지만 고린도교인들이 볼 때는 공평하지 못하다 느낄 수도 있다. 바울은 이 점을 고려하여 만일 불공정한 처사라 느껴진다면 자신의 잘못(*ten adikian*, the wrong)을 용서해주기 바랐다.

2. 바울의 세 번째 방문 계획(14-18절)

"보라 내가 이제 세 번째 너희에게 가기를 준비하였으나 너희에게 폐를 끼치지 아니하리라 내가 구하는 것은 너희의 재물이 아니요 오직 너희니라 어린 아이가 부모를 위하여 재물을 저축하는 것이 아니요 부모가 어린 아이를 위하여 하느니라."(14절).

나는 이제 세 번째 여러분에게 갈 준비를 하고 있다. 첫 번째 방문에서 바울은 고린도교회를 세웠고(행 18:1-11), 두 번째 방문에서는 고린도교회의 악행을 크게 책망하였다(고후 2:1, 13:2). 두 번째는 3차 전도여행 때 에베소에 체류하면서 잠시 방문했다.

그러나 내가 이번에 가도 여러분에게 폐를 끼치는 일은 하지 않을 것이다. 바울에 대한 거짓교사들의 잘못된 기대를 좌절시키고 그들의 탐심을 확실히 드러내기 위해서라도 그렇게 하고 싶었을 것이다. 바울은 내가 원하는 것은 여러분이 가진 재물(*hymon*, yours)이 아니라 바로 여러분 자신(*hymas*, you)이기 때문이라 하였다. 자신은 재물에 관심이 있는 것이 아니라 바로 여러분이라 하였다. 그리고 자녀가 부모를 위해 재물을 모아두는 것이(treasure up)

아니라 부모가 자식을 위해 재물을 모아두는 것이 마땅하다 하였다. 바울이 고린도교회의 영적인 아버지로서 거짓교사들처럼 재물을 빼앗는 것이 아니라 오히려 영적인 보화를 교인들에게 주는 것이라 하였다.

"내가 너희 영혼을 위하여 크게 기뻐하므로 재물을 사용하고 또 내 자신까지도 내어 주리니 너희를 더욱 사랑할수록 나는 사랑을 덜 받겠느냐."(15절).

여러분의 영혼을 위해서라면 내가 가진 재물뿐 아니라 내 몸까지도 기꺼이 희생하겠다. 기쁨으로 자신의 모든 것을 내놓겠다는 말이다. 나는 여러분을 이토록 사랑하고 있다. 그런데도 내가 여러분으로부터 덜 사랑을 받아도 되겠는가? 여러분도 나를 그만큼 사랑해 주어야 한다는 말이다.

"하여간 어떤 이의 말이 내가 너희에게 짐을 지우지는 아니하였을지라도 교활한 자가 되어 너희를 속임수로 취하였다 하니."(16절).

어쨌든 나는 여러분에게 짐을 지운 일은 없다. 그런데 내가 간교한 속임수(*dolo*, trickery)로 여러분을 사로잡았다고(*elabon*, I caught) 말하는 사람들이 있다.

바울은 복음을 전하는 데 막힘이 없도록 고린도교회로부터 생활비를 받지 않았다. 그러나 바울을 대적하는 자들은 바울이 생활비를 받지 않았어도 다른 방식으로 교인들의 돈을 취했다고 주장했다. 예를 들어 예루살렘에 구제헌금을 보낸다면서 거기서 빼돌리는 것으로 본 것이다.

"내가 너희에게 보낸 자 중에 누구로 너희의 이득을 취하더냐."(17절).

내가 여러분에게 보낸 사람들 가운데 누구를 통해서 여러분을 착취한 일이 있는가? 바울 자신이 누구를 보내서 여러분을 착취했는가 묻는다. 바울은 그런 식으로 돈을 빼돌리는 일은 절대 없으며, 바울의 동역자들도 그러지 않았다고 말한다.

"내가 디도를 권하고 함께 한 형제를 보내었으니 디도가 너희의 이득을 취하더냐 우리가 동일한 성령으로 행하지 아니하더냐 동일한 보조로 하지 아니하더냐." (18절).

내가 디도를 고린도교회에 가도록 했고(고후 8:6), 또 그와 함께 형제 한 사람을 보낸 일이 있는데, 디도가 여러분을 착취한 일이 있는가? 디도가 나와 동일한 성령(*to auto Pneumati*, the same Spirit), 곧 같은 마음을 가지고, 동일한 보조(the same steps), 곧 같은 길을 걸어오지 않았다는 말인가? 디도는 그런 인물이 아니라는 말이다. 바울은 물론 디도 모두 성령 안에서 행하고 같은 방식으로 살아왔음을 강조하고 있다.

3. 회개의 촉구(19-21절)

"너희는 이 때까지 우리가 자기변명을 하는 줄로 생각하는구나 우리는 그리스도 안에서 하나님 앞에 말하노라 사랑하는 자들아 이 모든 것은 너희의 덕을 세우기 위함이니라." (19절).

여러분은 아직도 우리가 변명을 하고 있다고 생각하는가? 우리는 그리스도를 믿는 사람으로서 하나님 앞에서(*katenanti Theou*, before God) 말하고 있다. 이것은 바울이 사람에게서 평가받는 것보다 하나님의 평가를 중시한 사람임을 보여준다.

사랑하는 교우 여러분, 우리가 행하는 이 모든 것은 자기 개인의 유익을 구하기 위한 것이 아니라 고린도 교회 여러분에게 덕이 되기(*oikodomes*, edification) 위한 것, 곧 도움을 주기 위한 것이다.

"내가 갈 때에 너희를 내가 원하는 것과 같이 보지 못하고 또 내가 너희에게 너희가 원하지 않는 것과 같이 보일까 두려워하며 또 다툼과 시기와 분냄과 당 짓는 것과 비방과 수군거림과 거만함과 혼란이 있을까 두려워하고."

(20절).

내가 두려워하는 것들이 있다(*phoboumai*, I fear). 바울은 20, 21절을 통해 그가 고린도교회를 방문할 때 네 가지 일을 보게 될까 두려워했다.

첫째, 여러분을 만나볼 때 여러분이 혹시 내 기대에 어긋나지 않을까 또 내가 여러분의 기대에 어긋나지 않을까 하는 것이 있다. 서로 기대에 어긋나는 일이 생기지 않을까 염려한다는 것이다.

둘째, 또한 여러분 가운데에 다툼과 시기와 분노와 당파 싸움과 비방과 수군거림(험담)과 교만과 소란(무질서)이 있지나 않을까 두렵다. 그런 일이 있어서는 안 되겠다는 말이나. 이 모두 성령의 열매를 맺지 못하고 있다는 증거들이기 때문이다.

"또 내가 다시 갈 때에 내 하나님이 나를 너희 앞에서 낮추실까 두려워하고 또 내가 전에 죄를 지은 여러 사람의 그 행한 바 더러움과 음란함과 호색함을 회개하지 아니함 때문에 슬퍼할까 두려워하노라."(21절).

내가 여러분에게 다시 갈 때 두려운 것들이 더 있다. 세 번째와 네 번째 것들이다.

셋째, 하나님이 여러분 앞에서 나를 낮추실까(*tapeinose me*, humble me) 두렵다. 이것은 교우 여러분 때문에 하나님께 내가 부끄러움을 당하지나 않을까 걱정이 된다는 것이다.

끝으로, 전에 죄를 지은 여러 사람들이 그들 스스로 행한 부정함과 음란함과 방탕함을 아직도 회개하지 않고 있다면 내가 그들 때문에 슬퍼하지 않을까 염려된다.

고린도후서 13장

세 번째 방문에서 해야 할 일들,
믿음을 확증하지 못하면 버림받은 자,
진리를 거슬릴 수 없는 우리, 문안과 축복

1. 세 번째 방문에서 해야 할 일들(1-3절)

"내가 이제 세 번째 너희에게 가리니 두세 증인의 입으로 말마다 확정하리라."(1절).

바울은 세 번째 고린도교회를 방문할 계획을 밝힌다. 바울은 가을에 고린도에 도착했다. 그곳에서 겨울을 지난 다음 봄에 예루살렘을 향해 출발했다.

고린도에 가서 모든 일은 두세 증인(*martyron*, witnesses)의 말을 들어서 확정할 것임도 말하고 있다. 두세 증인의 말을 듣겠다는 것은 교인 간 송사나 징계에 관련된 일처리를 말한다. 바울이 사도적 권위를 가지고 신앙에서 벗어난 자들에 대해 단호히 처리하겠다는 것이다.

"내가 이미 말하였거니와 지금 떠나 있으나 두 번째 대면하였을 때와 같이 전에 죄 지은 자들과 그 남은 모든 사람에게 미리 말하노니 내가 다시 가면 용서하지 아니하리라."(2절).

내가 지금 여러분을 떠나 있지만 두 번째 방문했을 때와 마찬가지로 전에 죄지은 사람들과 그 밖의 모든 사람들에게 미리 경고해 둔다. 내가 이번에 다시 가게 되면 죄를 범한 사람들을 절대로 용서하지 않을 것이다. 이 구절은 바울의 두 번째 고린도 방문이 이미 있었고, 그 때 죄를 범한 형제들에 대해 엄중히 경고했음을 보여준다.

"이는 그리스도께서 내 안에서 말씀하시는 증거를 너희가 구함이니 그는 너희에게 대하여 약하지 않고 도리어 너희 안에서 강하시니라." (3절).

여러분은 그리스도께서 나를 통해 말씀하신다는 증거(*dokimen*, proof)를 요구하고 있다. 고린도교인들은 바울이 단지 연약한 인간의 말로 복음을 전할 것이 아니라 주님께서 그를 통해 말씀하시는 것이라는 증거를 보여주기 바랐다.

이에 대해 바울은 그리스도는 여러분을 다루실 때 약하시지 않고 오히려 여러분 가운데서 강하게 능력을 나타내는(*dynatei*, powerful) 분이심을 말하였다. 바울을 대적하는 자들은 바울이 교인들을 대할 때 약하다고 비방했다. 이것은 바울의 가르침을 단순히 인간적으로 이해했기 때문이다. 이제 바울은 죄를 지은 자들을 그리스도의 권세로 단호히 징계함으로써 자기가 전하는 것이 바로 그리스도의 말씀임을 나타내고자 했다. 바울은 일을 처리할 때 자신의 생각이 아니라 복음과 성령의 인도하심을 따랐다.

2. 너희 믿음을 확증하지 못하면 버림받은 자(4-7절)

"그리스도께서 약하심으로 십자가에 못 박히셨으나 하나님의 능력으로 살아 계시니 우리도 그 안에서 약하나 너희에게 대하여 하나님의 능력으로 그와 함께 살리라." (4절).

그리스도께서는 약한 가운데서(in weakness) 십자가에 못 박혀 죽으셨다.

그리스도는 하나님이시나 하나님의 본성을 버리시고 약한 인간으로 오셔서 십자가에 못 박히셨다. 하지만 하나님의 능력으로(by God's power) 부활하셔서 지금도 살아 역사하신다.

그리스도를 믿는 우리도 역시 그 안에서(in Him) 약하다. 하지만 우리는 하나님의 능력으로 그리스도와 함께 살아서(live with Him) 여러분을 대할 것이다. 여러분의 문제를 처리하게 될 그 때에도 하나님의 능력이 강하게 나타날 것이다.

"너희는 믿음 안에 있는가 너희 자신을 시험하고 너희 자신을 확증하라 예수 그리스도께서 너희 안에 계신 줄을 너희가 스스로 알지 못하느냐 그렇지 않으면 너희는 버림받은 자니라." (5절).

여러분은 믿음을 제대로 지키며 살고 있는지 스스로 살피고(examine) 시험해보라(test). 여러분은 예수 그리스도께서 여러분 안에 계신다는 것을 깨닫고 있는가(recognize)? 그것을 깨닫지 못한다면 여러분은 그 시험에서 불합격한(*adokimoi*, unapproved) 사람이다. 그리스도인으로서 낙제생이라는 말이다.

그리스도인은 우리 안에 예수님이 계신 줄을 알아야 한다. 그리스도인은 예수님을 앞에 모시고 사는 자라기보다 우리 안에 모시고 사는 자이다. 그리스도가 내안에 있는 자는 나는 죽고 예수님이 사는 자이다. 따라서 내 안에 그리스도로 꽉 차 있어야 한다. 그러면 말이 달라지고 행동이 달라진다. 뜨겁게 전도도 할 수 있다. 성령 충만도 내 안에 그리스도로 충만히 채워지는 것을 말한다.

버림받은 자란 실격자, 불합격자라는 뜻이다. 우리 안에 그리스도의 영이 없으면, 그리스도로 채워지지 않으면 그리스도인이 아니다. 우리는 모두 믿음의 합격자가 되어야지 실격자가 되어서는 안 된다.

"우리가 버림받은 자 되지 아니한 것을 너희가 알기를 내가 바라고." (6절).

그러나 우리가 그 시험에 불합격하지 않았다는 것, 곧 낙제생이 아니라는 것을 여러분이 알게 되기를 바란다.

"우리가 하나님께서 너희로 악을 조금도 행하지 않게 하시기를 구하노니 이는 우리가 옳은 자임을 나타내고자 함이 아니라 오직 우리는 버림받은 자 같을지라도 너희는 선을 행하게 하고자 함이라."(7절).

이제 우리는 여러분이 악을 조금도 행하지 않게 해 달라고 하나님께 기도하고 있다. 바울의 이 기도는 그의 본뜻은 아무 잘못도 저지르지 않고 선을 행하게 하려는 것이다. 무조건 고린도교인들을 책망하려는 것이 아니다.

이것은 우리가 그리스도인으로서 합격한 것(*dokimoi*, approved)을 밝히 드러내 달라고 비는 것이 아니라 우리가 낙제생(*adokimoi*, unapproved)처럼 보이는 한이 있더라도 여러분만은 옳은 것(*to kalon*, what is right)을 행하게 되기를 비는 것이다.

3. 진리를 거슬릴 수 없는 우리(8-10절)

"우리는 진리를 거슬러 아무 것도 할 수 없고 오직 진리를 위할 뿐이니."(8절).

우리는 진리(*tes aletheias*, the truth)를 거슬러서는(*kata*, against) 아무것도 할 수 없다. 오직 진리만을 위해서(*hyper*, for) 일하고 있다.

바울은 자신의 사도직을 사용함에 있어서 언제나 진리를 위해 사용하였다. 그는 사리사욕을 위해 일하는 것이 아니라 오직 진리이신 예수님 편에 서고, 주님을 위해 일했다. 내 안에 그리스도가 계시면 우리는 길이요 진리요 생명이 되신 예수님, 그 예수님의 진리에 따라 선과 의를 행하게 된다. 그것은 내가 하는 것이 아니라 내 안에 계신 하나님께서 하신다.

"우리가 약할 때에 너희가 강한 것을 기뻐하고 또 이것을 위하여 구하니 곧 너희가 온전하게 되는 것이라."(9절).

우리가 약하더라도 여러분이 강하게 되면 우리는 기쁘다. 그리고 우리는 여러분이 온전(*katartisin*, perfection)해지기를 기도하고 있다. 바울은 고린도 교인들이 복음의 진리 안에서 영적으로 온전하게 되는 것이다. 어떻게 하면 온전하게 될까? 우리는 그 목표를 예수 그리스도에 두어야 한다. 우리가 예수 그리스도의 인격을 닮아가는 만큼 우리는 온전해질 수 있다. 따라서 우리는 매일 예수님을 닮아가는 생활을 해야 한다.

"그러므로 내가 떠나 있을 때에 이렇게 쓰는 것은 대면할 때에 주께서 너희를 넘어뜨리려 하지 않고 세우려 하여 내게 주신 그 권한을 따라 엄하지 않게 하려 함이라."(10절).

내가 떠나 있는 동안에 이렇게 편지를 하는 것은 내가 고린도에 가서 주님께서 주신 권한(*exousian*, authority)을 가지고 사건들을 처리할 때 여러분을 너무 엄하게 대하지 않도록 하기 위한 것이다. "내게 주신 그 권한"은 주님께서 바울에게 주신 사도적 권위를 말한다. 이 권위는 교인 여러분을 넘어뜨리라고(tearing down) 주신 것이 아니라 세우라고(building up) 주신 것이다.

4. 문안과 축복(11-13절)

"마지막으로 말하노니 형제들아 기뻐하라 온전하게 되며 위로를 받으며 마음을 같이하며 평안할지어다 또 사랑과 평강의 하나님이 너희와 함께 계시리라 거룩하게 입맞춤으로 서로 문안하라."(11절).

끝으로 말한다. 기뻐하라. 온전하게 되기를 힘쓰라(be perfected). 서로 격려하며 위로하라(be exhorted). 같은 마음(the same mind)을 품으라. 화평하게 보내라(be at peace, 사이좋게 지내라). 이 모두는 주안에서 서로 사랑하라는 말씀이다. 예수 그리스도를 내 안에 모시고 사는 사람은 서로 사랑하며 산다. 내가 예수님을 사랑하고 그분을 모시고 살면 서로 사랑하며 살지 않을 수 없다. 우리가 서로 사랑하면 그 가운데 하나님이 계신다. 그러면 사랑과 평화의 하나님께서 여러분과 함께 하실 것이다.

"거룩하게 입맞춤으로 서로 문안하라." 거룩한 입맞춤(*hagio philemati,* a holy kiss)은 "성도의 사랑을 하라," 즉 사랑의 친교를 하라는 말이다. 입맞춤은 근동지방에서 서로 신뢰하고 사랑한다는 표시로 나누던 일반적인 인사였다. 유대교 회당에서도 이런 의식이 있었다. 초대교회는 서로의 잘못을 용서히고 우애하는 의미로 성찬 전에 예배의식으로 행해졌다(롬 16:16, 고전 16:20). 바울이 이 말을 한 것은 성도 간에 서로 사랑과 신뢰를 나타내야 한다는 것을 강조한 것이다.

헬라어 성경에는 "거룩하게 입맞춤으로 서로 문안하라."는 말씀이 12절로 되어있고, 고린도후서 13장이 13절이 아니라 14절로 끝나는 것으로 구성되어 있다.

"모든 성도가 너희에게 문안하느니라."(12절).

다른 교회에 있는 모든 성도(all the saints)가 고린도교회 성도 여러분에게 문안한다는 말이다. 믿음 갖기 어려운 시대에 모두 함께 하는 신앙의 동지들이다.

"주 예수 그리스도의 은혜와 하나님의 사랑과 성령의 교통하심이 너희 무리와 함께 있을지어다."(13절).

주 예수 그리스도의 은혜(*charis*, grace)와 하나님의 사랑(*agape*, love)과 성령의 사귐(*koinonia*, fellowship)이 여러분 모두와 함께 하기를 기도한다. "성령의 교통하심"은 성령의 사귐을 말한다. 이 구절은 삼위일체의 놀라운 역사하심이 성도들에게 임하기를 간구하는 기도이다.

"너희 무리와 함께 있을지어다."(be with all of you). 이 말씀은 축복의 말씀이다. 무엇보다 예수 그리스도를 내 안에 모시고 서로 사랑하며 사는 사람들에게 하나님의 축복이 있게 된다. 이런 삶을 살지 못하는 사람에게 그 축복이 임할 수 없다.